叢書「排除と包摂」を超える社会理論 3
〔関西学院大学先端社会研究所〕

南アジア系社会の周辺化された人々
下からの創発的生活実践

関根康正＋鈴木晋介 編著

明石書店

叢書『「排除と包摂」を超える社会理論』序文

　叢書『「排除と包摂」を超える社会理論』全三巻は、関西学院大学先端社会研究所共同研究「「排除」と「包摂」の二元論を超える社会調査」(2012-2015年度)の研究成果である。その出発点は、次のような問題意識にある。

　1970年代以降、欧米社会では、「包摂型社会」から「排除型社会」へと移行しているという認識が生まれた。この傾向は、1990年代以降、グローバリゼーションとネオリベラリズムの大波の中、急速に進行していることは明らかであろう。そして、欧米社会のみならず、日本社会においても、同様の動きが、顕在化している。
　こうした動きに対して、社会のあり方を再創造する新たな社会思想の登場が期待されており、日本においても、たとえば、西欧思想史を援用しつつ、社会を多様性と複数性、流動性と包摂性からなる、「多にして一」の世界として再構想する思索などが登場している。
　もっとも、社会の再創造は、西欧思想史を導きの糸としてその作業を行う立場とともに、西欧とは異なる地域における生の経験に学びつつ、これを行うという道筋もありえるであろう。
　本研究は、欧米における社会思想形成の動向に配慮しつつも、後者の立場に立った社会構想研究を実施するものである。具体的には、「排除」と「包摂」の二元論的思考を超え出て、アジアにおける「排除」と「包摂」をめぐる経験の多様性の中から、「排除型社会」とは異なる社会のあり方を構想する知的資源、あるいは「排除型社会」を生き延びるための社会理論を取り出そうとするのが、本研究がめざすところである。

　以上のような問題意識に基づいた、四年間にわたる、さまざまな地域にお

ける調査と共同討議が、本叢書全三巻に結実した。本叢書を契機として、「排除」と「包摂」を「超え出る」ような議論が新たに高まれば幸いである。

　　　　　　　　　叢書『「排除と包摂」を超える社会理論』編著者一同

目　次

叢書「排除と包摂」を超える社会理論 3
〔関西学院大学先端社会研究所〕

南アジア系社会の周辺化された人々
──下からの創発的生活実践

関根康正・鈴木晋介　共編著

叢書『「排除と包摂」を超える社会理論』序文　3
序　章　社会的排除の闇を内在的に
　　　　読み替える　　関根康正／鈴木晋介　9
　　1　政策科学の「排除と包摂」論への懐疑　9
　　2　新たな社会的結束に向けての問題意識　13
　　3　本書の構成　16

第1章　イギリスにおける「アジア系」市民の
　　　　政治参加　　若松邦弘　19
　　1　イギリスにおけるアジア系　19
　　　　1-1　政治参加への視点　19
　　　　1-2　移住の過程　21
　　2　政治参加の構図　25
　　　　2-1　制度的な環境　25
　　　　2-2　民族性による動員　26
　　　　2-3　「宗派政治」？　28
　　3　政党支持の現状　29
　　　　3-1　支持の変化　29
　　　　3-2　政党間競争の変化　31

4　政治参加の変化　　34

第2章　ブリティッシュ・エイジアン音楽の諸実践における「代表性」と周縁化
　　——サブ・エスニシティの観点から　　栗田知宏　39
　　1　はじめに——エイジアン音楽の「一体性」と多様性　39
　　2　ボリウッド音楽は「汎南アジア的」ジャンルか　41
　　3　バングラーの発展とハイブリッド化
　　　——パンジャービー音楽の影響力　42
　　4　リミックス文化とエイジアン・アンダーグラウンド　45
　　5　「エイジアン・バンド」　47
　　6　R&B・ヒップホップ志向の強まり
　　　——2000年代以降のエイジアン音楽　48
　　7　「デーシー」にみるサブ・エスニシティの政治　52
　　8　まとめ　53

第3章　インド系英語作家にみる排除と包摂
　　——ジュンパ・ラヒリを事例に　鳥羽美鈴　63
　　1　はじめに　63
　　2　インド系英語作家に対するオリエンタリズムのまなざし　66
　　3　描かれる移民体験　70
　　4　語られる移民体験　75
　　5　おわりに　79

第4章　コロニアル・インドにおける「美術」の変容
　　——神の表象をめぐる「周辺」からの抵抗　福内千絵　85
　　1　はじめに　85
　　2　ヒンドゥー教世界に対する西洋のまなざし　88
　　3　ネオ・ヒンドゥーイズムにおけるヴェーダ　89
　　4　美術作品化されるプラーナ　91
　　5　プラーナ的ヒンドゥー教の再興とベンガル派　95
　　6　プリント画とヒンドゥーイズム　98

         7　おわりに　　102

第5章　ネパールにおけるカーストの読み替え──肉売りを担う
　　　　人々の日常と名乗りのポリティクス　　中川加奈子　　107
         1　はじめに　　107
         2　先行研究の検討　　108
             2-1　ネパールにおけるアイデンティティ・ポリティクス　　108
             2-2　日常生活と人々による読み替え　　110
         3　活動家によるカースト表象　　112
             3-1　ネワデダブ出版「ネワーサマージュ」における
                  カドギの歴史　　112
             3-2　パチャリバイラヴァとナィアジマ伝承　　115
         4　カドギによるカースト・イメージの再解釈　　120
             4-1　対等な互助関係　　120
             4-2　平等な仏教徒　　121
             4-3　同じ現象の表と裏　　122
         5　括り直されるカースト　　124
             5-1　NKSS による対内活動──「リーダー」としてのカドギ　　125
             5-2　盆地外への「伝道」　　126
             5-3　ナヤディワスにおける括り直し　　127
         6　まとめ　　130

第6章　ネオリベラリズムと路傍の仏堂──スリランカの民衆
　　　　宗教実践にみるつながりの表現　　鈴木晋介　　135
         1　はじめに　　135
         2　増殖する路傍の仏堂　　136
             2-1　路傍の仏堂の急増　　136
             2-2　仏像の空間的シフト──路傍展開の二つの波　　138
             2-3　路傍の仏堂に関する基本的事項　　139
         3　「仏教の再呪術化」と仏像の呪力──第一の文脈　　140
             3-1　仏教の再呪術化　　140
             3-2　仏堂の路傍展開「第1波」とのズレと連続性　　142
             3-3　インド洋大津波と仏像の呪力　　143

- 4 変容する生活の場──第二の文脈　145
  - 4-1 福祉国家主義からネオリベラリズム的資本主義の浸透へ　145
  - 4-2 生活の場の断片化──アンビバレントな慨嘆　148
  - 4-3 路傍の仏堂──つながりの表現としての　149
- 5 おわりに──より良き現世、祈りの宛先　152

第7章　下からの創発的連結としての歩道寺院──インドの路上でネオリベラリズムを生き抜く　関根康正　157

- 1 はじめに　157
- 2 歩道に生きる　159
- 3 「歩道寺院」の誕生のメカニズム　164
- 4 事例1：歩道寺院　その1　167
- 5 事例2：歩道寺院　その2　179
- 6 結び　186

結章　「社会的排除と包摂」論批判──ネオリベラリズムの終焉にむけて　関根康正　197

- 1 問題の所在──〈社会的排除と包摂〉論の政治性　197
- 2 ネオリベ資本主義がもたらす「分裂社会」化　198
- 3 「管理社会」という分裂社会の貧困　201
- 4 修正主義批判　203
- 5 「グローバル資本主義の終焉」の前に立って　204
- 6 「規制訓練的三者関係の差別」から「管理的三者関係の差別」へ　208
- 7 分裂社会の核心的問題としての棄民の極貧状態（pauperism）　211
- 8 結び──極貧状態からの創発を共有する　215

あとがき　219

索　引　223

序　章

社会的排除の闇を内在的に読み替える

関根康正／鈴木晋介

1　政策科学の「排除と包摂」論への懐疑

　「社会的排除と包摂」という概念と議論は、1980年代を移行期にしながら、小さな国家へ向かう福祉型社会の終焉とネオリベラリズムの台頭の過程で問題提起され、1990年代に急速に行政、ジャーナリズム、学界で広まったものである。そこには国内において周辺化される人々の拡大による社会的結束の崩壊の危機感が表明されている。多文化主義を標榜してきた英国よりも、統合を是とする共和制のフランスがより敏感に反応した。言うなれば、社会的統合、社会的結束の解体による「分裂社会」化（後述）を、国家の支配中心がいよいよ看過できなくなったのである。しかし事態は、ネオリベラリズム・グローバリズムの世界展開とともに急激に進行し、各国で分裂社会化はすでに相当程度現実化してしまっているし、さらに加速して行くであろう。

　たとえば、バラとラペールは、彼らの本 [Bhalla & Lapeyre 2004；バラとラペール 2005] の冒頭において、「排除の定義」と題して、簡潔に「社会的排除と包摂」の意識化について述べているのでここに要点を引用しておきたい（下線は引用者による）。

> 1) 「この観念は、人びとに対する不平等の拡大から生じた<u>社会的結束の喪失</u>と、<u>社会的・経済的脆弱さが再び広がったこと</u>とを示そうとするものである」

2) 「一定の人びとのあいだでは不確実さの感覚がよりいっそう広がっている。しかも、そうした現象は、繁栄の可能性にあずかることのできる別の人びとに対して新しい機会が提供されることと平行しながら進行している」
3) 「社会的排除は、物質的な豊かさの欠如だけでなく、シンボルによる排除、社会的剥奪、主要な社会的諸制度への不完全な参加とも関連している［Silver 1995］」
4) 「社会的排除に関する議論は、資本主義の変容と、それが新しいグローバルな時代において全世界におよぼす影響とに関係している」
5) 「生産システムからの排除と社会的剥奪は、社会的排除へと導く2つの重要な過程である。それに対して、満足のいく仕事と効果的な社会的ネットワークは、社会的統合の主要な要素である」
6) 「社会的排除は多次元的で構造的な過程である。すなわち、それは一方では労働の不安定さ〈precariousness〉や失業をふくみ、他方では福祉国家の危機、フレキシブルな［資本］蓄積のパターン、個人主義の台頭、そして第1次的連帯（たとえば家族のネットワーク）の弱体化などを通じた、社会的なつながり〈social bonds〉の崩壊をふくんでいる」

　こうしたよく書かれた説明は、客観的でニュートラルな説明のように見えて妥当なように感じられる。しかし、よく見ると、明らかに支配中心の視点（政策の視点）が滑り込んではいないだろうか。社会的に排除された人々の「客観」状況（正確には支配中心からの主観的把握）は記述されていても、この分析記述が、排除されている者の視点や解釈に寄り添っているかどうかとなると、不十分である。この記述姿勢はウェーバーのいう学問の価値自由の問題では正当化できない。その学問の自立性を実現するためにも、研究者と社会との真のコミットメントの意味でも、研究者の視点が無意識に支配中心の主観的見方と融合して学問的客観を主張する危険は、自覚的御用学者でない限り、最も研究者が注意を払うべき点である。
　研究を通じて何がしたいのか、誰のための研究なのか？　それがいまこそ研究者に鋭く問われているのではないか。社会科学の研究がいまこそ漂流する社会の羅針盤にならずに、いつなるのか。ネオリベラリズムに基づく国家

政策は、理工系を重視し人文学・社会科学を過小評価する傾向を打ち出している。この浅薄なる人間観によって不当に圧迫される人文学・社会科学がいま自らの立場を主張しなくていつするのか。人間がロボットではなく、機械ではなく、人間として生きられる世界をいまだ求めたいならば、そのための防衛策を講じなければならない。ネオリベラリズムがもたらす貧困で息苦しい人間世界観に抗して、人間が人間であるための闘いの一翼に自らの研究が参加している意識を明確に持つ必要がある。そのためにはまずもって記述のポジショニングに敏感な正確さが求められる。

　分裂社会化を前にして、社会的に排除された人々にシンパシーを感じて「包摂」(この支配中心の視点の言葉が無意味になるまでに意味拡大して)を真に実現し社会的結束を回復したいならば、道は基本的に一つしかないように見える。

　バラとラペールのように、上からのエンパワーメント政策を推奨して修正主義的に緩やかなネオリベ資本主義に向かわせようという、モデレートで、排除されるものがなぜ生まれるのかを構造的には問わない道がある。しかしそれでは、現実的のように見えるが、構造的変革を起こさない点で当面は排除された人々の犠牲の度合いを軽減するものであって、その調整的政策が不可能になった瞬間に排除された者たちは抹殺に近い状況に直面する危険を一向に回避できない。

　こうした「第三の道」政策が成功しなかったことはすでに周知の事実なのに、相変わらず思考を修正主義にとどめている学者は少なくない。そのような中途半端な施策などものともしない、派手で残酷なグローバル資本主義は、この30年にすでに膨大な犠牲者を生み出してきた。しかもとどまるところを知らない。

　したがって、こうするしかないのではないか。支配中心からの視点に依存することをやめるのが、修正主義よりも実はもっと実際的である。福祉型社会が終わった後の国家は結局大して助けてくれないのである。そのために、周辺化された者たちには、脱中心への視点の転換・移行が不可避になる。周辺化され、排除され、棄民されても生ある限り私たちは生きなければならない。だからどんな苦境・窮状にあっても自分がイニシアティブをとり続けるのである。実際に、排除された人々はそのようにして生きている。そして、生きられなくなったら静かに死んでいく。たとえそれが外からは社会中心に

殺されたとしてでもある。とりわけ、2011年3月11日以降の日本には、このような光景が際立って日々進行している。福島原発の爆発から6年近くたつ福島をめぐる惨状を見よ。

　ここで研究者の立ち位置は大きく転換するはずである。周辺化され、排除され、棄民された人々の生に近づき寄り添うこと以外に基本的には研究者のとるべき道はない。政策もその視点に立って行われるならば、意味があるだろう。これが不可避のとられるべき第四の道である。すなわち、中心から排除された無産の人々のサバイバル生活のうちに「下からの社会的結束」の兆候を読み取り、育てる道である。今は良心的に第三の道にかかわる研究者がこの第四の道に合流してくることを期待したい。

　私には少なくともこう思われる。ネオリベラリズムの進行の中で排除され棄民される人々とは、それ以外の人々と無縁な存在なのだろうか。そう考えるとしたら、それは慣性的な既成概念にすぎない。三分の二を確実に超える日本の人々は排除棄民される側に立つ可能性の中にいる。自分は中間層だと思い込んで周辺化と無縁だと思うのは1970年代までの経済成長神話の惰性的思考によるだけで現実はもうとうに異なっていることを見ないようにしているだけである。排除されることは一部の底辺の人の話ではない。現代の全体主義化するネオリベ資本主義はそのような過酷な現実を世界中で現出させている。経済学者ジョセフ・スティグリッツがいうところの1％のスーパーリッチと99％のプアからなる世界が現出してきている（たとえば、J.E. スティグリッツ『世界の99％を貧困にする経済』、楡井浩一・峯村利哉共訳、徳間書店、2012年）。したがって、先ほど周辺化され、排除され、棄民された人々の生に近づき寄り添うと書いたが、より正確には自らの身の上に起こってきている現実を直視し、自らをも含めて排除される者たちに寄り添うということである。

　四半世紀の経験から、ネオリベの犠牲者自体を主役に据える社会に鍛え上げる以外に人間社会が生きながらえる道はないと考えるに至った。つまり目下の悲惨な犠牲者たちを先生として、しかもその事態を我がことと考えて、彼らに寄り添い、彼ら彼女らの限界生活の中で繰り出す創発的実践に学ぶ。その生きざまの中の創発の発見を今後の基礎知識にして共有して育て上げていく。これこそが「下からの社会的結束」という道であり、人間が人間として生きられる世界の構築であろう。

その意味で、「社会的排除と包摂」論者には、その研究上の立ち位置に関して曖昧さがあり分析と決断が足りない。こうした研究者は、排除された人たちの〈退出〉という対応がいかに重い意味を持つか理解しているだろうか。やはり曖昧にそれを理解しているように思える。

　私には、排除された人たちの〈退出〉という対応は少なくとも社会的排除に対する極限の自己表現である重大事と見える。システムにそって「主体化」するディスコース実践をとにかく拒否する〈退出〉という行為には、限界状況の中での最後の下からの自尊心と能動性が認められる。この〈退出〉はことの始まりとみなせる。新しい社会システムの兆候とみなせる。未生の新たな社会的結束は、機会の平等しか認めないような半身の構えの包摂政策によってできるのではない（この分裂社会で結果の平等まで考慮しないのなら、何の積極的な意味を持つ政策提言か、意味不明である）。〈退出〉の覚悟の中での、無産であるが目の前に存在する公共物・共有物（モノからイデオロギーまで含むコモン）を元手にした創発が新たな小さな結束の輪を下から創造している。そのことを研究者はフィールドワークによってまず知ること、そしてそこに私たちが協働して作る新たな人間が人間として生きられる社会のあり方のための原理的な知恵を見出すことが求められている。それらのことが、いま社会科学者がやるべきことなのではないか。政策寄りの経済学や政治学のもつ近代特有の前提の粗さをもつ「実証」学問（粗さの理由は、しばしば文化と人間の関係を無視すること、またとりわけ統計にも数えられないような底辺の人々のことを無視すること）が社会科学の中心であるような考え方は事実としてもう時代に遅れをとっている。ここに、人類学や社会学における社会の底に届くような調査の必要性が逆照射されてくる。

2　新たな社会的結束に向けての問題意識

　この私たちの主張の発露を整理して示しておきたい。

　国家の社会的結束の脆弱化は、弱小国家においてより激しい社会解体を引き起こし、自主的という外装だけの、実質は強制労働や強制的移住や人身売買と同じような事態が新たな形の「世界の悲惨」として横行するようになった。欧米や日本など1980年代までは「発展した国」とされた社会でも富裕

層と膨大な貧困層との分解が現出している。すでに、現代日本は6人に1人が貧困および極貧（この貧困と極貧との区別については後述）を強いられているのである。世界は今や、どの国にも福祉型社会を許さないグローバル資本主義推進勢力による国家主権の制限と国家内部の分裂社会化を加速している。この少数の富裕権力層による世界の独占化が、福祉型近代国家（支持基盤として発明した民衆を生かす権力システム）を無用なものにしつつある。福祉型社会段階では幻想にせよ主体性を語らせる権力のもとにいた民衆は、今や問答無用に管理される無個性な隷属群衆に切り下げられ捨て去られようとしている。

ここで、このような暴力的な資本主義のままでは少し長期的に見れば自ら瓦解するに相違ないなどと、支配中心に向けて助言しようものなら、人間の群衆などいらない、いくらでも取り替え可能な人工知能ロボットの群れでも良いのであって、少数の人間がそれで生き延びれば良いのであると答えてきそうな勢いである。

このネオリベ問題についての解決の方途を見通しその行方を見届けることはすぐにはできないが、少なくとも今認識想像できる範囲ではあっても問題解決に向けて踏み出したい。大多数の人々の犠牲を目の当たりにする現実の中にあって、自己を特権的に生き残るだろう少数派の中に巧みに入れこんで非人間的、非道徳的な生を全うしたくはない。人間としても、また研究者としても、それが最小限の倫理である。

私の議論が、近代のユートピア的目標である基本的人権の平等性にしがみついて述べているように見えようが（それもあながち否定しないが）、それ以上に抑圧・隷属への忌避感からきていることを確認しておきたい。人々が果てしなく物質的剥奪による貧困（Townsend 1979）を受けて物理的に死の方向に追いやられても、それでもなお人間が生きることの根幹には表現の自由 humanship が有り続けることにこだわっている。そうであるがゆえに、物質的剥奪がそれに留まらず引き起こす表現場の剥奪すなわち社会的剥奪に至るという貧困の残酷さを痛感するのである。パンを与えればいいという問題ではない。社会改革は、常に救済の対象に見える人間の当事者の立場からの自己表現の自由を念頭に置きながら行われる必要がある。そのことは、アマルティア・セン（Sen 1992）においては、貧困の中心問題は、個人の有意義な「存在の様態 states of being」に達する機会の意味でのケイパビリティ

capabilities の欠如として概念化された。たぶんその意図は私の議論と同じ方向を向いているだろう。デサイ（Desai 1995）は社会的剝奪を引き起こさないケイパビリティの保証に必要な「資源の所要量」（社会によって異なる）を問題にしている。センもデサイも良心的ではある。しかし、彼らの議論は膨大な数に上る最底辺の生存困難な極貧つまり貧困以下の貧困（インドでは貧困者 the poor）は 70％近くに上るが、25％の極貧者 paupers（生存が危ぶまれる貧困者）がいると言われる（Breman 2016））には議論が十分に届いていない不十分さがある。それこそが問題である。彼らにしても底の現実を詳しくは知らないのである。あるいは穿っていえば、知っていてもそこまでは十全には取り扱えていないのである。そこまで掘り下げると理論化は難しくなるし、そこまでネオリベラリズムの構造的問題に触れたら、ノーベル経済学賞というたぶんに政治的な賞は授与されなかったし、その成果が国連の人間指標にも採用されることもなかったであろう。強く言えば、適度な良心的研究成果による改良策の提言で分裂社会を生み出している根本的原因には結局深くは触れないことで隠蔽効果に加担した疑いがあるのである。これは自省すべき深刻な研究者としての問題である。

　人類の歴史の正しい道など誰にも語れないが、人間の生き様における表現の自由の不可欠性については、いつでもどこでも人間が人間として生きているかどうかの判断基準として正しさを求める議論をできるであろう。ここで私が主張している表現の自由とは、自分勝手になんでも言えるということではもちろんない。それとは真反対の自他が出会う創発の中で共に自由になるという意味での創造的な表現実践である（この点で岩田慶治の『創造人類学入門』（1984）は必読である）。

　周辺人を周辺に留めおくことで共同体の存在を保証するという裏書きさえ無用になった社会、すなわちもはや共同社会とは言えないような社会（？）のことを「分裂社会」と言うのである。別名は深度ゼロ社会と言っても、棄民社会と言ってもよいものである。そこでは近代的支配システムが胚胎していた「三者関係の差別」という再生産構造さえも必要としないかに見えるほどの独占的支配者と隷属者とに分離した社会である（終章にて詳述）。見えない周到なメディア管理ゆえに外形的には管理無用に見えるほどの管理社会である。排除と抑圧の正当化ももはや必要ないのである。

中心者の栄華が社会を派手にしている。しかしその光の下にある暗闇に膨大な数の民が棄民されてある。ここでの重要な方法論的視座は、研究視点をこの暗闇の場所におこうと努めることである。研究者の立場はエティックであることを免れないが、それでもなるべくエミック・アプローチを心がけるのである。その視点を「境界外部的視点」から「境界内部的視点」への移行と私はかつて言ったことがある（関根 1995）。その移行によって、フィールド対象を表象による定着的な視点から表現という生成現象としてとらえる視点へと転換できる。そうすることで、排除された貧困者の生活の実相がなんであるか、いかにそれでも価値を持った人間として生きているかを確かめるのである。彼ら彼女らは決して上からの包摂を単に待っている存在ではない。だから、「社会的排除と包摂」という理論的視座では見えない場所が確かにあって、それを明るみに出したいのである。それは彼ら彼女らのため以上に、私たち自身を含む社会全体のためである。というのも、それがまさに、ネオリベラリズムという偏狭にして浅薄、そして狡猾な競争＆自己監査イデオロギーで疲弊化し貧困化した私たちの精神回復闘争そのものであるからである。

3　本書の構成

『「排除と包摂」を超える社会理論』の第三巻の本書は、4 年にわたる〈南アジア／インド班〉の共同研究の成果である。本班では、現代の南アジア社会および南アジア系移民社会を対象に、言語、宗教、民族、カースト、階級をめぐる「社会的排除」と「包摂」の複雑な界面の諸相を、歴史学、政治学、人類学、言語学、文化研究（ポピュラー音楽など）、芸術学などの多様な分野の研究者による文献研究とフィールドワークに基づいて実証的かつ理論的に解明することを目指してきた。

本書はその成果として以下のような 7 章の論文から構成され、最後に本研究の理論的射程を終章においてまとめている。3 章までの本書前半は、欧米の南アジア系移民社会の政治史、ポピュラーカルチャー、文学が文献を中心にフィールドワークも加味しながら描出され、そこにおける周辺化された移民状況での葛藤と交渉実践が単純な「排除と包摂」論では解けない周辺化の反復や反映によるずれのような複雑さを有することが明らかにされる。後半

の4章は、南アジアのインド、ネパール、スリランカでの現地調査と史資料収集に基づく論考で構成される。いずれも、近代化・植民地化・グローバル化などの中心化作用で周辺化される（た）庶民や下層民の現実動向を正確に描出しようとしている。それぞれのフィールド対象において、上からの「排除と包摂」論が想定するような包摂的救済を待っている存在というより、そのような「上からの想定」には回収されない、いわば「受動的能動」とでも言うべきブリコルールの「主体性」が、支配的ディスコースの縁辺を縫うように「下からの現実把握（視点）」をもって生き抜かれていることを活写している。総じて、本書は、社会中心からは周辺化された人々と名指され、確かに不利な負け戦の中に置かれている人々を研究対象にして、その人々の現実の実相に分け入ったのである。通常そこには社会的敗者の悲惨を想像するのであるが、実際にその子細に目を届かせてみると、そのような「他者の場所」をギリギリのところで飼いならしながら様々なつながりの生産を創発的に行っている、まさに生活実践の当事者たちを見出すのであった。その意味で、本書が、コロニアリズムから、ネオ・コロニアリズムとしてのネオリベリズムまで、そうした支配的ディスコースの周辺で犠牲になりながらも生き抜いてきた人々の実相の一端を伝えられ、わずかにでも今日の「世界の悲惨」の場所を生き抜く知恵へのヒントになれば幸いである。

[文献]
岩田慶治（1984）『創造人類学入門』小学館。
関根康正（1995）『ケガレの人類学——南インド・ハリジャンの生活世界』東京大学出版会。
Bhalla, A.S., Lapeyre, F. (2004) *Poverty and Exclusion in a Global World*, 2nd edition, New York: Macmillan Publishers（福原宏幸・中村健吾監訳（2005）『グローバル化と社会的排除——貧困と社会問題への新しいアプローチ』昭和堂）。
Breman, Jan (2016) "Only Gandhi wrote about paupers" (G. Sampath's interview article with Jan Breman), *The Hindu,* February 21, 2016
Desai, Meghnad (1995) "Poverty and Capability: Towards An Empirically Implementable Measure" in *Poverty, Famine and Economic Development*, Aldershot: Edward Elgar, pp.185-204.

Sen, Amartya (1992) *Inequality Reexamined*, Oxford : Oxford University Press. (池本幸生・野上裕生・佐藤仁訳（1999）『不平等の再検討──潜在能力と自由』岩波書店)。

Townsend, P. (1979) *Poverty in the United Kingdom*, London, Allen Lane and Penguin Books.

第1章

イギリスにおける「アジア系」市民の政治参加

若松邦弘

1　イギリスにおけるアジア系

1-1　政治参加への視点

　国際移住に起因するマイノリティが新たな居住社会で置かれる経済社会的な状況は、そのすべてを「排除と包摂」の構図によって理解できるわけではない。本章ではイギリスにおけるアジア系市民の政治参加の現状を検討することによって、排除と包摂との図式に還元し難い状況の複雑さを具体的に考える。

　本書のタイトルにある「南アジア系（South Asian）」との語はイギリスであまり用いられない。旧英領のインド亜大陸にルーツを持つ人々、あるいはそうみなされている人々は「アジア系（Asian）」と呼ばれる。2011年の国勢調査によれば、その人口規模はインド系145万、パキスタン系117万、バングラデシュ系45万などである。イギリスの総人口に占める割合はそれぞれ2.3％、1.9％、0.7％となる。

　「アジア系」との概念は他称であり、ここに含まれる人々は宗教や言語において多様で、アイデンティティを共有しない。とはいえ、非「白人（white）」のグループとしては、アフリカ系のルーツを持つ「アフロカリビアン系」（190万、同3.0％）としばしば対置される。アジア系は上記の主要3カテゴリーのみで合計308万となり、数の上では「混血（mixed）」125万人を除いたイギリスの非「白人」人口、685万の4割強を占める。

インド亜大陸からイギリスに向けた第二次大戦後の大量移住は1950年代に本格化し、それから今日までのおよそ60年間で、当時の移住者ならびに子孫のイギリスでの政治参加はかなり進んでいる。その現状はイギリス社会への定着の歴史の中で特徴づけられたものであり、現在につながるアジア系住民とイギリスの政治との関係は、労働党という中道左派政党による1980年代の動員を基底とする。本章では、移住後の定着の歴史がアジア系の政治参加にどのような構造をもたらし、それが現在どう変化しつつあるかを考える。

　イギリスではアジア系を含め非白人の政治家が首相や主要政党の党首クラスに就いたことはない。しかし非白人の政治家はすでに珍しくなく、それらの職に就く人物も早晩現れるであろう。アジア系でも、2016年にロンドン市長に選ばれた労働党のサディク・カーン（Sadiq Khan）やキャメロン政権期に保守党の幹事長を務めたサイーダ・ワルシ（Sayeeda Warsi）など国政における将来のリーダー候補は少なくない。

　他方、地方政治を見ると、一部の都市でのアジア系の政治活動についてはスキャンダルや混乱がしばしば報道され、イギリスの一般世論がそれらに多少なりともうさんくささを感じているのも事実である。郵便投票を巡る違法な票の取りまとめはたびたび指摘されており、最近も、バングラデシュ系住民が多いタワーハムレッツというロンドン東部の地区での区長選挙（2014年）で選挙不正が認定され、いったん区長に就任した人物の失職が宣告された。選挙委員会の検証では、同区のバングラデシュ系社会で女性や若者に対し、コミュニティ内の長老の意思に沿って投票するよう圧力がかけられたとされる（Pickles 2016）。この事件についてではないものの、とくにイスラム系社会の一部については、内部からも政治的圧力の指摘があり、若い世代からはこのようないわば長老政治に対する批判も公然と現れている（Yaqoob 2007）。

　こういった不透明さをうかがわせる事例もあり、メディアではアジア系の投票行動に関連してしばしば「アジア系票（Asian vote）」との表現も使われる。アジア系有権者の間で票の取りまとめがなされ、特定の政党や候補にまとまって投じられているとの見方である。この背後には、地縁・血縁のネットワークが政治を支配しているという紋切り型のイメージがある。しかしそれは現状の正しい描写と言えないであろう。

第1章　イギリスにおける「アジア系」市民の政治参加

　以下、本節ではイギリスへの移住過程でのアジア系に対するイギリスの見方を踏まえた上で、次節以降でアジア系市民の政治参加の構造と変容を考える。第2節では政治参加の構造を、それを規定する制度的環境と歴史的な要因から検討し、第3節では現在におけるその変容を分析する。これらを通じ、イギリスでのアジア系市民の政治参加がいわゆる「排除と包摂」論の射程を超えた形で展開してきたことを示したい。

1-2　移住の過程

　第二次大戦後、西欧北部の各国には旺盛な労働需要を背景として他地域から多くの人の流入があった。イギリスもその例外ではなく、旧帝国地域の一部からの移住者が多く見られた。1940年代後半はまだ相対的に小規模であったが、1950年代に入ると年に数千から数万人の単位へと拡大する。当初はカリブ海地域の西インド諸島（ジャマイカ、トリニダードトバゴなど）から、続いてインド亜大陸のインド、パキスタンからが顕著となる。

　これらの人々は、西ドイツやスウェーデンなど近隣諸国での募集された「外国人」労働者と異なり、イギリスに「自由」に入ってくることが可能であった。すなわち、国籍上はイギリスに住む人たちの多くと同じ「英国臣民」としての入国であり、外国籍者の入国ではない。もちろん経済的には、歴史的な従属関係のもとで強いられた面を否定できないものの、あくまでも法的な意味では「自発的」、自分の意思での渡航である。この点で、イギリスの人の受け入れは近隣諸国のそれといろいろ異なる点も多い。

　イギリスへの流入は1960年代にかけて増加している。これには波があり、西インド諸島からの大規模流入がまず1950年代初頭に始まり、これが1953年から1955年の間に大きく拡大した。イギリス政府はこの急増に対するイギリス国内世論の反応を警戒し、1956年、西インド地域の各自治政府にイギリスへの移住の自主規制を要求している。この出国規制により西インド地域からの入国者数は一時減少している。

　インド、パキスタンからの流入はやや遅れ、1955年ぐらいからの増加である。当時イギリス政府の内部では、このアジアからの移民が始まったことに対する懸念が西インド諸島からの流入に対してよりも大きかった。そこにはさまざまな理由があるものの、一つはいわゆる「人口圧力」への警戒

である。インド亜大陸は人口が桁違いに大きいとの認識があった。この地域からの流入が本格的に始まると対処は難しいとの意識が、西インド諸島からの移民が増え始めていた1950年代前半の時点で既に存在していた。1950年代半ばまでには「数」が問題となっていたのである（Layton-Henry 1984；Solomos 1989）。

　もう一つの理由は、インド亜大陸からの移住者がもつ社会・文化的な特性である。1957年から1958年にかけ、自主的な出国規制をめぐる交渉がインド、パキスタンの両政府とも行われている。この微妙な時期にイギリス政府内で同地域からの移民がどのように見られていたのか、当時の政府文書に以下の記述が見つかる。植民地を担当する植民地省の事務担当者から同省の政務次官に宛てられたブリーフィングメモである（1958年2月下旬）。植民地省が西インド諸島の自治政府に対し出国規制を要求していた時期に作成されたものである。

> 　この報告［注：イギリスへの移民に関する関係閣僚委員会への報告］の大部分はインドとパキスタンからの移民数の著しい増加との状況についての新たな要素の記述である。そのなかで最悪の指摘はこれらの人々の大部分が職業技能を持たず、文字が読めないということである。健康状態は良くなく、生活環境となると西インド諸島人よりはるかに悪い。そして彼らはいろいろな卑しい職業と失業の間をさまよっている。……西インド諸島人がここでようやく偏見の多くを克服し、大体のところでコミュニティで受け入れられた時に、他の、そしてはるかにそれほどには適していない英連邦からの有色人の数の増加に懸念が生じ始めたことは、我々を当惑させている（Colonial Office 1958）。

　また以下はインド、パキスタンとの関係を管轄する英連邦関係省という別の省庁の担当者が上記の文書の一月後（1958年3月20日）に作成したものである。自主規制をパキスタン政府、インド政府に要求するかどうか、ニューデリーとカラチの高等弁務官に打診している書簡である。

> 　これまでのところ、この［パキスタン移民に関する密航斡旋との］組織犯

罪について重要な世論の反発はないが、いつなんどき生じるかもしれない。広く見ると、これらのインド系とパキスタン系は、例えば西インド諸島人と比べて、この国［注：イギリス］でまったく歓迎されていないという背景がある。西インド諸島人の大部分は（a）英語を話し、（b）読み書きができ、（c）キリスト教徒であり、（d）自らで仕事を見つけ働き続けることができる。いま到着しているインド人とパキスタン人の大部分はこれらの四つの基準のいずれも満たしていない。それゆえ、この国の大方の人々が西インド諸島人の移民には示す程度の寛容さが、今ここに来つつあるインド人とパキスタン人にも示されると考えられる根拠はないのである（Commonwealth Relations Office 1958）。

　植民地を厚遇したい立場の植民地省のみならず、自治領のインドやパキスタンとの関係を優先したい立場の英連邦関係省でさえも、インド、パキスタンからの移民の特性に警戒的であることが分かる。インド亜大陸からの移民は大量流入が始まった最初の時期から懸念を持って見られていたのである。
　しかしながらこの懸念は、必ずしもイギリスに移住したアジア系のその後を予測するものとならなかった。表1～3は大規模な流入の始まりから40年、世代が変わった1990年代半ばの各グループのイギリス社会での位置を示すデータである、言語習得ではアジア系、とりわけパキスタン・バングラデシュ系の不振は残っているものの、表に挙げた雇用、住宅、学業などの社会生活面では、アジア系にはアフロカリビアン系（表では「カリブ系」、「アフリカ系」、「黒人」）より良い指標もある。インド系に至っては白人と遜色がない水準である。1950年代の行政官が懸念した最悪の事態は避けられたようである。

表1　従事している職種（1996-98年各春四半期平均）

単位%	専門・経営・技術職	熟練職（事務・非事務）	半熟練・非熟練職
白人	37	43	20
カリブ系	31	45	25
アフリカ系	35	37	28
インド系	42	36	22
パキスタン系	27	47	26
バングラデシュ系	17	49	34

出典：Sly, 1998

表2　住居の形態（1990年代半ば）

単位%	一戸建て	二軒一戸建て	長屋形式	集合住宅・間借り
白人	23	33	27	16
カリブ系	9	20	32	38
インド系	21	34	33	13
パキスタン系	9	19	64	7
バングラデシュ系	9	11	42	37

出典：Lakey, 1997

表3　一般中等教育資格合格証明の取得状況（1998年）

単位%	A*-C 5以上	A*-C 1-4個	D-G 5以上	D-G 1-4個	未取得
白人	47	25	17	5	6
黒人	29	33	28	4	7
インド系	54	25	15	3	2
パキスタン系	29	36	22	8	5
バングラデシュ系	33	37	11	10	9

出典：Department for Education and Employment, 1999

2　政治参加の構図

2-1　制度的な環境

　それでは、このようなイギリス社会への移住から定着の過程において、アジア系の政治参加はどのように進んだのであろうか。

　この点を考えるにあたり、まず、周辺諸国と異なるイギリスの政治参加の特徴を確認しておきたい。最初に指摘すべきは、アジア系、アフロカリビアン系とも、多くがイギリスにおいて選挙権・被選挙権を持つ点である。もともと帝国の人たちにはイギリスの選挙権・被選挙権が認められていたと同時に、その後の世代も大半がイギリス国籍を持つ親からイギリスで生まれている。このためイギリスでのアジア系の政治参加の問題は、近隣諸国で1980年代半ばから2000年代にかけて注目された参政権の付与と位相を異にする。他国で争点となった外国人参政権の問題や二重国籍は論点にならない。この点で、例えばフランスではこれらが社会運動との手段を通じて政治問題化したが、イギリスでは選挙権・被選挙権があるために、政治参加における議会外の回路の重要性は相対的に小さい。

　もう一つはイギリス政治そのものの特徴として、経験的に主要政党がかなり明瞭であることを挙げられる。これは主要選挙の多くが一人区相対多数決制で実施されていることによるところが大きい。選挙区で一つの議席を争うという環境のもとで、議席を勝ち取ることが難しい中規模以下の政党の政治的影響力は小さくなりがちである。この政治構造のなかでは、移民マイノリティだけでなくあらゆる市民にとって、利益団体の延長に新たな単一争点政党を組織するよりも、既存の大政党とつながりを構築することが重要である。アジア系市民にとっても主要政党とどう関係を作り上げるかがカギであり、実際にも、主要政党を通じてイギリスの政治に意見を反映させる活動が政治の中心となってきた。他方、政党の側としても、移民マイノリティへのアプローチに自党の支持層への組織化を期待する観点が生じ、接触は政党からも推進される。

　このような特徴から、イギリスでのアジア系の政治参加も、議会外の社会運動という形態よりは、政党、それも既存の主要政党を通じた政治参加が早い段階で生じている。これは近隣諸国と比べた際のイギリスの特徴と言えよ

う。その点で、社会運動への急進的な動員が、むしろ逆に周辺化、すなわち社会における孤立状況を悪化させるという近隣諸国にしばしばみられる自己排除のスパイラルは、イギリスの場合、相対的に弱いと考えられる。

2-2　民族性による動員

　イギリス移住後のアジア系の政治参加もこのような制度的環境のもとで進行している。その展開で軸となった政党は、二大政党の一つ、中道左派の労働党である（Layton-Henry 1984；Messina 1989）。

　有権者の視点から見ると、ここで重要であったのは1980年代に本格化した労働党からの働きかけである。同党はこの時期、アジア系コミュニティのリーダーに目を向けている。当時、国政の与党は中道右派の保守党であり、サッチャー、メージャーと2人の首相のもと1979年から1997年まで保守党の政権が18年間続いている。労働党はこの間、とくに1980年代のうちは、党勢立て直しの路線を巡って混乱の中にあった。一方で、同党はその成り立ちからして工業地帯を有力な地盤とするため、地方中核都市圏の自治体議会では同党が優位なところも少なくなかった。国政における失地をそのような地方政治で埋め合わせるべく、都市部の新住民へのアプローチをこの時期、積極的に進めているのである。同党の移民マイノリティへのアプローチは、アフロカリビアン系への働きかけを強めた1970年代からあったが（Jacobs 1986）、1985年には党組織として黒人アジア系諸問委員会（Black and Asian Advisory Committee）を創設し、アジア系を含めたリンクの形成を強化している（Jeffers 1991）。

　この過程において、とくにアジア系市民に関して重要であったのは、出身地別のコミュニティが都市部に形成されていたことである。移民数の拡大を前に、イギリス側でも1962年には移住者への法的な入国規制が導入されたが、その後も家族の呼び寄せには制限がなく、1970年代にかけアジア亜大陸からイギリスへの移住は増えていた。これによって出身地から地縁・血縁の人脈が持ち込まれ、そのネットワークや慣習が新天地のイギリスでも機能していたのである（佐久間 1998）。とくに特定の選挙区に移住者が集中した自治体では、主要政党はその選挙区で勝つために新たな移民マイノリティの集住状況を意識することとなり、政党と移住者との間にリンクが成立しやす

かった（Dancygier 2010）。

　労働党はこの出身地由来の人的なネットワークを念頭に、そのリーダーにアプローチし、関係する人脈からの支持調達を図った（Anwar 1986；Saggar 2001）。その働きかけは成功し、1990年代には、非白人有権者のほぼ9割が選挙で労働党に投票するとの圧倒的な構図が作られた。今日につながるイギリスの非白人有権者と政治との関係は、民族性を利用した労働党の動員を基底としているのである。

　この時期にはアジア系の政治家もまた、労働党の地方組織を媒介とする形で政治に進出している。イスラム系のみの数字となるが、パーダムによれば、1996年の地方議会選の後、イスラム系の地方議員は全国で160人を数えており、このうち153人が労働党系であるとされる。またイングランド中部の大都市、バーミンガムに12人、同じく中部の都市、ブラッドフォードに11人など、この時期のイスラム系議員はイスラム系人口の多い自治体に集中している（Purdam 2001：149）。

　このような労働党のアジア系への働きかけは後に保守党や自民党も追随することとなり（Saggar 1998, 2000）、地方議会でのアジア系議員の数は1990年代にかけ急増している。例えばルロエの調査では、ロンドン内の各区議会におけるアジア系議員の総数は1978年の21から、1982年に35、1990年に69、そして1994年は145と変化している（Le Lohé 1998：94）[1]。アジア系人口の割合が大きい自治体では、議員の中での非白人の割合と自治体の全人口に占める非白人の割合とがほぼ均衡する状況が1990年代半ばに生じている。今日、ロンドン東部のタワーハムレッツやニューアム、そしてブラッドフォードといったアジア系人口の多い自治体には、非白人の活動家や議員が労働党の選挙区組織の中心となっているところも少なくない。

　この状況はいまやイギリス政治において無視できない。非白人の有権者が必ずしも非白人の候補に投票するというわけではないものの、アンワールは2010年の研究で、非白人が人口の4割を超える下院選挙区は25あり、そこでは数字の上において非白人有権者が選挙結果を左右できるとしている（Anwar 2010：179）。またイギリスムスリム協議会（Muslim Council of Britain）は2011年の国勢調査を基に、イングランド・ウェールズの573下院選挙区のうちイスラム系が人口の2割以上を占める選挙区は26あるとし、また2010

年下院選での当選者と次点の票差がイスラム系人口を下回る点で、イスラム系が選挙結果を左右しうる選挙区は40を超えているとする（Muslim Council of Britain 2015：30）。

2-3 「宗派政治」？

このようにアジア系の政治参加には民族性を利用した動員が試みられてきたが、これについて、政治が宗派によって規定されているというしばしば指摘される見方、いわゆる「宗派政治」の指摘には留保が必要であろう。

アジア系の政治参加の特徴を検討するにあたっては注意すべきことがいくつかある。その一つは、政治動員の人脈依存と選出議員個々の政治家としての選好とは必ずしも連動しないという点である。先述のパーダムによる1990年代後半時点の観察によれば、イスラム系地方議員の関心は、住宅など選挙区の一般的な社会環境にあり、イスラム系に固有の関心が前面に出る形ではない（Purdam 2001：154）。また有権者の側も、その投票行動において民族性を重視するわけではない。アンワールによる地方政治の観察でも、候補が非白人であるがゆえに白人有権者からの得票が減っているとの証拠は見つからず、さらにイスラム系有権者についても「民族」の観点のみで投票するわけではないという（Anwar 1996）。

さらに国政選挙に至っては地方政治と事情が全く異なる。労働党の地方組織を媒介とする非白人有権者の政治参加は、国政と直接結びついていない。第二次大戦後ではようやく1987年に誕生した非白人の下院議員は、その後、2010年に27人、2015年に41人を数えている。政党別の拡大ではここでも労働党が先行しており、同党所属の下院議員ではいまや10％、23人が非白人である（Khan 2015）。しかし近年は保守党の人数拡大も急であり、直近の増加だけを見れば、保守党キャメロン執行部の取り組み（2005年2人→2010年11人→2015年17人）によるところが大きい。

国政での非白人議員の拡大は、それぞれの党が勝てる議席に非白人の候補も擁立するようになっていることが背景にある。一人区相対多数決制のもとで、イギリスの有権者は候補者個人より政党に投票する傾向が強く、候補者の属性はさほど重視されない。とくにイギリスでは近年になるほど、主要政党において下院議員候補の選定過程で党中央の関与が拡大しており、非白人

の候補は非白人住民の多い選挙区から出馬するという単純な図式ではない。選挙区の人口に占める非白人の割合は一般に都市部の方が農村部より大きいことから、都市部に強い労働党の場合は、2015年下院選で当選した非白人議員のほとんど（23人中21人）が、人口の2割以上が非白人である選挙区からの選出である（Khan 2015）。これに対して保守党では、同党の非白人議員の選挙区における非白人住民の割合は、最も高い選挙区でも2割を切っている（19.1％、レディングウェスト選挙区）。

　近年急増した下院議員はその所属政党の支持票に依存しており、地縁・血縁や選挙区の非白人票に依存する地方議会の非白人議員とは政治家としてのリソースを異にしている。多くは白人の同僚下院議員と同様、大学卒であり、また企業家や弁護士など若くして社会進出に成功したタイプの人物である。アジア系でも個人で政党と関係していくケースはいまや珍しくない。ロンドン市長のサディク・カーンもその出自より、労働党候補であった点が市長選での勝因である。祖父母の代でパキスタンから移住した三世であり、親は現業労働者であったが、自身は大卒の弁護士であり、地縁・血縁の支持と無縁の人物である。

3　政党支持の現状

3-1　支持の変化

　2000年代に入り、アジア系有権者の一部で労働党離れが生じている。蜜月であった労働党と非白人有権者の間に変化が現れている。

　2000年以降、イギリスでは下院選が4回実施されている。その直近の2回（2010年、2015年）で非白人有権者からの労働党の得票に大幅な低下が見られる。ヒースらのグループによる継続的な選挙分析によると、非白人からの労働党の得票率は2010年に68％であり（Heath and Khan 2012）、2015年には60％程度まで下がったと見られる。2015年でも労働党は、多くの調査で非白人有権者の過半数（50〜60％）の支持を受けていると推定されており、非白人人口からいまも最も多くの票を得ている政党であることは間違いない。他方で、保守党の非白人有権者からの得票率も、各世論調査会社によれば20％台前半（イプソス・モリ社）から33％（サーベイション社）と、この間に

拡大している。

　イギリスの政党支持では一般に階層による支持政党の違いが指摘される。階級投票と呼ばれるものである。しかし非白人有権者の場合、職業階層は白人ほど政党支持に影響を与えていないと見られる（Saggar and Heath 1999：113-118）。例えば2015年下院選での労働党と保守党それぞれの得票率は、白人の場合、非現業の有権者で24％と44％、現業の有権者では36％と34％と職業階層による差が明瞭である。これに対し非白人では、非現業就労者（68％と15％）と現業就労者（73％と13％）の差は小さい（Heath and Khan 2012）。

　この点は上に見た労働党による過去の有権者の囲い込みの点から理解することができよう。職業階層を抑制する要因としては、ほかに集団的な要素も考えられる。例えば、アフロカリビアン系では差別や偏見を意識している者が多いとされ、パキスタン系、バングラデシュ系では宗教的な観点からの疎外感が強いとされる（Heath et al. 2012）。後者はイギリスの世論に広がった「イスラム嫌い」を背景とするものと考えられる。非白人に固有のこういった要素が有権者の投票行動に影響することも考えられる。この要因は、差別や偏見への取り組みに概して消極的とのイメージが強い保守党への投票を抑制し（Sanders et al. 2014）、階層の違いによる支持政党の違いを小さくしていると考えられる。

　しかしより詳細に見ると、近年の下院選において、パキスタン系とインド系では職業階層による投票政党の違いを確認できる。ヒースらは2010年の下院選を分析し、労働党への投票についてパキスタン系、そしてインド系では白人有権者と同様、中産階級と労働者階級の差が大きいことを示唆している。一方、カリブ系やアフリカ系、バングラデシュ系の場合、階級による差は小さく、満遍なく労働党支持が高い（Heath et al. 2012）。階級投票モデルが相応に当てはまるように見える例が一部に生じているのである。

　この状況は非白人有権者に見られる近年の投票傾向の変化と整合的である。労働党離れは非白人有権者の中でもアジア系の一部に大きい。2000年代に入ってからの労働党への投票の減少はとくにインド系、パキスタン系において急である（図1）。このため2010年下院選の時点では、労働党への投票でグループ間の差が目立つようになっている。同党の得票率が高いのはアフリカ系（73％）やカリブ系（69％）である。バングラデシュ系（59％）、パキス

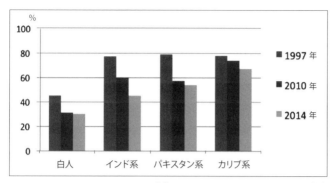

出典：Sobolewska, 2015, Wigmore, 2015 より作成

図1　労働党の推定得票率（下院議会選挙換算）

タン系（53 %）がこれに続き、インド系を細分したヒンズー系（42 %）は低い（シーク系を含んだインド系全体では 54 %）(Heath et al. 2013)[2]。

　アジア系の一部では保守党への投票も拡大している。民間シンクタンク、ブリティッシュ・フューチャーの分析では、2015 年の下院選において、保守党はアフロカリビアン系からの投票で労働党を大きく下回るものの（21 %対 67 %）、アジア系では差がそれより小さく（38 %対 50 %）、インド系のなかのヒンズー系では保守党への投票が多い（49 %対 41 %）。保守党支持については、アジア系の数字は全国平均（38 %）と同水準である（British Future 2015）。

　このようなアジア系の政党支持の現況について、階級投票の性格が強まっているとの判断は尚早かもしれない。確かに一部に階層の上昇が生じていることは事実である。アフロカリビアン系では中間層が相対的に少ないのに対し、インド系には中間層も少なくない。階層構造が白人有権者と類似してきたのは確かである。しかし非白人有権者について階層と政党支持の関係、グループに固有の要素の変化についての分析はまだ十分と言えない。

3-2　政党間競争の変化

　アジア系の一部に見られる近年の労働党支持の低下については、二大政党の他方である保守党への支持の移動というより、政党支持全体の流動化と見るのが妥当であろう。

　2000 年代前半の時期、アジア系の政治参加に大きな影響を与えたのは、

イギリス世論全体に広がった労働党ブレア政権への批判である。これは長年の政治不信の蓄積の上に、同政権の経済社会政策に対する都市のリベラル層や鉱工業地帯の労働者といった従来の労働党支持層からの批判が加わったものである。さらに2001年からのアフガン戦争、続くイラク戦争を機に、同政権の外交政策に対する不満もこの時期生じている。とくにイラク戦争は、イギリス軍の派兵に対して幅広い層の有権者から批判が生じ、ブレア政権にとっては最大の汚点とも言いうる事象となった。

　この政治状況の変化は国政の第三党である自民党への追い風となった。ブレア政権に対する従来の労働党支持層からの抗議票が中道の自民党に流れる状況が生じたのである。ライバル保守党への投票には躊躇があり、またイラク派兵について保守党は賛成、自民党は反対であったことが大きい。2003年、2004年の地方選で自民党はリバプール、ニューカッスル、バーミンガムなど中核都市で躍進を見せる一方、労働党は後退を繰り返した。

　イラク戦争の影響はとくにイスラム系有権者に大きい。イスラム系には欧米諸国による攻撃に厳しい意見が強く、独自の抗議行動がイギリス各地の街頭で組織された。従来労働党に集中していたイスラム系の票は、同党への強い批判を伴って他政党に流れ出している。主要メディアから「アジア系票」との言葉で叙述された状況は、これが街頭行動の情景と重なったイメージである。またイラク戦争の影響は長く残った可能性があり、2010年下院選での自民党の得票率をインド系とパキスタン系で比較すると、パキスタン系が幾分高いままである（9％と16％）（Heath et al. 2012）。

　この時期の政党間競争についてはさらに、イスラム系の票を明示的に狙う勢力が現れたことも注目される。レスペクト党という政党で、各種の左派系団体や反米、反イスラエルの立場の平和団体が結集したものである。人脈的には1980年代の都市部における労働党急進左派の系譜を継いでいる。労働党の元下院議員であった白人のジョージ・ギャロウェー（George Galloway）を前面に押し立て、イラク戦争への反対をイスラム系有権者に働きかけることで支持へと変える戦略をとった。

　同党はイスラム系人口の多い都市に選挙戦を集中させたが、それはいずれも従来は労働党が強かったところである（Lynch 2007：332）。2004年から2006年にかけ、ロンドン東部のタワーハムレッツやニューアム、イギリス

中部のバーミンガムやレスターなどを中心に各種選挙で候補者を立て、タワーハムレッツでは下院の議席をギャロウェーが獲得している。実際に、同党の支持はイスラム系有権者の多い選挙区に依存する。例えば2005年の下院選で候補を立てた26選挙区では平均で6.8％の得票率を記録しているが、このなかでイスラム系人口が少ない4選挙区の平均は0.8％に過ぎない（Curtice et al. 2005：245）。

しかし同党も主要政党への批判の受け皿との色彩が強く、有権者の支持を恒常的に維持する存在となっていない。支持には波があり、2000年代半ばに台頭した後、続く2010年の下院選に向かう時期には、主要政党が選挙区活動を強化するに伴い、支持を減らしている。注目はされるものの議席につながらず、その注目自体も間欠的との状況である。

同党が再び注目されたのは、2010年下院選の余韻が消えた2012年にブラッドフォードで行われた下院補選である。この補選は、自民党が2010年に国政で連立政権（保守党・自民党）に入ったことで世論からの支持を急低下させるという環境変化のもと行われている。選挙では、レスペクト党から立候補したギャロウェーが次点に1万票もの大差をつけるという第二次大戦後のイギリス下院の歴史で有数の記録的な勝利を収めている。

ブラッドフォードは前述のとおりパキスタン系の人口比率が高く、市議会には非白人議員の進出が従来から目立っていた。労働党が圧倒的に強い自治体であり、他の政党も多くが、選挙区組織を通じて、国政選挙でも地方選挙でも非白人候補を立てる土地柄である。

同地にとくに地縁のないギャロウェーは、この選挙で関連の市民団体の協力のもと、草の根の活動を積極的に展開し、大勝へとつなげている。カギは、大学生や若い母親など選挙への関心が従来低いとみられてきた層を対象に、大学や幼稚園の前で働きかける活動であった（Pidd 2012）。労働党は市議会の有力者を候補に擁立し議席の維持を狙ったものの、その選挙活動は全体的に緩慢であり、新たな有権者の掘り起こしを図ったギャロウェーを前に、従来は圧倒的に強かった選挙区であっても既存の支持調達手法が通じないことを突き付けられる結果となった。

他方でレスペクト党の側も、この補選から一月後に実施された同市の議会選では予想されたほどに議席を獲得できていない。同党については、左派政

党としての労働者層の経済社会政策に対する期待や文化的保守主義と、親イスラム政党としてのイスラム系住民の宗教的な側面や外交姿勢への期待との間に齟齬があることが指摘されている[3]。これら二つの面の統合はレスペクト党のなかでその後も成功することはなかった。

4　政治参加の変化

　第二次大戦後の移民に起因するイギリスのアジア系市民と政治とのつながりでは、その核に労働党の都市部における過去の支持調達活動がある。これはアジア系の地縁・血縁ネットワークと補完的な関係にあった。この点で、1970年代の地縁・血縁コミュニティの形成、1980年代の主要政党との接触は、イギリス社会への定着過程でアジア系の政治参加の基盤となった。しかしこれによって形成された非白人有権者の間での労働党の優位は急速に揺らぎ始めている。

　2000年代に入り、イギリスのアジア系市民を取り巻く政治環境は厳しさを増している。とりわけ2012年に下院補選が行われたブラッドフォード周辺のイングランド北部やイングランドの中部は、地域経済の不振が歴代の政権によって放置されたままであり、もともとは労働党が強い土地柄でありながら、鉱工業都市を中心に既存の政治や主要政党への批判が充満している。そのなか非白人市民は、不満のはけ口としてスケープゴートにされる危険も大きくなっている。政治の変化はアジア系に対する一部世論の敵対的意識の高まりも伴っているのである。

　ブラッドフォード、そして近隣のバーンズリー、オールダムでは2001年に、パキスタン系の若者を巻き込んだ暴動が起きている。この事件を機にイギリスでは、地域社会でのイスラム系社会の疎外が一段と注目されるようになった。そしてこれを、過去からの「多文化主義」的な寛容さがもたらした失敗と批判する声が、主要な政治勢力を含めて高まった。組織的な「アジア系票」との叙述は、イラク戦争に反対するイスラム系住民の街頭行動のイメージのみならず、この2001年の暴動とも無縁でない。

　イギリス社会の中に顕在化したアジア系の存在に反発して、人種的な排外主義を公言する動きも目立っている。イギリス国民党（British National Party）

という急進右派政党は 2000 年代の半ばから後半にかけ、とくにはイスラムへの批判を掲げる形で、イングランド北部や中部、そしてロンドン東部のアジア系住民が多い都市部の地方選挙に多くの候補を擁立した。2016 年にブラッドフォードに隣接するカークリーズという自治体で、難民支援に積極的な下院議員が排外主義的な勢力と関わりをもつとされる人物に襲撃され亡くなっている。これも過去にイギリス国民党が活動していた地区で起きた事件である。この事件のあったバーストル地区は、アジア系の多い地区に隣接した中低所得層の白人住宅地である。また、ブラッドフォードの下院補選と近い時期に近隣のロザラムやバーンズリーといった非白人住民の少ない工業都市で相次いで行われた下院補選でも、連合王国独立党（UK Independence Party）という移民の制限を主張する政党の得票が目立った。このように 2000 年代半ば頃から、人種・民族関係の悪化が一部で目立っており、アジア系の存在自体が政党間競争の争点に浮上している。

　アジア系の間での労働党への関与を見直す動きは、これらと同じ時期に生じている。伝統的なコミュニティリーダーに対する批判もこの文脈の中にある。労働党に対する有権者の見方が厳しくなった 2000 年代半ばでも、伝統的なリーダーのなかには労働党への支持を変えたくない者が少なくなかったとされる。これは、地縁・血縁の内部に向けての彼らのリソースが主要政党とのつながりを媒介できるところにあったためと理解できよう。それを手放す危険があることから、伝統的なリーダーは労働党からなかなか離れることができない。ここに長老政治的なものに対する批判や矛盾が生じる素地がある。2012 年のブラッドフォードでの惨敗はその典型例であろう。

　近年政党支持の分散が顕著となるなか、アジア系社会のなかで政治意識の多様化、とくに世代間格差が表出している。この構図のもと、とくに若い世代の疎外は内と外、二重の意味で深刻である。アジア系市民の政治参加は行き着く先が見つからない形で急速に動き始めている。

　本章でとりあげた政治参加の検証は、アジア系市民のイギリス社会での位置が「排除と包摂」という一次元の構造のもとではなく、大規模な移住が始まって以来、異なる機会に生じてきた輻輳的な文脈のもと、アジア系自身の主体的な選択も含めながら、多次元的に規定されてきたことを示す。またその位置自体も時間の経過とともに単線的に固定化へと向かうのではなく、移

民マイノリティという属性に関わる社会的な亀裂とイギリス政治における政党間競争の軸とが干渉しあうメカニズムの中で、流動的に変化してきた。EU 残留をめぐる国民投票以来の混乱が示すように、グローバル化を前提とする従来の政策への批判が政治の主要争点として顕在化するという新たな局面に入り、その変化は今後さらにますます複雑さを増すことが予想される。

［注］
1　非白人議員全体では 1978 年に 35 人、1990 年に 179 人、1994 年には 213 人と推定される (Le Lohé 1998：94)。
2　図 1 の分析と調査対象は同じであるが、集計方法が異なるため、数値の直接比較はできない。
3　ユナス・サマド氏 (Yunas Samad, Professor, University of Bradford) へのインタビュー（2012 年 5 月 9 日）。

［文献］
Anwar, Muhammad (1986) *Race and Politics: Ethnic Minorities and the British Political System*, London: Tavistock Publications.
Anwar, Muhammad (1996) *British Pakistanis: Demographic, Social and Economic Position*, Coventry: Centre for Research in Ethnic Relations, University of Warwick（佐久間孝正訳（2002）『イギリスの中のパキスタン』明石書店）.
Anwar, Muhammad (2010) *Ethnic Minorities and Politics: The British Electoral System*, Saarbrücken: LAP Lambert Academic Publishing.
British Future (2015) *General Election 2015 and the Ethnic Minority Vote: Summary of Key Findings*, Survation for British Future, May 2015, London: British Future.
　　http://www.britishfuture.org/wp-content/uploads/2015/05/ethnicminorityvote2015.pdf
Colonial Office (1958) CCI58 (1)：Committee on Colonial Immigrants: Progress Report: Brief for Parliamentary Under Secretary of State [CO] [by Ian Watt, Assistant Secretary, General Department, CO], n.d. [21-25 February 1958], CO1032/195, The National Archives, London.
Commonwealth Relations Office (1958) Letter from A.W. Snelling, CRO, to W.A.W. Clark, Karachi, and Sir Alexander Symon, Delhi, 20 March 1958, DO35/7982, The National Archives, London.
Curtice, John, Steve Fisher and Steed, M. (2005) "Appendix 2: The Results Analysed," in David Kavanagh and David Butler eds., *The British General Election of 2005*, Basingstoke: Palgrave

Macmillan.

Dancygier, Rafaela M. (2010) *Immigration and Conflict in Europe*, Cambridge: Cambridge University Press.

Department for Education and Employment (1999) *Youth Cohort Study: The Activities and Experiences of 16 Year Olds: England and Wales 1998*, Statistical Bulletin 4/99, March 1999, London: Department for Education and Employment.

Heath, Anthony and Omar Khan (2012) *Ethnic Minority British Election Study - Key Findings*, February 2012, London: Runnymede Trust.
http://www.runnymedetrust.org/uploads/EMBESbriefingFINALx.pdf

Heath, Anthony, Steve Fisher, Gemma Rosenblatt, David Sanders and Maria Sobolewska (2013) *The Political Integration of Ethnic Minorities in Britain*, Oxford: Oxford University Press.

Heath, Anthony, Steve Fisher, David Sanders and Maria Sobolewska (2012) "*Social Identity, Relative Deprivation and Patterns of Minority Partisanship*".
http://www.ethnicpolitics.org/wp-content/uploads/2012/10/powerpoint7.ppt

Jacobs, Brian D. (1986) *Black Politics and Urban Crisis in Britain*, Cambridge: Cambridge University Press.

Jeffers, Sydney (1991) "Black Sections in the Labour Party: The End of Ethnicity and 'Godfather Politics'?" in Pnina Werbner and Muhammad Anwar eds., *Black and Ethnic Leaderships: The Cultural Dimensions of Political Action*, London: Routledge.

Khan, Omar (2015) *Diversity and Democracy: Race and the 2015 General Election*, June 2015, London: Runnymede Trust.
http://www.runnymedetrust.org/uploads/GE2015.pdf

Lakey, Jane (1997) "Neighbourhoods and Housing," in Tariq Modood and Richard Berhoud eds., *Ethnic Minorities in Britain: Diversity and Disadvantage*, London, Policy Studies Institute.

Layton-Henry, Zig (1984) *The Politics of Race in Britain*, London: George Allen and Unwin.

Le Lohé, Michel (1998) "Ethnic Minorities and the Electoral System," in Shamit Saggar ed., *Race and British Electoral Politics*, London: UCL Press.

Lynch, Phili (2007), "Party System Change in Britain: Multi-Party Politics in a Multi-Level Polity," *British Politics*, 2, pp.323-346.

Messina, Antony M. (1989) *Race and Party Competition in Britain*, Oxford: Clarendon Press.

Muslim Council of Britain (2015) *British Muslims in Numbers: A Demographic, Socio-Economic and Health Profile of Muslims*, London: Muslim Council of Britain.
https://www.mcb.org.uk/wp-content/uploads/2015/02/MCBCensusReport_2015.pdf

Pickles, Eric (2016) "Electoral Fraud Is a Blight across the Political Spectrum – and My Review Can Help to Stamp It Out," *The Daily Telegraph* (online), 11 August 2016.
http://www.telegraph.co.uk/news/2016/08/11/a-wake-up-call-over-electoral-fraud/

Pidd, Helen (2012) "George Galloway Hails 'Bradford spring' as Labour Licks Its Wounds," *The*

Guardian (online), 30 March 2012.

　　http://www.theguardian.com/politics/2012/mar/30/george-galloway-bradford-spring-labour

Purdam, Kingsley (2001) "Democracy in Practice: Muslims and the Labour Party at the Local Level," *Politics*, 21, pp.147-157.

Saggar, Shamit (1998) *The General Election 1997: Ethnic Minorities and Electoral Politics*, London: Commission for Racial Equality.

Saggar, Shamit (2000) *Race and Representation: Electoral Politics and Ethnic Pluralism in Britain*, Manchester: Manchester University Press.

Saggar, Shamit (2001) "The Political Incorporation of South Asian Elites in Britain," *Journal of International Migration and Integration*, 2, pp.207-226.

Saggar, Shamit and Anthony Heath (1999) "Race: Towards a Multicultural Electorate?" in Georffrey Evans and Pippa Norris eds., *Critical Elections: British Parties and Voters in Long-Term Perspectives*, London: Sage.

佐久間孝正（1998）『変貌する多民族国家イギリス——「多文化」と「多分化」にゆれる教育』明石書店。

Sanders, David, Anthony Heath, Stephen Fisher and Maria Sobolewska (2014) "The Calculus of Ethnic Minority Voting in Britain," *Political Studies*, 62, pp.230–251.

Sly, Frances, Tim Thair and Andrew Risdon (1998) "Labour Market Participation of Ethnic Groups," *Labour Market Trends*, December 1998.

Sobolewska, Maria (2015) "Can the Conservatives Win the Ethnic Minority Vote?"

　　http://www.britishelectionstudy.com/custom/uploads/2015/01/Maria-Sobolewska-Dec-9-Presentation-2014.pptx

Solomos, John (1989) *Race and Racism in Contemporary Britain*, London: Macmillan.

Wigmore, Tim (2015) "Is Labour Losing the Ethnic Minority Vote?" *New Statesman* (online), 5 January 2015.

　　http://www.newstatesman.com/politics/uk/2015/01/labour-losing-ethnic-minority-vote

Yaqoob, Salma (2007) "The Secret to Success," *The Guardian* (online), 2 May 2007.

　　https://www.theguardian.com/commentisfree/2007/may/02/thesecrettosuccess

■URL の最終確認日はいずれも 2016 年 8 月 31 日。

第 2 章

ブリティッシュ・エイジアン音楽の諸実践における「代表性」と周縁化
——サブ・エスニシティの観点から

栗田知宏

1　はじめに——エイジアン音楽の「一体性」と多様性

　ブリティッシュ・エイジアン（以下「エイジアン」と表記）とは、イギリスでは一般的に旧植民地（英領インド）である南アジア諸国からの移民ならびにその子孫を指す。第二次世界大戦後の労働力不足を背景に、イギリスは 1950 年代から 60 年代前半にかけて南アジア出身者を労働者として多数受け入れ、その後の家族の呼び寄せや東アフリカ諸国からの再移住などの流れを経て、現在ではイギリス生まれの第二・第三世代の時代になっている。2011 年の国勢調査によれば、イングランドとウェールズの「インド系」「パキスタン系」「バングラデシュ系」[1]の人口は約 308 万人（全人口の約 5 ％）で、非「白人」のエスニック集団の 4 割近くを占めている（Office for National Statistics 2012）。エイジアンの中でも多いのが、北インドとパキスタンのパンジャーブ地方[2]にルーツを持つパンジャービー、西インドのグジャラート州にルーツを持つグジャラーティー、バングラデシュ北東部のシレットにルーツを持つシレーティーだが（Ballard 1994）、パキスタンのアーザード・カシミール地域のミールプルの出身者（ミールプリー）や、スリランカ系、ネパール系の人々などもおり、その内実は多様かつ複雑である。
　こうした、ルーツのある国や地域、言語に加えて、宗教・宗派やカーストなどの面でも複雑さと多様性を有する在英南アジア系の文化に、ブリティッシュ・エイジアン音楽（以下「エイジアン音楽」と表記）がある。「エイジアン

音楽」なる共通的な要素を持つ音楽があるわけではなく、また様々な南アジア的な音楽実践が最初から「エイジアン音楽」という名称の下で発展したわけでもないが、南アジア系メディアや音楽産業においては「エイジアン音楽」という名称は頻繁に用いられている。エイジアンというエスニック集団の内部が多様であるのと同様に、エイジアン音楽も決して一枚岩ではなく、原理的には広範な南アジア各地にルーツを持つあらゆる形の南アジア的な音楽表現——用いられる楽器、歌詞の言語、リズム、演奏法など——の実践を含み得るはずである。しかし、実際にはある特定の音楽形式——具体的にはバングラーとボリウッド音楽[3]——がその代表的な実践として取り上げられることが多い。「ブリティッシュ・エイジアン音楽は、複合するアイデンティティの諸観念が現われる、激しい争いの現場」(Bakrania 2013：5) であり、エイジアンという集団内部における多様性の観点からみると、エイジアン音楽の複雑性がよりあらわになる[4]。

では、多様な南アジア的な音楽実践は、どのように「エイジアン音楽」という包括的なカテゴリーに含まれ、「代表性」を付与され、またそこから周縁化されているのか。多様な音楽実践を含み得るこのカテゴリーの内部で、どのように音楽業界の人々の戦略や駆け引きが繰り広げられており、それらによって「エイジアン音楽」という「一体性」が作られ維持されているのか。本章では、エスニック集団内における様々な下位集団を指すサブ・エスニシティ (山田 2000；Salaff 2005；市川 2007) の観点から、白人やアフロ・カリビアンといった他のエスニック集団と弁別される「エイジアン」という包括的エスニシティの下位にある、エイジアン内部の個別的エスニシティ——「パンジャービー」、「ベンガーリー」、「グジャラーティー」、「タミル」、「北インド系」、「南インド系」、「スリランカ系」、「パキスタン系」など——の枠組が、エイジアン音楽の生産や流通の局面においていかなる形で作動しているかを検討する。筆者がエイジアン音楽産業の関係者を対象に行ったインタビュー調査のデータ[5]も交えながら、エイジアン音楽の発展において南アジア系内部の特定のサブ・エスニック集団に属するアーティスト、またはその実践が「代表性」を与えられてきた流れを整理するとともに、それ以外のサブ・エスニックな背景を持つアーティストや音楽実践の位置づけについて考察を加えることで、エイジアン音楽という「一体性」の脱構築を試みたい。

2　ボリウッド音楽は「汎南アジア的」ジャンルか

　エイジアン音楽の多様性を整理する試みとして、ファレル（Garry Farrell）他はそれを（1）汎南アジア的な音楽ジャンルと（2）（地域的・言語的・宗教的）個別的音楽とに大別している（Farrell with Bhowmick and Welch 2005）。前者は古典音楽（北インドのヒンドゥスターニー音楽、南インドのカルナータカ音楽）と映画音楽（ヒンディー語・ウルドゥー語、タミル語、その他の言語による）を指す。一方、後者の例のひとつとして挙げられているのがパンジャービーのバングラーである。このうち、本章における考察の対象となるのは古典音楽以外のもの、すなわち映画音楽と（サブ・エスニックな）個別的音楽である。

　ここでまず映画音楽について確認しておきたいのが、南アジア本国や南アジア系移民コミュニティにおいて（様々な言語による）映画の挿入歌が人気を博するという一般的な傾向はあるが、実際に（ひとまず）「汎南アジア的」だと言えそうなのは、ヒンディー語・ウルドゥー語で歌われる[6]ボリウッド映画の挿入歌にもっぱら限られるという点である。インドのムンバイーを中心に制作されるボリウッド映画の音楽（以下「ボリウッド音楽」と表記）は、インドのみならずパキスタンやバングラデシュ、ネパールなどの近隣国、また南アジア系人口の多い世界各地の国々で広く聴かれており、インドではヒット音楽と言えばボリウッド音楽を指すほどの高い人気を誇る。イギリスでも「ポピュラー音楽的リンガ・フランカ」（Farrell et al. 2005：109）として、またアーティストにとっては「実際的な（しばしばサンプリングされる）音楽的素材、あるいはより広い文化的参照点として」（Farrell et al. 2005：110）位置づけられ、1990年代以降に盛んになったエイジアン音楽のリミックス文化[7]においても重要な役割を担っている。ファレル他はまた、「映画の曲という音楽言語の他の形式への翻訳が、イギリスの新しい南アジア系音楽の中心的特徴となっている」（Farrell et al. 2005：110）として、ボリウッド映画を文化的に参照したアーティストや楽曲の例としてバリー・サッグー（Bally Sagoo）[8]や、ボリウッドの代表的な歌手アーシャー・ボースレー（Asha Bhosle）に捧げられたコーナーショップ（Cornershop）[9]のヒット曲 "Brimful of Asha"（1997年）[10]を挙げる。こうした背景もあって、ボリウッド音楽はイギリスでもエイジアン音楽の文脈に位置づけられる傾向があり、実際ボリウッド音楽の制作に在英南

アジア系アーティストが関わることもしばしばある[11]。本国のボリウッド音楽の歌手が頻繁にイギリス公演を行っており、南アジア系ラジオ局ではボリウッド専門の番組も多く、ロンドンではクチュ・クチュ・ナイツ（Kuch Kuch Nights, 2000 年～）などのボリウッド音楽に特化したクラブナイトも定期的に催されている。

しかし、「北インド」と「南インド」という大まかな地域的区分に則ると、イギリスにおいてもボリウッド音楽は（パキスタンも含めた）北インド文化圏に属するものとして認識されていることが多い。イギリスではヒンディー語、ウルドゥー語、パンジャービー語、グジャラーティー語といった言語が広く用いられているが（Modood 1997）、ボリウッド音楽が「ポピュラー音楽的リンガ・フランカ」として位置づけられるのは、もっぱらこれらの言語文化圏に近い北インド系の人々の間においてであり、南インド系やスリランカ系の人々にとっては必ずしも近しいと感じられるものではない[12]。サブ・エスニシティの観点からボリウッド音楽をみると、それは「汎南アジア的」な音楽としてよりも、「北インド的」な個別的音楽として捉えられるべきだろう。

3　バングラーの発展とハイブリッド化
　　──パンジャービー音楽の影響力

一方、ファレル他が個別的音楽の例のひとつとして挙げるのがバングラーである。それぞれの南アジア系のサブ・グループやコミュニティの内部で様々な音楽実践が行われてきたと考えられるが、その中で最初に、そして最も商業的な成功を遂げたのがバングラーだった。

バングラーは、元々はパンジャーブの農村で新年や収穫を祝うための民俗音楽であり、またそれと結びついたダンスである[13]。1960 年代から 70 年代にかけての「一時滞在」から「定住」へという移民形態の変化の中で、在英パンジャービーの移民労働者たちが結婚式などの家族行事やコミュニティ行事でバングラーを演奏し始めた。こうした演奏の需要が高まると、バングラーバンドが次々と結成されるようになる[14]。1980 年代に入ると、バングラーはシンセサイザーやドラムマシンなどの電子音との融合によってよりポップなサウンドを帯び、クラブでかかることによって、パンジャービー以

外の幅広いエイジアンの若者からも人気を獲得したとされている。南アジア系の家庭では、子どもが夜遅くまでクラブで遊ぶことを快く思わない親が多いため、昼間に楽しめる「デイタイマー」と呼ばれるクラブがこの頃登場して若者たちに人気を博した（Back 1996）。こうした現象はほどなく主流メディアにおける関心も集め、バングラーはエイジアンという枠を越えて、イギリスの主流社会における存在感を増していった[15]。

　1990年代に入ると、イギリスのバングラーはリズミカルなヒップホップやレゲエなどとの融合というさらなる発展を遂げた。その代表として常に挙げられるアーティストが、アパッチ・インディアン（Apache Indian）である。バーミンガム出身のパンジャービーで、地元のアフロ・カリビアン文化にも影響を受けてきたというアパッチ・インディアンは、バングラーの要素にレゲエやダブ、ラガマフィンなどの音楽的スタイルをミックスした独自のスタイルを確立した。また、パンジャービーのアーティストの影響力と密接に関連する形で出現してきたのが、「パンジャービーポップ」（Roy 2010：1）と呼ばれるような、パンジャービー語の歌詞によるポップスである。バランタイン（Tony Ballantyne）は、（時期の特定はほぼ不可能ながらも）「バングラー」という語がパンジャービーのミュージシャンが作るポピュラー音楽の諸形式を示すようになったと指摘しているが（Ballantyne 2006）、こうしたパンジャービー的な影響の強いポップな音楽実践は、バングラーの定義やスタイルを拡張し、エイジアン音楽における「パンジャービー音楽」の存在感を強めていくこととなる。

　在英南アジア系人口のうちパンジャービーは3分の2を占める（Ballard 1994）という「数の政治」もあり、パンジャービーというサブ・エスニシティと結びついたバングラー――パンジャービー語の歌詞やスィク教という宗教的シンボル[16]、パンジャーブでよく用いられるドール（両面太鼓）といった要素に特徴づけられる――は、エイジアン音楽を代表する実践として常に前面に押し出されてきた。このことを近年分かりやすく示したのが、2012年のロンドン夏季オリンピックの閉会式で演じられたバングラーダンスである[17]。このパフォーマンスは、多民族国家であるイギリス社会におけるパンジャービーの存在感の大きさと、バングラーが（アフロ・カリビアンや中国系といった他のエスニック集団の文化とは弁別される）エイジアンの音楽文化を「代

表」するポジションを与えられていることを世界中に示したと言えるだろう。バングラーが、長い間「自分たちの声」を持ってこなかったエイジアンの若者にとっての「自律的でオルタナティヴな公共圏の発展」(Back 1996：220) をもたらしたと論じるバック（Les Back）をはじめ、パンジャービーのみならずより幅広い南アジア系の若者に支持され、エイジアンの文化を象徴する音楽実践となったとみなす研究や論考は数多い（Banerji and Baumann 1990；Baumann 1996；Dudrah 2007）。

　しかし、こうしたバングラーの位置づけは、エイジアンの若者の多様なサブ・エスニックなアイデンティティを等閑視することにもつながり得る。例えばハク（Rupa Huq）は、東ロンドン出身のバングラデシュ系音楽グループ、ジョイ・バングラ（Joi Bangla、現在はジョイ）のベンガル語による楽曲制作を例に挙げながら、「バングラーをイギリスのエイジアンの若者の異なるメンバーたちを連帯させる力だとみるのは単純すぎるところがある」(Huq 1996：64) と論じる。パンジャービーの人々が非パンジャービーの人々よりもバングラーとの距離が近いゆえに、バングラーに「エイジアンの文化」という象徴的な意味を与えたとしても不思議ではないが、非パンジャービーの音楽業界関係者の中には異なる評価を与える人もいる。スリランカ系のDJであるA氏[18]は、筆者によるインタビューの中で次のように語っている。

　　それ（引用者注：バングラー）は、パンジャービーたちがパンジャービーでいることに誇りを持つのを助けたとは思う。でも、その他の人たちに影響を与えたとは思わない。バングラーに合わせてダンスしている人をみると、彼がブラウン[19]だろうが何であろうが素晴らしいと思う。でも、ワオ、とは思わない。なぜなら（引用者注：自分の背景とは）完全に違うから。君は（引用者注：日本人である筆者に対して）香港出身の人をテレビで見たら、ワオ、すごい、自分たちのひとりだ、とは思わないだろう？

　A氏はバングラーの人気と影響力を明確に認める一方で、非パンジャービーのエイジアンたちがバングラーに同一化し、それを「自分たちの文化」として取り入れたという考え方をこのように否定している。また、パンジャービーの業界関係者からも、バングラーを「過大評価」することへの違

和感はしばしば聞かれる。例えば、かつて A 氏とともに BBC のラジオ局で エイジアン・アンダーグラウンド[20]を紹介する番組のプレゼンターを務め ていた DJ の B 氏[21]は、次のような見解を示す。

> 残りのコミュニティがバングラーに摑まったのだと思う。なぜなら正 直なところ、バングラーが最初に来たから。……バングラーに何か特別 なものがあったとは思わない。バングラーは、適切な新しい世代にとっ ての、適切な時期の適切なジャンルだったのだと思う。

B 氏は、バングラーが「適切な時期」、つまりエイジアン・コミュニティ の発展において適切なタイミングで現れた最初の南アジア系ポピュラー音楽 であり、ゆえに非パンジャービー・コミュニティの若者の多くもそれに同一 化したとして、バングラーの「代表性」を客観的に歴史化して捉えている。 また、1980 年代から女性 DJ の草分けとして活躍する C 氏[22]は、バングラー が「ブリティッシュ・エイジアンの怒れる第二世代の若者の声」という政治 的・社会的な意味を与えられた一方で、それが全てのエイジアンにとっての 「戦勝行進曲」になったというのは正しくないにもかかわらず、メディアは そのような物語を欲しておりそう描写したがるとして、それがある意味では 作られた言説であるとの見解を示す。バングラーの影響力はとりわけ非パン ジャービーの人々にとっては必ずしも強いわけではなく、サブ・エスニック な差異を越えた在英南アジア系コミュニティ全体を「代表」するといったバ ングラーへの意味づけは、メディア（や学術的な）言説の効果としても捉え る必要があるだろう。

4　リミックス文化とエイジアン・アンダーグラウンド

　1990 年代にはまた、リミックスという音楽加工の実践によってボリウッ ド音楽がグローバルな音楽市場に流通するようになる。その立役者が、イン ドのデリー出身でバーミンガム育ちのバリー・サッグーである。サッグーの リミックスは、それまで西洋の音楽市場の外にあったボリウッド音楽に西洋 のレーベルの関心を引きつける役割を果たし、コロムビア・レコードとの契

約によって、94 年のアルバムが西洋の中産階級の消費者にプロモートされた。また、サッグーの音楽はインド亜大陸にも「逆輸入」され、インドではボリウッド音楽のリミックスは「バリー・サッグー音楽」と呼ばれるまでになったという (Sharma 1996)。

　こうしたリミックスの導入によって、エイジアン音楽における DJ の役割が重要性を増していった。そして 1990 年代半ばには、北インドやパキスタンで用いられる演奏スタイルや楽器のサウンド、イスラーム神秘主義歌謡カウワーリー (Qawwali) などとテクノ、ハウス、ドラムンベースといったクラブ・ミュージック的な音楽スタイルとの融合がなされ、エイジアン・アンダーグラウンド (以下「AU」と表記) と総称されるようなハイブリッドで実験的な音楽実践が盛んとなる。その初期から活躍する代表的なアーティストが、94 年にデビューしたニティン・ソーニー (Nitin Sawhney) である。こうした「東洋的」なサウンドと「西洋的」なサウンドのフュージョンは西洋の音楽レーベルの関心を引き、白人にも受容されやすくなったその音楽実践は、エスニック文化のエキゾティシズムを体現するものとして「エイジアン・クール (Asian Kool)」などと呼ばれ、白人の消費の対象ともなった[23]。95 年末までには、ソーニーと並ぶ AU のアーティストとされるタルヴィン・スィング (Talvin Singh) や、独立レーベルのアウトカースト・レコーズ (Outcaste Records) の主催による、AU に特化した多くのクラブがロンドンに出現した (Huq 1996)。97 年は AU の商業的人気が絶頂に達した時期で、98 年にはスィングがイギリスの権威ある音楽賞・マーキュリー賞を受賞している。

　ソーニーやスィングはパンジャービーとしての背景を持つが、AU のアーティストにはステイト・オヴ・ベンガル (State of Bengal、バングラデシュ系の DJ で 2015 年に死去) やバドマーシュ＆シュリー (Badmarsh & Shri、イエメン出身のインド系ムスリムのバドマーシュと南インドのベンガルール出身のシュリーによるエレクトロニック音楽デュオ) といった非パンジャービーもおり、かれらはクラブカルチャーが盛んな東ロンドンから現れた。C 氏は、かれらが現れた理由のひとつは、「かれらにとってバングラーが意味を持っていなかったから」であり、ゆえにかれらはヒップホップやエレクトロ、ドラムンベース、ジャングルなどのクラブ・ミュージックにアプローチしたとの見解を示す。このように、AU の発展の背景には、バングラーに音楽的に同一化できない非パンジャー

ビーのアーティストの存在があり、かれらはエイジアン音楽にサブ・エスニックな音楽的多様性を付加することとなった。

5　「エイジアン・バンド」

　1990年代中盤にはまた、南アジア系のメンバーを中心としたバンド（以下「『エイジアン・バンド』」と表記）がいくつか登場し、国際的にも人気を博した。政治的・社会的なメッセージ性を前面に押し出すタイプから、政治性をそれほど音楽に反映させないタイプまで様々であり、その音楽性は一様ではない。前者の代表的な存在は、エイジアン・ダブ・ファウンデーション（Asian Dub Foundation、以下「ADF」と表記）とファン・ダ・メンタル（Fun Da Mental、以下「FDM」と表記）である[24]。こうしたバンドは、バングラーやカウワーリーなどのサウンドを部分的に用いながら、南アジア系住民に対する差別や欧米社会における人種差別、警察による暴力、新自由主義的な世界システムや政治体制に対する批判や、異なるマイノリティ・グループの連帯を訴えるような政治的なメッセージを、主に英語で歌ったりラップしたりしている。こうしたバンドの闘争的なスタンスは、アフロ・カリビアンのレゲエやラップといったスタイルから得られたという側面もあり（Sharma 2006）、エイジアン自らの政治的なエイジェンシーを表現する手段ともなった。一方、コーナーショップやヴードゥー・クイーンズ（Voodoo Queens、1999年に活動停止）といったバンドはギター中心のサウンドで、政治的なメッセージや表現における南アジア性を前面に押し出す作風では必ずしもなかった。

　こうした「エイジアン・バンド」は音楽的な類似性が希薄であり、せいぜい南アジア系——しかもそのサブ・エスニックな属性は様々である——のメンバーがいるくらいの共通性しか持たないが、エイジアンと政治性を結びつける主流メディアの言説によってかれらは同じカテゴリーに包含されることとなった（Hyder 2004）。こうしたバンドのメンバーたちは「表象／代表の重圧」を強く感じ、エイジアンのロールモデルとしてみられることから距離を置いたが（Hyder 2004）、それはかれらが個々のサブ・エスニックな属性を捨象された「エイジアン」として、メディアによって画一的に表象されるのが不可避であったことを示している。

6　R&B・ヒップホップ志向の強まり
　　── 2000 年代以降のエイジアン音楽

　AU 的な音楽形式は 2000 年代初頭までには廃れ、「エイジアン・バンド」の活動も現在では ADF を除けばすっかり下火となっている。これらの短期的な商業的人気には、主流のポピュラー音楽産業が新奇性を求めたり、メディアがエキゾティシズムに「抵抗」的な意味を読み込んで称揚したりするという側面が色濃く存在していた。一方、2000 年代になると、90 年代から行われるようになったヒップホップへのアプローチという傾向がさらに強まる[25]と同時に、R&B を志向するエイジアンのアーティストが目立つようになる。こうした音楽スタイルは「デーシー・ビーツ」や「アーバン・デーシー」などと呼ばれている[26]。その代表的な存在である DJ のパンジャービー・ヒット・スクワッド（Panjabi Hit Squad、以下「PHS」と表記）は、ブラック・ミュージックを主にプレイする BBC ラジオ 1Xtra の 2002 年の開局から 2009 年まで番組を持っていた。かれらは 2003 年、ヒップホップ・レーベルのデフ・ジャム UK と契約し、同年にアルバム *Desi Beats Volume 1* をリリースしている。PHS の音楽番組は、その後 BBC の在英南アジア系ラジオ局であるエイジアン・ネットワーク（Asian Network、以下「BBC AN」と表記）でも始まり、2017 年現在も放送されている[27]。

　モウドゥード（Tariq Modood）が、イギリスにおける「エイジアン」アイデンティティの出現が「『ブラックの誇り』という表現形式や、黒人のヒップホップあるいはラップ音楽に時に直接的な影響を受けたり、それらをモデルとしたりしている」（Modood 2001：68）と論じるように、若い南アジア系アーティストのヒップホップ志向には、イギリスにおける反人種主義という政治的立場性の表明、あるいはヒップホップというカウンターカルチャーと結びついた反抗のシンボルとしての「黒人性（Blackness）」の利用を通じた「エイジアン」という意味づけの契機を見て取ることができる。エイジアンのラッパーの多くは、その外見や話し方などに、明らかに若い黒人男性の不良っぽいイメージを投影させた「ルード・ボーイ（rude boy）」的な要素を打ち出している[28]。R&B やヒップホップとの関係性は、（例えばパンジャービーの）アーティストやグループが自らのステージネームに「DJ」「MC」「クルー」「ス

クワッド」といった言葉をつけたり、ヒップホップ的な衣装を身につけたりするところ (Ballantyne 2006) にも表れており、ここからもヒップホップが強力な若者文化となっているとみなすことができるだろう[29]。ここにおいて、黒人文化や振舞いの習得は若い南アジア系アーティストにとって、文化資本の獲得手段ともなっている (Kim 2015)。

　パンジャービーの中にもヒップホップやR&Bに影響を受けている若いアーティストは多いが[30]、非パンジャービーのR&B歌手やラッパー、DJも2000年代以降次々と登場するようになってきた。例えば、スリランカ系では、コロンボ出身で後にイギリスに移住したタミルのR&B歌手アルジュン (Arjun) が、2012年頃から頭角を現してきている。歌詞の言語は主に英語だが、時にはタミル語に加えてヒンディー語でも歌っており、南アジア系移民の多い北米やオーストラリア、UAE、マレーシアなどでもライヴを行って幅広い人気を博している[31]。バングラデシュ系では、東ロンドンのバングラデシュ系集住地域タワー・ハムレッツ出身の歌手マムズィー・ストレンジャー (Mumzy Stranger) がデビュー以来人気を集めている。また、彼の成功により、その後もジュナエド・ミヤ (Jernade Miah)、シャー・アヴェル (Char Avell)、サリク (Salique) といった若いバングラデシュ系R&B歌手が東ロンドンから続々と登場し、業界における存在感を増してきている。グジャラーティーでは、BBC ANでクラブ・ミュージック番組のプレゼンターを2012年まで務めるなど、エイジアン女性DJの代表的な存在として国内外で活動するDJケイパー (Kayper)、ラッパーのスワーミー・バラカス (Swami Baracus)、メニス (Menis)、ラウール (RaOol)、歌手のジェイデン (Jayden) などがいる。

　こうした非パンジャービーのアーティストの特徴として挙げられるのが、それぞれのサブ・エスニックな言語 (タミル語、ベンガル語、グジャラーティー語など) よりも英語を用いる傾向があるという点である。また、時にはパンジャービー語やヒンディー語でも歌ったり、自分は英語で歌うが共演する歌手やラッパーがパンジャービー語やヒンディー語を用いたりすることもある。イギリス生まれの第二世代が主流を占めてきている南アジア系アーティストが、母語としての英語で歌うのは何も不思議なことではないが、自分のサブ・エスニックな背景にはないパンジャービー語やヒンディー語を取り入れるという状況は、エイジアン音楽産業における北インド的な音楽実践の影

響力を端的に物語っている。

バングラデシュ系 R&B 歌手の D 氏[32]は、バングラーを得意とするパンジャービーの有名プロデューサーに見出され、2009 年にデビューした。その後セルフプロデュースに転じてからは、プロデューサーとしても活動し、パンジャービーのポップス歌手などの楽曲を手がけている。レゲエの要素も取り入れ主に英語で歌っているが、パンジャービー語やヒンディー語も交えて歌ったり、ステージで人気バングラー歌手と共演したりすることもある。このように、D 氏はバングラデシュ系でありながらパンジャービー音楽とも近い関係性を維持しているが、彼は筆者のインタビューにおいて、「R&B アーティストにとって、その（引用者注：バングラーの）市場に囚われるのはより心配なこと」として、R&B を歌う上でバングラーの枠内に留まってしまうことへの抵抗感を示すと同時に、ベンガル語で歌うことの必要性も強く感じていないと語る[33]。彼は自身が「ベンガーリーでいることで、すでに（引用者注：バングラデシュ系を）代表している」という理由から、ベンガル語の曲を作ることには消極的であり、また「僕たちがエイジアンだというだけで、かれら（引用者注：アメリカの人気 R&B 歌手）のやっていることができないことにはならない」、「バングラデシュ音楽を歌えば、メインストリームをヒットしない。かれら（引用者注：一般のリスナー）はベンガーリー音楽を理解しない」として、英語詞による主流の R&B を作ることにこだわりをみせる。

1990 年代に人気を博した AU の音楽実践は、白人の消費の対象となったことを先ほど指摘した。一方、2000 年代以降のこうしたヒップホップや R&B は、南アジア系サウンドを用いず英語のみで歌ったりラップしていたりしていても、あくまでエイジアン音楽の枠内で流通する傾向がある。その理由としては、南アジア系の独立レーベルによって制作・発売される場合が多いということもあるが、主流の音楽産業への南アジア系アーティストの参入が容易ではないという側面も大きい[34]。このため、D 氏のようなメインストリーム志向のアーティストであっても、エイジアン音楽業界に留まり、英語の R&B を歌いながら楽曲に部分的に南アジア的——より具体的には、北インド的——要素を加えたり、南アジア系の音楽イベントやメディアに登場したりすることによって、アーティストとしての存在感を示すケースが多く見受けられる。

第2章 ブリティッシュ・エイジアン音楽の諸実践における「代表性」と周縁化

　南アジア系音楽などのイベントの宣伝やメディア事業を行うマーケティング・PR会社のディレクターのE氏[35]は、アーティストの英語の歌詞への志向がヒップホップやR&Bへの志向と結びついていること、また、それこそが主流の音楽産業における成功を難しくしていることを、次のように語っている。

　　この国で育ったかれらには選択肢があると思う。インド音楽で育つか、英語の音楽で育つか、両方のミックスか。かれらの好みが英語なら、アッシャー（Usher）や50セント（50 Cent）など、アメリカのラッパーなんかに夢中になる。かれらのようになりたい、でもかれらのようになろうとしていても、行く場所がない。現在俺のところに来る全てのラッパーたちに俺はこう言う、「……今、君が主流のラッパーになれる見込みは万にひとつ。……バングラー・ビートをやってみて、ヒンディー語の歌手やバングラーの歌手と共演して、英語のラップはその間でやれ。あるいは自分がパンジャービー語で歌って、ラップやR&Bの間に歌を入れろ」とね。それがかれらにとって今、注目を得、注目を上げるための最も簡単なルート。そしてその注目によって、次のステップへと。おそらくね。

　E氏は、南アジア系アーティストが英語だけでラップやR&Bを歌っても人気の獲得は困難だとみており、ヒンディー語やパンジャービー語の歌詞、バングラーの要素を取り入れた音楽を作ることで、エイジアン音楽の枠内でまずリスナーの支持を得るようアーティストに促している。これは、バングラーやボリウッド音楽といった北インド文化圏の音楽文化がエイジアン音楽において「代表性」を得ており、これらに則ることで注目を得やすくなる傾向を明瞭に示している。バングラデシュ系歌手のD氏の例のように、英語の歌詞による主流のヒップホップやR&Bを基調としながらも、北インド系の音楽的要素を取り入れることは、エイジアン音楽としてのいわば「真正性」を自身の音楽に付与する試みであり、それによってエイジアン音楽市場における存在感を確保することが可能となると言えよう。それはまた、ベンガル語、グジャラーティー語、タミル語、シンハラ語といったサブ・エス

51

ニックな言語文化圏の音楽実践が周縁化され、ヒットを出すことが難しいという現状も同時に示している。

7　「デーシー」にみるサブ・エスニシティの政治

　エイジアン音楽に限らず、ブリティッシュ・エイジアンの文脈でしばしば用いられるのが、「デーシー（desi）」という言葉である。デーシーは「国」を意味するサンスクリット語の「デーシュ（desh）」から派生した語で、南アジアで広く「ある地域に属する」「国産の」といった意味で用いられており、在英南アジア系移民の間でも「エイジアン」と同様に、広く南アジア系の人や事物を示す言葉として用いられている。デーシーの定義としては、「南アジア『生まれ』の人を指す口語的な用語で、インド、パキスタン、バングラデシュ、スリランカ、あるいはインド・カリビアンの家系のディアスポラにおける多くの第二世代の間で定着した用語」（Maira 2002：2）といったものがあるが、キムはデーシーがイングランド中部のミッドランズ[36]や北インド系の人、パンジャービー、スィク教徒といった多数派と結びつけられてきて、「デーシー性（Desiness）」は実際には汎南アジア的なアイデンティティにはなっていないと論じる（Kim 2015）。

　ロンドンの南アジア系音楽配給・販売業者の代表であるＦ氏[37]は、「デーシー」とは「ホームの伝統的な形式」を指すものであり、「インド、パキスタン、バングラデシュ、またスリランカですらあり得る」が、人口の多さゆえに「典型的にはインド、パキスタン」を指し、さらにパンジャービー音楽のアーティストたちが最初に自身の音楽と「デーシー」とを結びつけたため、それは言語面ではパンジャービー語との結びつきが深いと指摘する。また、スリランカ系のＡ氏は「デーシー」という観念を北インド的なものと捉えており、「僕にとってはそれほど意味がない、なぜなら『デーシー』は自分には当てはまらないから。……多くのタミルは自分を『デーシー』とは呼ばないと思う。僕は（引用者注：自身を『デーシー』と呼ぶタミルに）確実に出会ったことがない」と語り、「デーシー」が「エイジアン」と同義として南アジア系の人々に用いられているものの、南インド系やスリランカ系の人々や文化がそこから排除されているという見解を示す。かれらのこうした語り

にみられるように、「デーシー」とは南アジアを象徴的に指し示す語でありながら、実際にはパンジャービーというサブ・エスニシティを連想させる性格が強く、その枠組がはらむ北インド系中心主義的な傾向が業界の人々にも感じ取られていることがうかがえる。

8 まとめ

　本章では、エイジアン音楽の発展の流れを整理しながら、アーティストや様々な音楽実践の産業内部における位置づけとその背景をサブ・エスニシティの観点から検討してきた。エイジアン音楽においてはヒンディー語・ウルドゥー語によるボリウッド音楽の影響力が強いのに加えて、バングラーに代表されるパンジャービー音楽がエイジアン音楽産業における「代表性」を獲得していると言ってもよく、パンジャービー語圏をも含み込んだ「北インド性」が強力な一種の規範となっている。一方で、他の南アジア系言語を用いた音楽は、相対的に話者人口の多いグジャラーティー語やベンガル語などによる楽曲も含め、商業的にはほとんど流通していない。とりわけ、バングラデシュ系やスリランカ系といった非パンジャービーのアーティスト、またかれらのサブ・エスニックな言語やスタイルに基づく音楽は、エイジアン音楽産業への参入資格を持っているにもかかわらず、実際には常に周縁化されている。また、英語のR&Bやヒップホップを志向していても、イギリスの主流の音楽産業におけるレイシズムといった要素により、そこへの参入は容易ではない。このため、エイジアン音楽業界に留まり、英語のR&Bやヒップホップと南アジア的——実質的には北インド的——要素のミックス、バングラーへのアプローチやパンジャービーの業界人との関係性の構築、エイジアン音楽イベントや南アジア系メディアへの露出などによって、アーティストとしての存在感の確保を図るケースが多く見受けられる。パンジャービー音楽やヒンディー語の歌詞といった要素の取り入れは、エスニック・ビジネスにおける「借り傘戦略」（山下 2016）、すなわち少数派としての自身のエスニシティを明示せず、同じエスニック集団の中で成功した多数派のビジネスモデルを借用するという方法であり、既存の市場構造に適応するための戦略だと言えよう。ここにおいては、英語のR&Bやヒップホップであっても、

北インド的な要素を有していればエイジアン音楽に包摂するという方向に作用する。

その一方で、デーシー・ビーツ的な音楽を志向する非パンジャービーのアーティストの楽曲は、BBC AN のヒップホップやクラブ・ミュージックに特化した番組ではしばしばプレイされており、タミル語やベンガル語、グジャラーティー語などを用いた R&B やヒップホップの実践が今後人気を獲得する可能性もはらまれていると言えよう。また、BBC AN には南アジア系のサブ・エスニシティに特化した番組[38]も放送されており、ベンガーリー番組やグジャラーティー番組でかれらの音楽がプレイされることもある。イギリス各地の南アジア系コミュニティラジオ局や商業ラジオ局ではパンジャービー語やヒンディー語、ウルドゥー語の番組を放送する局は多いが、東ロンドンのニューサウンド・レディオ（Nusound Radio）はパンジャービー語やウルドゥー語、グジャラーティー語の番組に加えて、2014 年 1 月にはマラーティー語[39]の番組の放送も開始した。さらに、2014 年 10 月には BBC AN で初となる南インド・スリランカ系番組 *Ashanti Omkar*[40] が放送を開始し、イギリスのみならず本国のインドやスリランカ、また世界中の南インド・スリランカ系ディアスポラによる音楽（レーベル契約を結んでいない若いアーティストも含めて）を紹介している。こうしたサブ・エスニックなラジオ番組は、アーティストが英語による主流の R&B やヒップホップを歌っていても、アーティスト本人のサブ・エスニックな属性を根拠にその曲をプレイすることがあり、注目を得づらい状況にあるアーティストの救済措置として機能していると言える。

現在、南アジア系アーティストによる音楽がイギリスの主流の音楽市場に出回る機会は、メジャーレーベルから楽曲を発表でもしない限りほとんどない。エイジアン音楽の市場は非常に狭く、アーティストの多くが南アジア系の独立レーベルから楽曲を発表し、南アジア系メディアや音楽イベントに露出を絞る傾向がある。また、レーベルとの契約はせずにインターネット上で楽曲を発表するアーティストも出てきており、エイジアン音楽のゲットー化とも言える状況がさらに強まってきている。アーティストや楽曲がエイジアン音楽の枠組に包摂されるかどうかは、サブ・エスニシティの観点からのスクリーニングが大きく影響するが、南アジア系メディアや音楽イベントへの

第 2 章　ブリティッシュ・エイジアン音楽の諸実践における「代表性」と周縁化

コミットメントの度合いによって決まるという側面も大きいだろう[41]。

　エイジアンは当然のことながら、出身地域・言語・宗教などの面で多様な属性を持った人々で構成されており、パンジャービーあるいは北インド系というサブ・エスニシティが「エイジアン」という包括的エスニシティに接続されることによって、それらの背景を持たない人々の存在は不可視化されてしまいかねない。こうした傾向を助長するような南アジア系メディアのありようを否定的に捉える業界人も存在する[42]。エイジアンのアーティストが主流の音楽産業から周縁化される傾向があるのに加えて、エイジアン音楽産業の内部においても一部のエイジアンが周縁化される傾向があるという現状を「包摂」と「排除」の視座からみると、「包摂」の中に別の「排除」が存在し得るという両者の複層性を見出せるだろう。BBC AN の南インド・スリランカ系番組の例は、「一体性」を維持しているかにみえるエイジアン音楽産業に新たなサブ・エスニックな音楽実践を取り込むことで、産業全体の論理に揺さぶりをかける効果を生じさせたとみることもできる。音楽産業内の力学は、「場合によっては、意図的にあるいは非意図的に、既存の資源配分や慣習に挑み、そして／あるいはそれを変容させることが十分できる」(Crossley 2009 : 30) という側面を有している。パンジャービー・北インド系中心主義的なエイジアン音楽の傾向が、メディアや音楽イベントなどの媒体を通じて再帰的に強化され得る一方で、南アジア系コミュニティや音楽・メディア業界内部の動向によって今後どのように変容していくかが注目されよう。

〈付記〉本章で取り上げた現地調査の一部は、独立行政法人日本学術振興会の「組織的な若手研究者等海外派遣プログラム」による支援を得た「東京大学大学院人文社会系研究科　次世代人文社会学育成プログラム」(2009 年度～ 2012 年度) によるものである。

[注]

1　イギリスでは 1991 年の国勢調査より、「エスニック集団」の「エイジアン」の下位カテゴリーとして「インド系」「パキスタン系」「バングラデシュ系」「その他のアジア系」(中国系は除く) という区別がなされている。

2　1947 年の印パ分離独立の際に、インド側のパンジャーブとパキスタン側のパンジャーブに分断された。

3　これらについては後述する。

4　「エイジアン音楽」という用語はまた、より大文字の政治的な含意も有している。ベイリー（John Baily）によれば、1947 年の印パ分離独立とそれ以降の両国の政治的対立の歴史を背景として、パキスタン系の人々は「インド音楽」という言葉を用いたがらず、インド系の人々は「パキスタン音楽」を用いたがらない。このため、「エイジアン音楽」が両者にとって同意できる用語になっているという側面がある（Baily 1990）。

5　本章で検討するのは、2010 年から 2012 年にかけてイギリスで行った半構造的インタビューのデータである。各インタビュイーの属性（年齢は当時）は注で示す。

6　映画の内容によっては、パンジャービー語などその他の南アジア系言語で歌われることもあり、こうした包摂的な性格ゆえに「汎南アジア的」な意味を与えられている点は意識しておく必要があろう。

7　第 4 節で取り上げる。

8　サッグーについては第 4 節で取り上げる。

9　パンジャービーのティジャンダル・スィング（Tjinder Singh）を中心とした、イングランド中部のウォルヴァーハンプトン出身のバンド。白人メンバーもおり、南アジア的なサウンドや言語を用いない曲もあるにもかかわらず、イギリスの多くのメディアは非白人と反人種主義などの主張を結びつけることで、かれらの音楽に政治的な意味を付与してきた（Hyder 2004）。

10　この曲は、翌 1998 年に制作された DJ のノーマン・クック（Norman Cook）によるリミックスが人気を呼び、全英シングルチャートで 1 位を記録した。

11　その近年の例として、ロンドン出身の歌手アッシュ・キング（Ash King）が挙げられる。

12　例えばキム（Helen Kim）は、ボリウッド音楽をよく知らないためにクラブで「居心地の悪さを感じた」というスリランカ系女性の語りを引用し、ロンドンのエイジアンのクラブナイトが北インド系（多くの場合パンジャービーで非ムスリム）の若者に支配される傾向があることを指摘している（Kim 2015）。

13　バングラーは、ドールやドーラクといった両面太鼓やトゥンビーなどの弦楽器を用いた躍動感のあるリズムを特徴とする。

14　その最も早い例は、1967 年にバーミンガム近郊のスメティックで結成されたプチャンギー・グループ（Bhujangy Group）で、伝統的な南アジア系サウンドと西洋的なサウンドを融合させたかれらの楽曲はその後のバングラーの発展に大きな影響を与えた（Sahota 2014）。また 1977 年には、ロンドン西部の南アジア系集住地域サウソールでアラープ（Alaap）が結成され、ディスコサウンドを用いた楽曲で人気を博した。

15　バングラーがイギリスの主流メディアに登場したのは 1986 年で（Banerji and Baumann

1990)、1993 年までにバングラーは全国紙の音楽コラムに定義なしで紹介されるようになった（Huq 1996）。

16 イギリスでは、バングラーを始める前にグルドゥワーラー（スィク教寺院）で宗教音楽を歌ったり演奏したりしていたというアーティストが少なからずおり、バングラーとスィク教の近さがうかがえる。イギリスの若いスィクの多くがバングラーを自分たちの「遺産」の一部と捉えており、バングラーはスィク・アイデンティティを主張する重要な方法となっているが（Ballantyne 2006）、このことは同時に「ヒンドゥーやムスリムのパンジャービーでさえも歓迎されないかもしれない、非常に排他的な世界」（Roy 2010：18）の形成にもつながっている。

17 イギリスのコメディグループ、モンティ・パイソンのメンバーのエリック・アイドル（Eric Idle）によるパフォーマンスの最中に、突然バングラーのダンサーたちが登場し踊り始め、アイドルも一緒に踊り出すという演出だった。

18 40 代男性で、エセックス出身。両親はスリランカのコロンボ出身。2012 年 8 月 18 日、ロンドンにてインタビュー。

19 「ブラウン」は南アジア系の肌の色を指す。

20 第 4 節で取り上げる。

21 30 代男性で、ロンドン西部のハウンスロー出身。父親はインド側のパンジャーブ（チャンディーガル）出身、母親はパキスタン側のパンジャーブ（ラホール）出身（分離独立前）。2010 年 9 月 21・22 日、バーミンガムにてインタビュー。

22 ロンドン出身で、両親はパキスタンのクエッタ出身（分離独立前）。インターネットラジオでワールド・ミュージック番組のプレゼンターも務める。2010 年 9 月 17 日・2012 年 8 月 17 日、ロンドンにてインタビュー。

23 エイジアン・クールは、1990 年代のブレア政権下で展開された、多民族・多文化国家としてのイギリスの「魅力」を国際的にアピールする「クール・ブリタニア」プロジェクトと時期的に重なっており（Swedenburg 2010）、エイジアン文化の要素をエキゾティック化したようなカルチャー雑誌やファッション雑誌がエイジアン・クールを商業的に取り上げた（Sharma 2006）。また、当時はいわゆるワールド・ミュージックが世界的に流行した時期でもあり、エイジアン音楽がワールド・ミュージックのラベルを貼られてもてはやされたという背景もある。音楽的な異種混淆性（ハイブリディティ）は、南アジア系アーティストが様々な実験的なサウンドを作っていく原動力となる一方で、白人によるオリエンタリズム的なステレオタイプに基づく音楽の商品化と消費をも促す（Sharma 1996；Banerjea 2000；五十嵐 2003）という両義性を有していた。

24 FDM やコーナーショップには非南アジア系のメンバーもおり、ゆえにこうしたバンドを「エイジアン・バンド」とみなしてその南アジア性を強調することへの批判もある。ハイダル（Rehan Hyder）は「エイジアン・バンド」という用語を、「エイジアン・アイデンティティの本質主義的な観念を永続させるというよりも脱構築する助けとするため」（Hyder 2004：17）に用いている。

25 例えば 2003 年には、コヴェントリー出身のプロデューサーであるパンジャービー MC（Panjabi MC）とアメリカのヒップホップを代表するラッパーのジェイ・Z（Jay-Z）の共作によるリミックス曲 "Mundian To Bach Ke（Beware of the Boys）" が世界的なヒットを記録した。

26 「デーシー」については第 7 節で取り上げる。

27 BBC AN では他にもヒップホップをプレイする音楽番組が多く、2017 年 4 月現在、*Kan D Man & DJ Limelight*、*Yasser*、*Mim Shaikh*、*Asian Network's Friday Night Residency* といった番組が若い世代にアピールするヒップホップ志向の内容となっている。

28 在英南アジア系作家でジャーナリストのゴータム・マルカーニー（Gautam Malkani）による小説 *Londonstani*（Malkani 2006）には、ヒップホップに傾倒するこうした 2000 年代のエイジアンのルード・ボーイたちの日常生活が描かれている。この作品については栗田（2011）も参照のこと。

29 エイジアン音楽業界でヒップホップや R&B を用いるアーティストが目立ってきているのは、世界的な音楽トレンドの反映とも考えられる。アメリカでも南アジア系の若いアーティストがヒップホップにアプローチする傾向がみられ、こうした音楽実践を考察する研究も近年盛んになってきている（Nair and Balaji eds. 2008；Sharma 2010）。

30 その最も重要な例が、西ロンドン出身の R&B 歌手ジェイ・ショーン（Jay Sean）である。ショーンの音楽活動とエイジアン音楽産業における位置づけについては、栗田（2012）を参照のこと。

31 在英スリランカ系アーティストとしては、タミルのラッパーである M.I.A. が最も有名な存在だろう。音楽的にはヒップホップやダンスホールレゲエなど様々な要素を基調とし、歌詞はほぼ英語だが、タミルの楽器ウルミ（両面太鼓）などのサウンドを用いたり、ボリウッド映画やタミル映画の挿入歌の要素を取り入れた楽曲を制作したりしている。しかし、彼女は南アジア系の中でもマイノリティのスリランカ系タミルであること、また本人がエイジアン音楽というカテゴリーに則った活動を志向していないことから、南アジア系メディアで取り上げられる機会はそれほど多くない。

32 20 代男性で、東ロンドン出身。両親はバングラデシュのシレット出身。2012 年 8 月 26 日、マンチェスターにてインタビュー。

33 ベンガル語で歌うことに積極的でない理由のひとつとして、D 氏からは「ベンガル語がうまくないから」という答えが返ってきたが、これは自身がシレーティーであり、標準ベンガル語がうまく話せないことによる躊躇だという。移民第二世代の言語の運用能力の問題も、アーティストたちを英語の歌詞へと向かわせている要因のひとつだろう。

34 B 氏は、ある音楽がエイジアン音楽であるかどうかの 80 ％はサウンドで決まると語り、南アジア的なサウンドを持つかどうかを自身の基準として重視している。その一方で B 氏は、「イギリスのレコード産業、そして一般的に西洋（引用者注：西洋のレコード産業）には少しレイシストなところがある」と指摘し、主流のポピュラー音楽

第 2 章　ブリティッシュ・エイジアン音楽の諸実践における「代表性」と周縁化

を作っているのに主流の産業でカバーされない南アジア系アーティストの手助けも少ししているとして、ジェイ・ショーンが（2008 年のアメリカ進出前に）まだイギリスで活動していた時期、彼の R&B が主流のメディアでなかなか取り上げられなかったために BBC AN の自身の番組でプレイしたという例を挙げている。このように、南アジア系メディアは、主流の R&B やヒップホップ市場において周縁化される傾向のある南アジア系アーティストに対する、一種の救済措置の機能も有している。

35　40 代男性で、インド側のパンジャーブ出身。彼は自身の PR 会社を 1993 年に設立し、また 2003 年から 2013 年まで開催された UK エイジアン音楽賞（UK Asian Music Awards）の審査員も長年にわたって行うなど、エイジアン音楽産業の中心的な人物である。2012 年 7 月 30 日、ロンドンにてインタビュー。

36　ウエスト・ミッドランズ地方はバーミンガムをはじめ、コヴェントリーやウォルヴァーハンプトンなど、パンジャービーの人々が多く住むことで知られる。

37　ロンドン出身のパンジャービー・ヒンドゥーの男性。2010 年 9 月 16 日、サウソールにてインタビュー。

38　2017 年 4 月現在、パンジャービー、グジャラーティー、バングラデシュ系（ベンガーリー）、パキスタン系番組がある。実際にはこれらの番組の使用言語は英語がメインである。

39　インド最大の商業都市ムンバイーを擁する、インド西部のマハーラーシュトラ州の公用語。

40　タミル語をはじめ、マラヤーラム語（南インドのケーララ州の公用語）、カンナダ語（同カルナータカ州の公用語）、テルグ語（同アーンドラ・プラデーシュ州とテランガーナ州の公用語）、シンハラ語のポピュラー音楽・古典音楽の紹介や、ミュージシャンや俳優、映画監督へのインタビュー、アーティストによる生演奏など、南インド・スリランカ系文化に特化した内容となっている。プレゼンターのアシャンティ・オームカル（Ashanti Omkar）はスリランカ出身のタミルで、デンマークとナイジェリアで育ち、12 歳の時に南インドのカルナータカ音楽を学ぶために渡英した。

41　近年はイギリスの狭いエイジアン音楽市場に留まらず、南アジア本国あるいは世界各地の（サブ・エスニックな）ディアスポラ音楽市場を意識し、現地でのライヴやインターネットでの情報発信によってグローバルにリスナーの支持を獲得するというケースも目立つようになってきた。SNS を通じて世界中のリスナーと交流したり、YouTube や音声共有サービス SoundCloud などに楽曲やビデオをアップロードしたりすることで、グローバルなファンベースの拡大を目指すアーティストは、今後ますます増えるものと思われる。

42　例えば、C 氏はこうした状況に対して「代表性の欠如がひどい」と強調し、BBC AN のような公共放送が「ある特定のコミュニティをいまだに優先していて、正直とても不愉快だと思っている」と語っている。

59

[文献]

Back, Les (1996) *New Ethnicities and Urban Culture: Racisms and Multiculture in Young Lives*, London: UCL Press.

Baily, John (1990) "Qawwali in Bradford: Traditional Music in the Muslim Communities," in Oliver, Paul ed., *Black Music in Britain: Essays on the Afro-Asian Contribution to Popular Music*, Milton Keynes: Open University Press.

Bakrania, Falu (2013) *Bhangra and Asian Underground: South Asian Music and the Politics of Belonging in Britain*, Durham and London: Duke University Press.

Ballard, Roger (1994) "Introduction: The Emergence of Desh Pardesh," in Ballard, Roger ed., *Desh Pardesh: The South Asian Presence in Britain*, London: Hurst & Company.

Ballantyne, Tony (2006) *Between Colonialism and Diaspora: Sikh Cultural Formations in an Imperial Period*, Durham and London: Duke University Press.

Banerjea, Koushik (2000) "Sounds of Whose Underground?: The Fine Tuning of Diaspora in an Age of Mechanical Reproduction," *Theory, Culture & Society*, 17 (3), pp. 64-79.

Banerji, Sabita, and Gerd Baumann (1990) "Bhangra 1984-8: Fusion and Professionalisation in a Genre of South Asian Dance Music," in Oliver, Paul ed., *Black Music in Britain: Essays on the Afro-Asian Contribution to Popular Music*, Milton Keynes: Open University Press.

Baumann, Gerd (1996) *Contesting Culture: Discourses of Identity in Multi-Ethnic London*, Cambridge: Cambridge University Press.

Crossley, Nick (2009) "The Man Whose Web Expanded: Network Dynamics in Manchester's Post/Punk Music Scene 1976-1980," *Poetics*, 37, pp. 24-49.

Dudrah, Rajinder (2007) *Bhangra: Birmingham and Beyond*, Birmingham: Birmingham City Council Library & Archive Service.

Farrell, Gerry, with Jayeeta Bhowmick and Graham Welch (2005) "South Asian Music in Britain," in Um, Hae-Kyung ed., *Diasporas and Interculturalism in Asian Performing Arts: Translating Traditions*, London: RoutledgeCurzon.

Huq, Rupa (1996) "Asian Kool?: Bhangra and Beyond," in Sharma, Sanjay, John Hutnyk and Ashwani Sharma eds., *Dis-Orienting Rhythms: The Politics of the New Asian Dance Music*, London: Zed Books.

Hyder, Rehan (2004) *Brimful of Asia: Negotiating Ethnicity on the UK Music Scene*, Hants: Ashgate.

市川哲（2007）「サブ・エスニシティ研究にみる華人社会の共通性と多様性の把握」『華僑華人研究』第4号、日本華僑華人学会。

五十嵐泰正（2003）「「俺たち／私たちの音楽」をめぐる困難——エイジアン・ブリティッシュの事例を中心に」白水繁彦編『「われわれ」の文化を求めて——民族・国境を越える「エスニック」エンターテイメント』文部科学省科学研究費報告書。

Kim, Helen (2015) *Making Diaspora in a Global City: South Asian Youth Cultures in London*, New

York: Routledge.

栗田知宏（2011）「表現行為とパフォーマティヴィティ」千田有紀編『上野千鶴子に挑む』勁草書房。

―― (2012)「ブリティッシュ・エイジアン音楽とエイジアン・アイデンティティ――ジェイ・ショーンの音楽実践とその解釈を事例として」『移民研究年報』第18号、日本移民学会。

Maira, Sunaina Marr (2002) *Desis in the House: Indian American Youth Culture in New York City*, Philadelphia: Temple University Press.

Malkani, Gautam (2006) *Londonstani*, London: Fourth Estate.

Modood, Tariq (1997) "Culture and Identity", in Modood, Tariq, R. Berthoud, J. Lakey, J. Nazroo, P. Smith, S. Virdee and S. Beishon, *Ethnic Minorities in Britain: Diversity and Disadvantage*, London: Policy Studies Institute.

Modood, Tariq (2001) "British Asian Identities: Something Old, Something Borrowed, Something New," in Morley, David and Kevin Robins eds., *British Cultural Studies: Geography, Nationality, and Identity*, Oxford: Oxford University Press.

Nair, Ajay and Murali Balaji eds. (2008) *Desi Rap: Hip-Hop and South Asian America*, Plymouth: Lexington Books.

Office for National Statistics (2012) "Ethnicity and National Identity in England and Wales: 2011" (https://www.ons.gov.uk/peoplepopulationandcommunity/culturalidentity/ethnicity/articles/ethnicityandnationalidentityinenglandandwales/2012-12-11, accessed 22 February 2017).

Roy, Anjali Gera (2010) *Bhangra Moves: From Ludhiana to London and Beyond*, Farnham: Ashgate.

Sahota, Hardeep Singh (2014) *Bhangra: Mystics, Music and Migration*, Huddersfield: University of Huddersfield Press.

Salaff, Janet W. (2005) "Cluster Introduction: Subethnicity in the Chinese Diaspora," *International Migration*, 43 (3), pp. 3-7.

Sharma, Ashwani (1996) "Sounds Oriental: The (Im) possibility of Theorizing Asian Musical Cultures," in Sharma, Sanjay, John Hutnyk and Ashwani Sharma eds., *Dis-Orienting Rhythms: The Politics of the New Asian Dance Music*, London: Zed Books.

Sharma, Nitasha Tamar (2010) *Hip Hop Desis: South Asian Americans, Blackness, and a Global Race Consciousness*, Durham: Duke University Press.

Sharma, Sanjay (2006) "Asian Sounds," in Ali, N., V.S. Kalra, and S. Sayyid eds., *A Postcolonial People: South Asians in Britain*, London: Hurst & Company.

Swedenburg, Ted (2010) "Fun^Da^Mental's 'Jihad Rap'," in Herrera, Linda and Asef Bayat eds., *Being Young and Muslim: New Cultural Politics in the Global South and North*, New York: Oxford University Press.

山田満（2000）『多民族国家マレーシアの国民統合――インド人の周辺化問題』大学教育出版。
山下清海（2016）「移民エスニック集団の借り傘戦略」山下清海編『世界と日本の移民エスニック集団とホスト社会――日本社会の多文化化に向けたエスニック・コンフリクト研究』明石書店。

第3章

インド系英語作家にみる排除と包摂
―― ジュンパ・ラヒリを事例に

鳥羽美鈴

1 はじめに

　大英帝国の植民地支配による英語圏の拡大後、インド、アフリカ、カリブ、ニュージーランドなどの各地域では優れた英語文学が蓄積された。これら諸地域の文学は、概して「ポストコロニアル文学」と呼ばれる。アッシュクロフト他（Ashcroft et al. 1989 = 木村訳 1998 : 12, 13）によれば、独立以前の時代には「コロニアル」、独立後には「現代カナダ文学」など各地の著作品を直接いいあらわす表現を使うのが通例になっているが、「ポストコロニアル」は、植民地化された時点から現在にいたるまで、帝国主義のプロセスにさらされてきた文化の全体を指す言葉として用いられる。そして、それぞれの地域的な特殊性を越え、「ポストコロニアル文学」に共通する性質として、ヨーロッパの支配力との緊張関係を前面に押しだし、帝国の中心が掲げる文化的前提との差異を強調することによって、その存在を自己主張してきた点などが挙げられる。

　この「ポストコロニアル文学」のなかでも、インド人作家が英語を用いてインドを描いた小説は「インド文学」の代表格となるだけではなく、イギリス文学やアメリカ文学をも包括する「英語文学」の世界においても圧倒的な存在感を示している（木村・山田 2010 : iv-vi、松木園 2010 : 63）。ここに名を挙げるまでもないが、インド英語文学の創始者とされる三人の作家、ムルク・ラージ・アーナンド、ラージャー・ラーオ、R.K. ナーラーヤン、その名前

や作品は広く知られるところであろう。

　彼らの作品は、出身国のインドで高い評価を得た後に国外に広まったわけではない。インドでの作品出版やインド文学アカデミー賞の受賞に至るのは、彼らがイギリスで作家デビューを果たした後、それもかなりの歳月を経てからのことである。そもそも、インドでもっとも権威ある文学賞になっているインド文学アカデミー賞は、毎年 22 の各言語の優秀作品に贈られているが、英語は 1954 年に設立された文学アカデミー（The Sahitya Akademi）によってインド在来の言語に追加されたもので、1960 年になってナーラーヤンが英語作家として初受賞した（木村 2004：45-50）。

　カンナダ語を母語とするラージャー・ラーオ、そして、タミル語を母語としカンナダ語の運用能力も有するナーラーヤンが描く世界で使われている言語は、多くの場合英語ではない。こうした世界を英語で描く時、彼らの読者は出身国外か国内の教育を受けた知識人にほぼ限られてくる。松木園（2010：

混在する英語とヒンディー語の書籍
（デリーの書店と露店にて）

第3章 インド系英語作家にみる排除と包摂

ウルドゥー語、ベンガル語などの書籍
(デリーの書店内にて)

マラヤーラム語小説の英訳本
(デリーの書店内にて)

マラーティー語とヒンディー語の書籍
(ナグプールの仏教式典会場にて)

78)が的確に指摘しているが、「インドのように識字率、教育の普及に偏りがある国では、作家はサバルタン当事者ではなく、一握りのエリートにほかならない」存在となる。さらに、インド生まれの作家で、ブッカー賞を受賞したアルンダティ・ロイが自己の体験を経て語るように、インドでは英語で書く作家に対して、「きわめて根強い反感」がある。「彼ら彼女らが国際的なフェスティヴァルに招待され、商業的な機会もずっと多い」(Roy 2012：150)ためである。このように、英語で書くインド生まれの作家はインドで特権的な位置にある。

　他方、国外、とりわけ旧宗主国内で彼らに向けられるのはオリエンタリズムのまなざしである。イギリスやアメリカに生まれ、英語を母語とする次世代のインド系英語作家たちに対しても、それは変わらない。移民政策の観点からいえば、彼らはいわゆる「統合された移民」や「成功した移民」と位置

付けられるであろう。しかし、両親や祖父母が移住先に選んだ社会にあって、彼らもまた様々なかたちの排除を経験している。

その一例として本稿で取り上げるのが、99 年の O. ヘンリー賞受賞はじめ、2000 年には新人作家ながらピュリツァー賞を受賞し、近年の活躍著しい女性作家、ジュンパ・ラヒリ（Jhumpa Lahiri 1967-）である。彼女は、カルカッタ出身のベンガル人の両親の間にロンドンで生まれたが、幼少の頃に渡米し、ロードアイランド州で育った。50 歳間近のラヒリは、移民三世となる子ども二人の母親でもある。

本稿では、ラヒリの作品とインタビューを主に参照し、排除の経験をもつ南アジア系移民の内なる声を描き出したい。さらに、受け入れ社会で排除を経験してはいるが、今や世界のリンガフランカ（Lingua franca）となった英語の高度な運用能力という文化資本を有する南アジア系英語作家たちが、無産であるがゆえに社会的に排除されたままであり続ける底辺の人々の包摂において、どのような役割を果たし得るのか考察する。

2　インド系英語作家に対するオリエンタリズムのまなざし

20 世紀の後半、旧植民地の出身者がロンドンなど旧宗主国の中心へと大量に移動したことを背景に、ポストコロニアル文学には、欧米の中心都市における移民体験に取材した作品が数少なくない。そのなかでも重要な作品の一つとしてサルマン・ラシュディの『悪魔の詩』（*The Satanic Verses*, 1988）が挙げられる。ラシュディは、過去、自己、母語、帰属の場所（土地、所属、家郷（ホーム））、それらの損壊や喪失といった移民体験における中心テーマを早くも打ち出している（木村 2004：63, 64）。

本稿で焦点を当てるジュンパ・ラヒリにおいても、同様のキーワードが多く登場するが、フェミニズム研究者の間では、「ラシュディ、ナイポール、A. ゴーシュの作品を理解するには、帝国や植民地主義に関わる歴史的な知識が必要であるのに対して、ラヒリの作品理解に歴史や地理の知識は必要ない」として、ラヒリの作品がもつ「新しいタイプの普遍性」と「分かりやすさ」を評価する声がある（Bhalla 2012：123）。とりわけ彼女の初期作品の多くは異郷、結婚、あるいは家族のなかの孤立を描いており、「疎外」、「孤独」、

「実現の探求」といったテーマが繰り返される。

南アジア系アメリカ人の読者のなかには、アメリカへ移住後に経験した「疎外」や「罪悪感」、そして「混乱」が描きこまれたラヒリの作品を読んで深く共鳴する者も多い。例えば、NetSAP[1]（南アジア系専門職者ネットワーク）代表は、「ラヒリの人気は、多くの南アジア系の読者が、彼女の描くことは正確だ、彼女の話は本当だ、と思えるところにある」と話す。そして、語られない自分たちの母親の移民体験を世に知らしめるものとしてこれを高く評価する（Bhalla 2012：110, 111）。

むろん、ラヒリに対する批判の声がないわけではない。南アジア系アメリカ人コミュニティのマイノリティや少数言語話者ではなく、裕福な人々、またはヒンドゥー教徒やインド系アメリカ人の体験ばかりが焦点化されている、というのがその主なものである。特に裕福な移民ばかりを描いているという批判に対して、ラヒリ自身は次のように述懐する。

「彼らは金持ちなのではなく、教育がそれを可能ならしめるのである。私の両親はともにカルカッタで極めて平均的な中流階級出身であるが、父が研究者として移民し、学問の世界に留まったので、それが住む場所、暮らし方、給料から得られるもの、といった全てを形付けた。豪華というわけでは決してないが、確かに両親は車や家や庭といった基本的なものは持っている。そして労働搾取工場で働いてはいない。なぜレストランや労働搾取工場で働く人々を書かないのかという質問に答えるのは難しいが、彼らは私が最もよく知る人たちではない。移民の議論の中で、それは論点になるとは思う。（略）人々は、スバルや庭を持っていれば本物の移民のような諸問題を抱えることはないと考える。同様に、私が描く人々もそれらのものを苦労して勝ち取った本物の移民とは見なされない。私の両親がここアメリカに地下鉄を掘りに来たわけではないのは事実だが、それは彼らが経験した困難を減ずるものではない」（Lahiri 2011：77, 78）。

ここでは身近で既知の世界のほうが描きやすいという若手作家ながらの本音が吐露される。同時に、序列化され、いわば分断された移民を、「他者」として等しく苦労を重ねてきた者として同列に置き換えようとする姿勢が見てとれる。

ところで、20世紀のアメリカ文学は、「匿名性」、「孤独」、「アメリカ内面

の空虚」といったものを主要なテーマとして取り上げたが、アメリカ社会で孤独を味わうのは何も移民だけではない。若手作家ラヒリは、これら古いテーマを新たな方法で描き出してもいる（Caesar 2005：50）。その具体例には、「三度目で最後の大陸」の登場人物で、二人の女性と暮らすがその実どちらにも無関心なポールという名の男性や、語り手のベンガル系男性が挙げられる。彼らのように孤独極まりない人物がラヒリの作品にはよく登場するが、彼らの孤独が感傷的に語られることはない。また、必ずしも成功裡に終わるわけではないが、彼らの多くは他の人々との共存を模索する人物として描かれている。ラヒリの作品には確かにインド系の人物が多く登場するが、そこで描かれるのは移民に特化される状況や苦悩ばかりではない。移民という可視的な「他者」ではなくとも、夫婦間であれ人々の多くの関係は他者同士であり、同じような問題を共有し得る立場から読むことが可能である。

　しかしながら、その作品を手に取るより先に、彼女には「インド人作家」や「南アジア系作家」としてのカテゴリー付けがなされるとともに、そのような視点から作品が読まれることが実に多い。また、他の「南アジア系の女性作家」と同様、彼女の語りには、「エキゾチックな表象が負わされ続けている」（Bhalla 2012：124）といえる。何よりも本のジャケットを見れば、「南アジア」と「女流作家」の有標性は際立っており、それを即座に確認できる。ラヒリに言わせれば、「腹立たしい部分が多い。私は花が好きではあるけれども、本の内容が華やかではない時に、あまりに多くの花が描かれている。『その名にちなんで』は少年の物語だが、アメリカ版のカバーは大きな一輪の花だった。より多くの本を買う女性にアピールするためと思われる。そして外国版はインドのイメージ、つまり神やスパイス、象、サリーを着た女性などであることが多い。退屈で想像力に欠けている。しかし、私にはそれをコントロールできない。できるのは、私が書く言葉をコントロールするということだけである」（Lahiri 2011：72）。さらに、「私は作家についてカテゴリーで考えたことはなく、初めてガルシア・マルケスを読んだ時、彼をラテン・アメリカブームの一部とみなすことはしなかった。私の作品がインド人のものとされるのはやむを得ないが、私はインド出身ではないと説明しなければならない」（Lahiri 2011：73, 74）との苦言が呈される。

　ロンドン、エディンバラ、ニューヨークなどイギリスやアメリカの主要都

市にある図書館や書店の書棚を見て回ってみると、そこにはインド性が決して可視化されてはいない空間が広がっていることに気付く。すなわち、インド系作家の作品は他の作家の作品同様、「フィクション」の棚に著者名のアルファベット順に配列されているのが常であり、作家のインド系の名前などを除けば、他の本に同化している。しかし、ひとたび本を手に取れば、その表紙には前述のようにエキゾチックな表象が見られることが多い。その背景には、「多くのエスニックを主題とする小説を見ればわかるように、表紙の食べ物の視覚表現がアジア系アメリカの風変わりなものを食べたいと飢えている読者に出版社が売り込む手段となっていることが多い」(Bhalla 2012：119)、という書籍市場において、著者の意図や作品の内容を差し置いて、販売者と消費者による駆け引きのみが優先されていることがある。さらに、イベント会場で出会った女性に「あなたの本を買いたいが、アジア系アメリカ協会にあるかしら」と問われたことを例に挙げて、「インド系作家が書いた本は、専門店に行かないと買えないと思っているアメリカ人がいる」(Lahiri 2011：75)とラヒリが証言している。このように、インド系英語作家はたとえ欧米育ちであってもアメリカ社会で依然として他者と見なされていることが窺える。

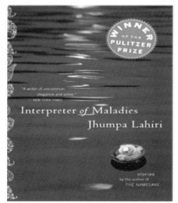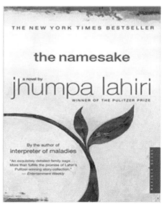

「南アジア」と「女流作家」の有標性
（ジュンパ・ラヒリ著『病気の通訳』と『その名にちなんで』）

3 描かれる移民体験

ラヒリは 20 世紀後半から 21 世紀初頭にかけてのアメリカを舞台に、インド系移民やその子どもたちを中心人物として書くことが多い。本章では、そのような彼女の作品のいくつかを概観する。

まず、『病気の通訳』(*Interpreter of Maladies*, 1999)[2] を取り上げる。本書は、同タイトルの作品を含め全 9 篇からなるラヒリにとって初めての単行本である。ベンガル人の両親の移民体験と、幼少期に訪問したカルカッタでの彼女自身の体験に着想を得て書かれている。彼女にとってカルカッタは、家族と何度も訪れただけではなく、時には数か月滞在したこともある馴染み深い都市で、彼女が育った小さなニューイングランドの街と大きく異なるこの都市への旅が自身の世界観や人々を見る目を培ったと考えている。ラヒリによれば、本格的に小説を書き始めた当初、舞台はすべてカルカッタにする考えであったが、結果的に本書所収の物語の多くはアメリカが舞台となっている (Lahiri 2003a)。

そのなかで表題作の「病気の通訳」は、インドを舞台としており、現地ガイドとしてタクシーを運転し英語で案内するカパーシーと、家族でアメリカから観光にやってきたインド系アメリカ人のダス夫人が中心的人物となっている。作品全体にわたって両者の文化的差異が顕著に描き出されているが、例えば、カパーシーが観光客を意識してインド英語よりイギリス英語を使用するのに対して、ダス夫人はアメリカ英語を使っていることに示される。ダス夫人は「生まれも育ちもアメリカ」で、インドとの接点と言えば、故国インドのアサンソールに戻った親たちを訪ねて「一年おきくらいに里帰り」(小川訳 2012：77) する程度に過ぎない。カパーシーの視点から描かれるダス夫妻と三人の子どもたちは、「見たところインド人の一家だが、服装は外国人のよう」(小川訳 2012：74) である。ところで、カパーシーにとってツアー客相手の仕事より重要な稼ぎ口となっているのが、医院での通訳の仕事である。グジャラート語を話す患者と、それを解さない医者の仲介役として、まさにタイトルにある「病気の通訳」を行うのである。しかし、作品を読み進めると、それは一義的な意味に過ぎないことが分かる。「病気」とは、カパーシーが伝えようとする己の欲望や野望であり、あるいはダス夫人が抱え

る「語ることのできない苦悩」(杉浦 2007：185) であるとも読めるからである。幸せな家庭を持ち、経済的にも恵まれて何不自由していないかと思われたダス夫人から、その苦悩の一端を告白されたカパーシーはしかし、彼女の気持ちを正しく「通訳」して思いを遂げるには至らない。

　前述の『病気の通訳』には、「ピルザダさんが食事に来たころ」(When Mr. Pirzada Came to Dine) や、著者の父親の体験に基づいて書かれたという「三度目で最後の大陸」(The Third And Final Continent) という作品も収められている。ここでは、ベンガルとアメリカ両文化のバランスのとり方を心得ているかのような移民の夫人が描かれている。

　それに対して、やはり同書に所収の「セン夫人の家」(Mrs. Sen's) では移民の設定を異にする。この作品の主要人物は、11 歳のエリオットと彼の新たなベビーシッターとなるセン夫人である。彼女は夫婦でカルカッタからアメリカに渡ってきたが、夫は大学で数学を教えており、キャンパスの外縁にある教員宿舎のアパートに二人で暮らす。夫人はサリーをまとい、赤い粉を額につけ、インドから持参した刃物で郷土料理を丹念に用意するなど、物語全体を通してベンガル人としてのエスニック・アイデンティティに固執する姿が目につく。移住先では、ベトゥキ（Bhetki）という魚や青いバナナなどの材料が手に入らないため、夫人が「日に二度は魚を食べて育った」(Lahiri 1999：123, 124＝小川訳 2012：201) と言うように、インドのとりわけ西ベンガル州で典型的な魚料理を準備するのは容易ではない。

　これまでのベビーシッターが通いであったのに対して、セン夫人は運転ができないためエリオットは彼女の家に預けられるという設定にすることで、夫人の部屋を見に来たエリオットの母親の視線や、夫人の日常生活を垣間見るエリオットの視線を通して彼女のエスニシティが効果的に描かれている。セン夫人は、アメリカでの住まいであるこの「家」のなかで、「みんな、あっちです」(小川訳 2012：186) と言い切ることで、お抱えの運転手もいるというインドに彼女のすべてがあるのに対して、ここアメリカには何もない、ということを明確に伝える。作中にも、「セン夫人のいう「うち」とはインドのことであって、坐って野菜を切っているアパートではない」(小川訳 2012：190) とあるが、彼女のアイデンティティが移住先アメリカでベンガル系アメリカ人への移行を遂げてはいないことが確認される。彼女はまさ

にアメリカという新世界にあって、移民というアウトサイダーと位置付けられる。セン夫人が買ったばかりの鮮魚を入れた「血の滲み出た袋」は、バスに乗り合わせた乗客の「警戒」の対象になるとともに「ほかのお客さんの迷惑」（小川訳 2012：214, 215）となるが、こうした描写は文化的亀裂を強調する。他方、魚の入荷を知らせる魚屋の男からの電話は、インドからの便りと同様、セン夫人をこの上なく喜ばせ、そのために物語の終盤、出来もしない運転をして大変な事態を招いてもいるが、エスニック・アイデンティティだけではなく彼女と他者との関係強化の足掛かりともなるものである。

次に、『その名にちなんで』(*The Namesake*, 2003) を見てみよう。本書は、ラヒリの二作目にして初の長篇作品である。「ゴーゴリ」(Gogol) という、「つけられた人間とは何の関わりもない。インド風でもアメリカ風でもない。こともあろうにロシア風」（小川訳 2010：94）の名前をつけられたインド系アメリカ人二世の男性を中心に描かれる。

ラヒリによれば本作のアイデアは、彼女のインドにいるいとこの友人の愛称（通称）がゴーゴリであったことから生まれた。ベンガル人すべてではないが、彼女が知るインド在住のベンガル人は公私で使い分ける二つの名前をもち[3]、例えば彼女のジュンパという愛称が正式名としても使用されていることを彼女の親戚は不適切と考える。「移民の子どもとして、分割されたアイデンティティや忠誠心をもって育った経験のほぼ完璧すぎるメタファー」として、こうした愛称と正式名の区別について長らく書きたいと思っていたという (Lahiri 2003a)。

作中で特に興味をひかれるのは、主人公の自己認識が立ち現れる場面である。それは、ゴーゴリがインド系の英語小説に関するパネルディスカッションに参加した時のことである。「アメリカ生まれの混乱したインド系」"American-born confused deshi" (Lahiri 2003b：118 = 小川訳 2010：144) を意味する ABCD という略語を彼は初めて聞いて、「俺のことだ」と考えるのである。母語のベンガル語を理解はするが、読み書きは十分にできず、インドにいる親戚に彼のアメリカ英語が必ず通じるわけでもない。そして、「通称と正式名という区別のない国で、そういう二つの名前を持って生きるというのは、まあ、それこそが「混乱」の最たるものを表している」（小川訳 2010：

143, 144)と語られる。

　さて、主人公が出会う四人の女性たちの文化的・民族的背景は、「分割されたアイデンティティ」を象徴するかのように実に多様である。ゴーゴリの最初の彼女となるルースは、「育ったのはヴァーモント州のコミューンで、親がヒッピーであり、(略)いまでは両親は離婚して、父と継母が農園でラマを飼っている」(小川訳 2010：135)。しかし、彼女がイギリス留学から戻ってからは、互いの変化を感じ二人の関係は間もなく終結する。二人目の彼女となるマクシーンはマンハッタンに居住する経済的に豊かな両親のもとに生まれた白人のアメリカ人女性である。ゴーゴリは彼女の両親にも受け入れられ、文化的にも適合しているかに見受けられるが、彼女との関係はゴーゴリの父親の突然の死を機に終わる。マサチューセッツにある両親の家に帰省する過程で、ゴーゴリに自分のエスニシティを大切にしたい思いが芽生えたことがマクシーンに対する興味を失わせたようである。続いて、束の間の恋の相手となるブリジットは、アメリカ南部、ニューオーリンズ育ち。ゴーゴリと同い年だが、人妻という設定である。二人は夜学のクラスで出会ったが、アメリカ社会における人間関係の希薄さを表すかのように、「たがいに電話番号さえ知らない。彼女がどこに住んでいるのかも知らない」(小川訳 2010：229)。そして、四人目となるモウシュミは「ブラウン大を卒業してからパリで暮らし(略)いまはニューヨーク大学でフランス文学の博士号を取得する一歩手前まで来ている」(小川訳 2010：235)人物と設定される。ゴーゴリの両親の知人の娘で、ゴーゴリと文化的出自を等しくし、ベンガル語を共有する。「肌の色も、まっすぐな眉も、すらりと長く伸びた胴体も、頬骨が高いのも、髪の毛が黒いのも──」(小川訳 2010：244)と描写されるように、ゴーゴリと彼女とは店のウエーターに兄妹と間違われるほどの容貌の類似を見せる。

　ゴーゴリが白人女性と別れて、結果的には親類を安心させるかたちで自分と同じベンガル系の女性、モウシュミを伝統的儀式に則り妻として迎えたことは、あたかもエトノスへの忠誠を示すかのようである。しかし、こともあろうか彼女の不倫によって、二人はほどなくして離婚に至る。

　本作品では、アメリカに「2年ほど暮らし」、ボストンで博士号の取得を目指すベンガル系の男性のもとに嫁ぐため、インドから初めて海を渡って

やってきたゴーゴリの母親、アシマについても丹念に描かれている。そもそも物語は、サリーを着て台所に立つ妊娠中のアシマの描写から始まるが、彼女とインド料理の関係は文化的伝統の維持とその真正性について考えさせる。アシマはインドならどこでも売っている駄菓子に模したものを作ろうと、妊娠中も、そして「とうに妊婦ではなくなったくせに、まだ〈ライス・クリスピー〉とピーナツとタマネギを、ボウルに入れて混ぜることをやめない」（小川訳 2010：5, 63）。食べ物は彼女と故郷をつなぎ、移民先との調整をはかるとともに、移住した現実を明示する媒体ともなっている。

「相変わらずサリーしか着ない」アシマは、「ゴーゴリにせがまれて、週に一度は、やむなくアメリカ風のディナーにする」（同上 81）。他方、一家でインドに8カ月滞在した折には、アメリカにいる時とは違って、アシマが「町中を自在に歩いている」のに対して、土地勘のないゴーゴリと妹のソニアは「ハンバーガーやペパローニ・ピザや冷たいミルク」を夢想しながら、家の中で大人しくしているほかない（同上 102, 103）。そして、父が計画した家族旅行は、「ゴーゴリとソニアには初めてカルカッタの外へ出る旅となる」が、デリーやアグラを訪問してカルカッタに帰り着いた二人はひどく体調を崩すはめになる（同上 103-106）。ここには言うまでもなく、出身国と移住国それぞれの文化への適応における移民二世代間の明確な差異が描き出されている。

アメリカ社会において「外人」であることを意識するアシマは、「外国から来た人間というのは、いわば無期限の妊婦をやっているようなもの」と例えてみせる。「いつまでも待機状態、負荷のかかる日々、不調の連続」であることに加えて、「他人の関心を引きやすいという点でも、外人と妊婦は似ている」というのである。「弱者として見られながら、どこかで一目置かれているようでもある」（同上 63）という感覚は、社会的に排除された者が抱く感覚とは大きな隔たりがあり、その展望は明るい。サリーを着用し、ベンガル語を話すアシマは、好奇や憐れみの眼差しに晒されながらも、赤ん坊のゴーゴリを連れて慣れない通りを歩いているとき、周囲の人々に助けられている。このように母親であることで、インドの伝統を維持したままアメリカ社会に適応する機会を得ていくであろうことが物語の前半部にして早くも予期される。

そして物語の終盤、夫に突然先立たれたアシマは故国インドに帰るが、帰

第 3 章　インド系英語作家にみる排除と包摂

還移民となるのではなく、ベンガル語で「果てしない、限りない」（Lahiri 2003b：26 ＝小川訳 2010：35）を意味する「アシマ」（Ashima）という名前が示唆するように、アメリカとインド、二つのホームカントリーを行き来することを選択する。ここでは、あてもない彷徨や根なし草の状態とは異なる、自由ではあるが両国とも自分の土地にしていこうという確固とした意思が感じとれる。

4　語られる移民体験

　ここまで、ラヒリが描く作品世界を概観してきた。続いて、ラヒリの語りとともに、アメリカ社会に生きるインド系移民を取り囲む状況の変化と、移民二世の一人である彼女の内面を描き出していきたい。

　彼女に従えば、最初の作品となる『病気の通訳』（1999 年）が世に出た頃、アメリカにはインド移民に焦点を当てた本は多くなく、バーラティ・ムカージ（Bharati Mukherjee）、チットラ・バネルジー・ディヴァカルニー（Chitra Banerjee Divakaruni）やアニタ・デサイ（Anita Desai）といった作家だけがインド移民の経験を描いていた。彼らは「インドで生まれ育った視点」から書いているのに対して、イギリス生まれのラヒリを含む新しい世代は、「アメリカ人になろうとして、なり過ごせたか、なりきれなかったとしても他にはホームと呼べる場所がない。その経験に基づいてアメリカで生まれ育った視点」から書く（Lahiri 2011：73）。

　同じ頃、今日ではよく耳にする「インド系アメリカ人」Indian-American という言葉がアメリカの語彙に加わった。「2 年間ロンドンにいたのを除けば、ほぼ 37 年アメリカに暮らしており、インド系アメリカ人というのが自分を表す言葉」（Lahiri 2006）であるとして、ラヒリもこの言葉を積極的に採用する。彼女が「若かった頃は、そのように自分を表現する方法がなく、自分のバックグラウンドを聞かれたとき、不器用にそして不十分にしか説明できなかった」ものだが、この言葉はさらなる説明を不要とした。だが、18 世紀から 19 世紀初めにかけてアメリカに渡ったヨーロッパ系の白人系エスニック・グループと、19 世紀末から 20 世紀初めにかけて、しかも「アジア系移民」としては中国や日本からの移民より後に加わったインド系移民と

の状況には依然として隔たりがあった。彼女はそれを次のように表現する。「友人の多くが自分たちをアイリッシュ系アメリカ人やイタリア系アメリカ人と名乗っていた。しかし、移民のたいていは屈辱的なプロセスを何世代も経ていて、彼らの言うエスニックルーツは地下に潜ってしまったのに対して、私のルーツはまだもつれて青々としていた」（Lahiri 2006）。

ここに垣間見られる彼女の苦悩は、「インド系アメリカ人」であること、すなわち、アメリカ社会において他者であることを容認せざるを得ないのみならず、自分のアイデンティティがインド人とアメリカ人のいずれでもないと思われるところから生じていると言えるだろう。「算数のクラスで最初に習ったことと違って、1足す1は2にはならずにゼロとなる。私の競合する自己は、いつももう一つを消し去ってしまう」（Lahiri 2006）との言葉が、それを見事に言い表している。もう少し彼女の声に耳を傾けてみよう。

「1970年代、ロードアイランド州にいて、私はインド人ともアメリカ人とも感じていなかった。多くの移民の子孫のように、二つのものであること、古い世界に忠実であるとともに新しい世界で伸びやかであること、そしてハイフンの両サイドから承認されることに強いプレッシャーを感じていた。（略）自宅では両親の習慣に従って、ベンガル語を話し、米とダルを指で食べた。これらの日常的な出来事は一種の隠し事のようで、私はアメリカの友人に隠すのに苦労した。（略）私は両親の知識や管理が及ばない世界にも入った。私はアクセントのない英語を話し、両親がまだ理解しない言葉を理解した。それでも私には完全なアメリカ人ではない証拠があった。私の目立つ名前と容姿に加えて、日曜学校に参加しなかったこと、アイススケートの仕方が分からなかったこと、そして時には数か月間インドにいた、といったことである」（Lahiri 2006、傍点は引用者）。

ここにはハイフネイトされた英単語 Indian-American が示す両義性、すなわちインド人であると同時にアメリカ人であることとは逆に、繰り返しになるが、そのいずれとも感じられない実存的混乱が見られる。

続いて取り上げるのは、これより前に紙面に公開されたインタビューで、

アメリカに住むインド系移民とその子どもたちとの世代間の違いについて問われたラヒリの返答の一部である。

「アイデンティティの問題はいつも難しい問題だが、とりわけ移民のように文化的に追放された人々や、移民の子どもたちのように同時に二つの世界で成長した人々にとっては難しい。(略) たとえ両親より多くの面で私はアメリカ人のようであるとしても、実は、自分がアメリカ人だと思うのはまだとても難しい。(私がロンドン生まれということもあって複雑な状況にある。) 移民にとって、亡命の覚悟、孤独、絶え間ない疎外感、失われた世界の知識や熱望は、彼らの子どもたちより明瞭で悩ましいと思う。他方、出身国と強い結びつきのある移民と違って、彼らの子どもたちにとっての問題は、自分がどちらであるとも感じられないことである。これは私が経験してきたことで、例えば、「出身はどこか」と聞かれてもどう答えればよいのか全く分からない。私がロードアイランド出身と言えば、人々はめったに満足しない。人々は、私の名前や外見などから、もっと知りたがる。逆に、私がインド出身と言えば、そこは私が生まれた場所でも住んでいた場所でもなく、これもまた不正確である。いまはその質問が私を悩ませることは以前より少なくなったけれど、私が完全に属している唯一つの場所がないという思いが私を悩ませてきた」(Lahiri 2003a)。

さらに、過去と未来に思いを馳せながら、移民二世としての彼女の語りは続く。

「私の両親にとって、インドとのつながりを維持し、アメリカでインドの伝統を保持することは大いなる意味をもってきた。彼らは以前より快適に過ごしているが、ここでは今後も外国人であると感じ、そのように扱われ続けるだろう。私が子どもの頃は両親の考え方を理解しがたく、彼らの私に対する期待は私たちが暮らしている世界の現実と真っ向から対立しているように思えた。デートしたり、アメリカ人と親しくしたり、アメリカの音楽を聴いたり、アメリカの食べ物を食べたり、といっ

たあらゆることが私の両親には不可解であった。他方、私が成長するとき、インドもまたアメリカ人にとって大いに不可解なものであった。それは今日と違ってアメリカの文化構造のなかに存在しないに等しかった。アメリカ人の友人たちが私のインドのバックグラウンドに好奇心を示し、関心をもったのは、私が中学生になってからのことである」(Lahiri 2003a、傍点は引用者)。

現在ではアメリカ各地で「インド街」やヒンドゥー教寺院などを目にするが、インド人を含む大量のアジア系移民がアメリカに流入する起点となったのは、1965年の移民法改正[4]である。奇しくも、ラヒリがロンドンで生を受ける2年前にあたる。続く1970年代、合法移民の受入れ枠が段階的に拡大されたことで、80年代の移民の総数は膨れ上がる。ラヒリのアメリカの友人たちが彼女の出自に関わるインドという国に興味を持ち始めたこの頃、アメリカでインド系移民も以前に比べ見慣れた存在となっていたであろう。1980年に実施されたアメリカのセンサスには Asian Indian という項目が初めて設けられている。

だが移民の増大とともに世論は移民の受入れ抑制へと大きく傾いていくことになる。そのなかで制定された90年移民法はしかし、実質上移民の抑制策とはならなかった。家族再結合と雇用基準の枠はむしろ拡大された。特に大幅に拡大された後者の雇用に基づく移民の枠には、ラヒリの父親のように大学研究者として特別の能力をもつものや技術的知識をもつものが含まれる。90年法はまた、高度技術産業へのプログラマーなどの必要労働者を迅速に供給する目的から、高技能の短期の移民の枠 H-1B を大幅に拡大した（小井土 2008：30-81）。このビザを多く活用してきたのがインドの IT 関連技術者である。1996年の時点で、インド出身者の H-1B 取得者数はそれまでトップにあったイギリスのそれを抜くとともにビザ総発行数の20％余りを占めるに至るが、90年代後半もその数は上昇を続け、2000年と2001年には実に他国出身者の3倍近くとなっている。また、インドの大手 IT 企業として知られる例えば三社、サティヤム（Satyam）、ウィプロ（Wipro）、インフォシス（Infosys）の年次報告書（2000-2003年）などの側から見ても、アメリカで人件費が安価であることを主な理由として、アメリカ人やアメリカ永住者ではな

くインド人の技術者で短期就労ビザ取得者を積極的に雇用していることが確認できる (Hira 2004)。

　しばしばアジア系アメリカ人は、その勤勉さや教育水準の高さによって、差別とそれによって被る不利益を克服し、「成功」を果たした「モデル・マイノリティ」として見られてきた。実際は多様ながら「アジア系」と一括りにされるなかでも、南アジア系（インド、スリランカ、バングラディシュ、パキスタン）アメリカ人について言えば、その故国が1947年までイギリス領であったため、日系移民など他のアジア系に比べると言葉の問題は少ない。また、先に見てきたように近年に至るまで、特にインド系移民の多くは専門職を持つ中流上流階級に属する知的な人々である。しかし、「モデル・マイノリティ」と捉えられることで、他のエスニック集団と同様の社会的、経済的問題には直面していないというイメージがつくられる (Aguirre; Turner 2007：326-383、杉浦 2007：20)。その結果、インド系移民やその子どもたちが抱える問題、とりわけラヒリが繰り返し表現する内面の葛藤などには目が向けられないこととなる。

5　おわりに

　ラヒリ作品『その名にちなんで』の中心人物の一人であるアシマは、移住先のアメリカで南アジア系文化の表象とされる「民族衣装」、「インド料理」、「アレンジ婚」、これら全てに身をもって関わることでエスニシティの均質性と真正性を再現しており、南アジア系移民に対するジェンダー・ステレオタイプを助長し得る。そのうえ、ラヒリは無批判に南アジア系移民の階級上昇志向を描き、「モデル・マイノリティ」神話の強化に加担しているとの批判も避けられないだろう。アシマは単なる「第三世界の女性」ではなく、アメリカに来る機動力をもった階級の人間であり、その後、旅券と運転免許を取得し、社会保障を享受していることから分かるようにアメリカ市民権を得て、インドとアメリカを隔てる文化的国境を成功裡に越えている。息子のゴーゴリは、研究者の父親から継いだ文化資本をもち、特権的教育を受けて、将来的には社会的に高い地位を得ることが見込まれる。だが一方で、アシマは期待されたように同じエスニック同士で結びついたはずの息子夫婦の離婚とい

う事態に対して、決して伝統に縛られることなく、瞬く間に順応する母親としても描かれている。つまり、アメリカの個人主義という価値観に順応することで、第二世代の前進を示すような存在ともなっている点に注意する必要がある（Bhalla 2012：109, 110, 119）。

　また、移民をテーマとする文学作品の多くと同様、ラヒリの作品においても、チャンスを求めてアメリカに渡った移民たちの苦境と、経済的・教育的成功によって報われる様が描かれる。ところが、移民文学の主人公たちは、期待を抱いてやってきた土地で失望感を味わってもめったに帰国することがないが、ラヒリが描く人物たちは本稿でもすでに見たように、アメリカを離れて出身国に戻るか、両国を行き来することを選択している。それはアメリカが終着点ではないことを示すのだろう（Friedman 2008：114）。

　さらに、『その名にちなんで』に描かれたアメリカ生まれのインド系移民二世においては、彼らの多元的アイデンティティなるものが示唆される。例えば、モウシュミは、アメリカでもインドでもないフランスという「しがらみのない第三国」の文化に関心を向ける人物として描かれた（小川訳 2010：257, 258）。そして、Bhalla（2012：115, 116）が指摘するように、ゴーゴリの恋愛対象の多様性は、第三世界の伝統主義や西洋の近代性や開放性といった枠組みによらず、二文化アイデンティティの流動的理解を要求しているようである。とりわけゴーゴリとモウシュミの結婚と離婚は、東洋と西洋、伝統と近代、抑圧と自由、といった二分法ではなく、もっと流動的で活力あるエスニック帰属の構築を訴えるものと捉えられる。

　「完全に属している唯一つの場所」を指定することを迫る問いはラヒリを悩ませてきたが、それを問う人々は、特定の土地や歴史に個々人が結び付けられることを当然とするその考えを改める必要がある。同時に、西洋で第三世界出身の人々がナーラーヤンの言葉でいう「使者・鏡・真の当事者」（Narayan 1997：208-211）といった役割を果たすよう求めることもまた誤りである。

　本稿では、インドで「一握りのエリート」と目され、有産階級に属するラヒリのような南アジア系英語作家もまた移住地で排除を経験していることを確認した。インドの女流作家として著名なアルンダティ・ロイは、『小さきものたちの神』でインドの伝統的なカースト制をその主題の一つに据えた

が、彼らは書くことによって、排除された無産の人々の存在をも浮かび上がらせることができる。英語という世界に情報発信できる有用なツールを使いこなせると同時に、移民の両親から居住国のそれとは異なる言語や文化を受け継いでいることが多い移民二世にはとりわけそのような役割が期待される。このたび詳細を検討することはできなかったが、インドには土着の諸言語による文学作品や日刊紙も多く流通している。英語によるものとそれらを隔て、言語間で優位を巡る不毛な争いをするのではなく、諸言語による複数の発信ツールをもつことを肯定し、書かれたものを手にするには至らない人々、すなわち非識字の問題解決などにも人々の意識が向けられるようにそれらを活用することが望まれる。

[注]
1 正式名称は、The Network of South Asian Professionals である。
2 本稿が英語の原本と同時に参照する日本語版では、表題は第一篇の『停電の夜に』となっている。
3 ベンガル式の命名法では、一人の人間が二つの名前を持つことができる。愛称のことをベンガル語ではダクナム（daknam）といって、文字どおりには「呼ばれる名前」の意味である。友人や親族など近しい者が、家庭そのほか気のおけない状況で使う。どの愛称にも、それとは対になる正式名がある。バロナム（bhalonam）という。外の世界では、それで識別される。時がたてば正式名のほうが、封筒や、証書や、電話帳、そのほか公の場所で出るようになる（Lahiri 2003b：25, 26 ＝小川訳 2010：34, 35）。
4 正確には「移民及び国籍法の改正」であるが、一般に 1965 年（修正）移民法として知られる。白人で、アングロ・サクソン人種でかつプロテスタントの信仰をもつアメリカ人すなわち WASP の優越性を誇る理念は、建国以来アメリカ社会に浸透していた。これを法律上体現したものが 1929 年に開始された出身国別割当制度であったが、1965 年移民法はこの制度を廃止した。それによってアメリカの移民の構成はヨーロッパ系からアジア系・ラテンアメリカ系へと大きく変化することとなり、アジア系とラテンアメリカ系は、70 年代を通じて合法移民の約 75 ％を占めるに至った（川原 1990：101, 102；小井土 2008：37）。

[文献]

Aguirre, Adalberto, Jr.; Turner, Jonathan H. (2007) *American ethnicity: the dynamics and consequences of discrimination*, McGraw-Hill（神田外語大学アメリカ研究会訳（2013）『アメリカのエスニシティ——人種的融和を目指す多民族国家』明石書店）。

Alfonso-Forero, Ann Marie (2007) "Immigrant Motherhood and Transnationality in Jhumpa Lahiri's Fiction," *Literature Compass*, pp.851-861.

Ashcroft, Bill; Griffiths, Gareth; Tiffin, Helen (1989) *The Empire Writes Back: Theory and Practice in Post-Colonial Literatures*, Routledge（木村茂雄訳（1998）『ポストコロニアルの文学』青土社）。

Benhabib, Seyla (2004) *The Rights of Others: Aliens, Residents, and Citizens*, Cambridge University Press（向山恭一訳（2006）『他者の権利——外国人・居留民・市民』法政大学出版局）。

Bess, Jennifer (2004) "Lahiri's Interpreter of Maladies," *Explicator*, 62-2, pp.125-128.

Bhalla, Tamara (2012) "Being and Feeling Gogol: Reading and Recognition in Jhumpa Lahiri's The Namesake," *MELUS*, 37-1, pp.105-129.

Caesar, Judith (2005) "American Spaces in the Fiction of Jhumpa Lahiri," *English Studies in Canada*, 31-1, pp.50-68.

Chakraborty, Mridula Nath (2011) "Leaving No Remains: Death among the Bengalis in Jhumpa Lahiri's Fiction," *South Atlantic Quarterly*, 110-4, pp.813-829.

Dalton-Brown, Sally (2011) "The Freedom of the Inbetween: Gogol's Ghost and Jhumpa Lahiri's Immigrants," *Forum for Modern Language Studies*, 47-3, pp.332-344.

De Coulon, Augustin ; Wadsworth, Jonathan (2010) "On the relative rewards to immigration: a comparison of the relative labour market position of Indians in the USA, the UK and India," *Review of Economics of the Household*, 8-1, pp.147-169.

Friedman, Natalie (2008) "From Hybrids to Tourists: Children of Immigrants in Jhumpa Lahiri's The Namesake," *Critique*, 50-1, pp.111-128.

Habermas, Jürgen (1996) *Die Einbeziehung des Anderen: Studien zur politischen Theorie*, Frankfurt am Main: Suhrkamp Verlag（高野昌行訳（2012）『他者の受容——多文化社会の政治理論に関する研究』法政大学出版局）。

Hira, Ron (2004) "U.S. immigration regulations and India's information technology industry," *Technological Forecasting and Social Change*, 71-8, pp. 837-854.

Kapur, Akash (2006) "Up in Smoke," *The New York Times Book Review*, July 2, p.12.

川原謙一（1990）『アメリカ移民法』信山社出版。

河原崎やす子（2001）「変容するアジア系アメリカ人意識——ジェシカ・ヘゲドンを解読する」アジア系アメリカ文学研究会編『アジア系アメリカ文学——記憶と創造』大阪教育図書, pp.397-417.

木村茂雄編（2004）『ポストコロニアル文学の現在』晃洋書房。

木村茂雄／山田雄三編（2010）『英語文学の越境』英宝社．
古賀正則／内藤雅雄／浜口恒夫編（2000）『移民から市民へ——世界のインド系コミュニティ』東京大学出版会．
小井土彰宏編（2008）『移民政策の国際比較——講座グローバル化する日本と移民問題』明石書店．
Lahiri, Jhumpa (1999) *Interpreter of Maladies,* Boston: Houghton（小川高義訳（2012）『停電の夜に』新潮社）．
—— (2000-2001) Interview. *People,* 54-27, p.138.
—— (2001) Interview with Tamara Frankfort; Carmela Ciuraru, *Real Simple,* p.130-133.
—— (2003a) Interview. *Readers Read.*
—— (2003b) *The Namesake,* Boston: Houghton（小川高義訳（2010）『その名にちなんで』新潮社）．
—— (2004) Interview. "Cooking Lessons: The Long Way Home," *The New Yorker,* Sep.6, pp.83-84.
—— (2006) Interview. "My two lives," *Newsweek,* March 6, 147-10, pp.43-44.
—— (2008) *Unaccustomed Earth,* New York: Knopf（小川高義訳（2008）『見知らぬ場所』新潮社）．
—— (2011) Interview with Julia Leyda, *Contemporary Women's Writing,* pp.66-83.
Lewis, Simon (2001) "Lahiri's Interpreter of Maladies," *Explicator,* 59-4, p.219.
松木園久子（2010）「インド小説がもつ境界と「サバルタン」——ヒンディー語小説『バルチャンマー』と英語小説『マハトマを待ちながら』を例に」木村茂雄／山田雄三編『英語文学の越境』英宝社，pp.63-81.
Mitra, Madhuparna (2006) "Lahiri's Mrs. Sen's," *Explicator,* 64-3, pp.193-196.
—— (2007) "Border Crossings in Lahiri's A Real Durwan," *Explicator,* 65-4, pp.242-245.
武者小路公秀監修／浜邦彦／早尾貴紀編（2008）『ディアスポラと社会変容』国際書院．
Narayan, Uma (1997) *Dislocating cultures: identities, traditions, and Third World feminism,* New York: Routledge（塩原良和監訳（2010）『文化を転位させる——アイデンティティ・伝統・第三世界フェミニズム』法政大学出版局）．
Roy, Arundhati (1997) *The God of Small Things,* Flamingo（工藤惺文訳（1998）『小さきものたちの神』DHC）．
—— *The collected essays*（本橋哲也訳（2012）『民主主義のあとに生き残るものは』岩波書店）．
関口真理（2002）「アメリカのインド系コミュニティの最近の動向と第二世代のエスニック組織における「インド」の受容」弘末雅士（研究代表者）『環インド洋世界におけるネットワークと地域形成』平成11年度-13年度科学研究費補助金（基礎研究（A）(2)）研究成果報告書．
Song, Min Hyoung (2007) "The Children of 1965: Allegory, Postmodernism, and Jhumpa Lahiri's The Namesake," *Twentieth Century Literature,* 53-3, pp.345-370.

杉浦悦子 (2007)『アジア系アメリカ作家たち』水声社。
Williams, Laura Anh (2007) "Foodways and Subjectivity in Jhumpa Lahiri's Interpreter of Maladies," *MELUS*, 32-4, pp.69-79.
山形和美編 (1997)『差異と同一化――ポストコロニアル文学論』研究社出版。

第 4 章

コロニアル・インドにおける「美術」の変容
―― 神の表象をめぐる「周辺」からの抵抗

福内千絵

1　はじめに

　本章では、19世紀後半から20世紀前半のインド近代美術史に焦点をあて、周辺化されるイメージ世界の創発力について考察することを目的とする。インド近代にはさまざまな外来の絵画技術の到来・導入とともに、いわゆる「美術（Fine Art）」作品だけではなく、大量生産された印刷画においても、それぞれの絵画上にイメージの世界がつくりだされた。つくりだされたイメージ世界にはヒンドゥー教に関連した主題がかなりの部分を占めているという特徴がある。以下では、ヒンドゥー教の神の図像的表象に着目し、近代インドにおける「美術」とその周辺のイメージ世界に迫りたい。

　まず、先行研究としては、アートと近代のヒンドゥーイズムの関連性にも言及したインド美術史研究には次のようなものがある。
　ミター（Partha Mitter）は、美術とナショナリズムとの関係に焦点をあて、西洋から移植された「美術（Fine Art）」が無批判に受容される時代を経て、さらに美術によってヒンドゥー教の国家的アイデンティティが形成されるプロセスを跡付けて、宗教ナショナリズムやヒンドゥー復古主義に果たした美術の表象的役割を明らかにしている（Mitter 1995）。また、グハー・タークルター（Tapati Guha-Takurtha）は近代ベンガルの美術動向に焦点をあて、ナショナル・アートの形成をめぐる宗教的価値観や美的志向性の影響について言及

している（Guha-Takurtha 1986, 1991, 1992 etc.）。ピニー（Cristpher Pinney）やジャイン（Jyotindra Jain）は、大量生産された複製美術いわゆるポピュラー・アートがヒンドゥーイズムを可視化し、やはり宗教ナショナリズムの隆盛に貢献したことを指摘している（Pinney 2001, 2002, 2004；Jain 2004）。また、宗教学においても、物質文化研究との複合的なアプローチの重要性は、マン（D. Richard Mann）によって強調されているところである（Mann 2014）。物質の属性を有しているヒンドゥー教主題の絵画もまた美術史学と宗教学相互の視点から議論を行うことで、両分野への寄与が期待されるものといえよう。

　こうした先行研究に基づいた上で、本章ではさらに、臼田雅之の論を敷衍して考察を試みる。臼田は、まずヒンドゥー教と総称される宗教を構成する層を、その依拠する経典にしたがって、「ヴェーダ」、「プラーナ」、「地方語の縁起譚」の三つに分類できるとする（臼田 2013：195）。

　ヴェーダ（Veda）とは、古代インドのバラモン教の聖典の総称である。ヴェーダは、インド最古の文献であり、「リグ・ヴェーダ・サンヒター」の成立が紀元前1200年を中心とする数百年間とされている。

　ヴェーダは、その祭式を実行する祭官の役割分担に応じて4種：①リグ・ヴェーダ、②サーマ・ヴェーダ、③ヤジュル・ヴェーダ、④アタルヴァ・ヴェーダ、に分類される。さらに4種のヴェーダは次の4部門に分類される。

①サンヒター：賛歌、歌詞、祭詞、呪文を集録した文献〈本集〉
②ブラーフマナ：サンヒターに付随する文献〈祭儀書〉
③アーラヤニカ：秘密の祭式や神秘的教義を収める文献〈森林書〉
④ウパニシャッド：梵我一如の思想を代表とするさまざまな哲学的考察を、
　主として問答形式で展開する文献〈ヴェーダーンタ、奥義書〉

4部門を含む4種のヴェーダの全体が「ヴェーダ」聖典とされる。リグ・ヴェーダの宗教は、本質的には多神教であるが、祭式を行う際、讃歌の対象となった神は最大級の賛辞を受け、その時だけは主要神とみなされる。マックス・ミュラー（Max Muller）は、この性格をとらえて『リグ・ヴェーダ』の宗教を「単一神教（Henotheism）」と呼んだ（バンダルカル 1984：5）。

　一方、プラーナとは、サンスクリットで〈古い（物語）〉を意味し、一群のヒンドゥー教聖典を指す。プラーナが記述された年代は未確定であるが、4-14世紀の間に現形のプラーナが定着したとされる。内容は、ヒンドゥー教

諸神の神話、伝説、賛歌、祭式、巡礼地の縁起などである。正統派のバラモンからはヴェーダを学習する資格がない婦女やシュードラの教育を目的としたものと評されることもある（高橋 2012：705）。

現在代表的なものには、『ブラフマ・プラーナ』や『パドマ・プラーナ』、『ヴィシュヌ・プラーナ』など18種[1]があるとされる。例えば、ディーワーリー（Diwali）というヒンドゥー教の新年の祭では、灯明を燈して富の女神ラクシュミーを家々にむかえるが、こうした祭の方法や由来については、スカンダ・プラーナに記述されている。

このようなヴェーダやプラーナに依拠する信仰者の層について、臼田は次のように指摘する。「ヒンドゥー教と総称される宗教を構成する層を、その依拠する経典にしたがって、ヴェーダ、プラーナ、地方語の縁起譚に分類すれば、19世紀のヒンドゥー教は、大伝統を形成し、社会上層を中心に信じられていたプラーナの層を否定するものであった。それにかわって前景化されたのが、宗教・社会改革運動が真正なヒンドゥー教として担ぎ出した、当時は事実上消滅していたヴェーダの層にほかならない。小伝統を形成し、多くの村人たちが信じていた地方語の縁起譚をもつにすぎない層は、無視され周縁化されていった」（臼田 2013：195）。さらに臼田は、19世紀には「プラーナ的なあるがままのヒンドゥー教」は後景化したが、19世紀後半には再び前景化してくることにも言及している（臼田 2013：195）。

筆者は、この「ヴェーダ」と「プラーナ」の価値の相克という問題は、ひとり宗教の世界の話だけではなく、美術史においても、重要な視角ではないかと考える。というのも、宗教・社会改革運動が真正なヒンドゥー教というのは、西洋からのまなざしを意識しつつ創発されたヴェーダに基づいていたが、インド近代美術史もまた、西洋からのまなざしを受け、プラーナ的価値観が否定される流れにあった。つまり、インド近代美術史においても「ヴェーダ」的価値観と「プラーナ」的価値観の相克・せめぎあいが、切実な問題として浮上しており、その二つの価値観は、ヒンドゥーイズムとインド近代美術史をとらえる際に、極めて重要で鍵となる概念であると考える。しかしこれまでの研究においては、あまり正面から考えられてこなかった。このような問題意識のもと、「ヴェーダ」と「プラーナ」をめぐる神観念や図像的表象に着目し、コロニアル・インドにおけるイメージ世界の実相

について考えてみたい。

2　ヒンドゥー教世界に対する西洋のまなざし

　まずは、19世紀のインドにおいて、ヒンドゥー教に対する西洋のまなざしはどのようなものであったかをみてみよう。

　19世紀前半には、イギリス政府が、インドでのキリスト教布教を公認し（1813年）、インド当地の宗教事象に一層関心が払われるようになった。インドに対する博物学的知識も蓄積され、仏教遺跡やアーリヤ文化への関心も高まり、オリエンタリスト（東洋学者）と呼ばれる学者たちによるインドの宗教についての著述も増えてくる。西洋のオリエンタリストによるプラーナとヴェーダに関する記述には、次のようなものがある。

　イギリスのインド学研究者であったエドワード・ムーア（Edward Moor）は、「西洋の近代科学で遍く照らし出すべきプラーナの暗黒世界」（Moor 1864：370）と記し、ヒンドゥー教のプラーナの世界をとらえた。図1は、彼の著書『ヒンドゥー・パンテオン』の挿画として用いられた「ヴィシュヌ神へのプージャー」すなわちヴィシュヌ神像への礼拝供養の図である。キリスト教において、原則として、偶像崇拝は認められないものであったので、偶像崇拝的にみえるヒンドゥー教の礼拝実践は、否定的な目線でとらえられた。

　また、イギリスの政府役人として美術館行政を主導したヘンリー・コール（Henry Cole）は次のように記述している。「ヴェーダに基づく一神教的神観念は、多神教の偶像崇拝的で粗野な信仰体系に取って替わられ、知識人たち以外には忘れ去られ、決して定着することはない」（Cole Henry 1874：17）

　一方、インド美術についてはイギリスのインド学および東洋学研究者（オックスフォード大学の著名なサンスクリット学者）であったモニエル・ウィリアムス（Monier Williams）が次のような見解を述べている。「全インドを通じて立派な絵画一つ、見事な彫刻一つ見ることができず、神像でさえも見どころといったらぞっとするほど恐ろしいというだけだ」（Williams 1885：469）。また、チャールズ・コールマン（Charles Coleman）の著書の挿画（図2）では、野猪の顔をしたヴィシュヌ神の化身の姿が引用され、「奇怪な姿形をした（Monstrous）」ものとして形容された。こうしたヒンドゥー神像を恐ろしい怪物であるかの

第 4 章　コロニアル・インドにおける「美術」の変容

図1 《ヴィシュヌ神像への礼拝供養 Vishnu Puja》(Moor 1864 (1810): 356)

図2 《ヴァラーハ：ヴィシュヌ神の第三の化身 Varaha or third avatar of Vishnu》(Coleman 1832: 17)

ように見る背景には、神人同形に基づくキリスト教世界の神観念があったと考える。

このような記述にみるように、西洋世界のまなざしのなかの「ヒンドゥー教」は、奇怪な姿形をしたプラーナの神像や多神教的宗教状況、偶像崇拝的傾向に対して、西洋の科学や美術そして一神教的神観念を対置させる形で、把握されていったと考えられる。

ここで、宗教思想と信仰形態について、西洋が表現するところのいわゆる「奇怪な姿形をした」神像や、多神教的神観念、偶像崇拝的傾向の信仰形態を「プラーナ的宗教」と規定する。

こうしたプラーナ的宗教に対して、ヘンリー・コールの記述にあるように、先述したヴェーダの一神教的神観念に注意がはらわれていたことは留意すべき点である。次節では、ヴェーダに対する関心が高まるなかで、19世紀のヒンドゥー教をめぐる宗教・社会改革運動において、どのように「ヴェーダ的宗教」が規定されていったのかをみていく。

3　ネオ・ヒンドゥーイズムにおけるヴェーダ

19世紀に入ると、それまで禁止されていたインド当地でのキリスト教の布教が解禁された。キリスト教の伝道師の活動が活発化すると、キリスト教

流入への反動として、ヒンドゥー教においても社会改革を伴った宗教改革運動がおこった。19世紀のヒンドゥー教をめぐる宗教・社会改革運動はネオ・ヒンドゥーイズムと呼ばれる。ネオ・ヒンドゥーイズムにおいては、ヴェーダにもとづいた信仰が焦点化されることとなる。以下において代表的な宗教・社会改革運動を先導した二つの団体の例を挙げて、それらネオ・ヒンドゥーイズムにおけるヴェーダの位相をみていく。

　ブラフマ・サマージ（Brahma Samaj、1828年、カルカッタで、厳密にはこの年に結成されたのはブラフマ・サバー）は、ラーム・モーハン・ローイ（Ram Mohun Roy 1774-1833、以下ローイと表記する）によって創設された。ブラフマ・サマージはヒンドゥー教の儀式や因習、カースト制度に反対し、サティ（寡婦殉死）や幼児婚の禁止を唱えた。ローイは、1816年に英語の「ヒンドゥー教」（Hinduism/Hidooism）をインド社会で言葉化し、また近代宗教概念に合わせる形での概念化を試みた人でもある。そして、彼はヴェーダに基づいた唯一神（ブラフマ）信仰を目指した。ローイは、ブラーマンとして、インドの古典語サンスクリットを学びつつ、イスラームの一神教概念に傾倒したが、その後英語も学んでキリスト教への理解を図り、ヒンドゥー教の偶像崇拝については、その傾向を批判する立場にあった。こうしたベンガル中心のブラフマ・サマージにみるような、主にベンガル・ブラーマンが担った宗教・社会改革運動は、英語教育やキリスト教ミッションとなじみが深かった。この点について、杉本良男は、ネオ・ヒンドゥーイズムは、プロテスタント的近代主義をうけた、普遍宗教への希求する動きであって、そこで基づいたのは、オリエンタリスト的に再編された聖典ヴェーダ、ヴェーダーンタ哲学・ウパニシャッド哲学であったと指摘している（杉本 2015：7）。

　また、ボンベイに創設されたアーリヤ・サマージ（Arya Samaj 1875年、ボンベイ）は、ダヤーナンダ・サラスヴァティー（Dayananda Sarasvati 1824-1883、以下ダヤーナンダと表記する）によって設立された。アーリヤ・サマージは、ヴェーダに基づく「ユニヴァーサル・チャーチ」（普遍教会）をつくり、ヒンドゥー教を浄化することを目標に掲げた。ダヤーナンダによる有名な「ヴェーダに帰れ」というスローガンは、その他のヒンドゥー改革主義全般に通ずる宗教浄化の核心を言い表している。ダヤーナンダはヴェーダに登場する諸神は名称が異なるだけで、同一の神が言及されていると主張した。そ

して、ヴェーダに根拠のない偶像崇拝を始め、動物供犠、祖先崇拝、聖地巡礼、聖職者主義、寺院供物、カースト制、不可触制、幼児婚、女性差別などを非ヴェーダ的な慣行として否定し、ヴェーダをすべての階層に解放した。

　杉本が指摘するように、ダヤーナンダは宗教について多元性は不要であるとした（杉本 2015：17）。彼は非ヴェーダ的宗教として、プラーナ的民衆ヒンドゥー教、キリスト教、ジャイナ教、イスラームの4つを認めていただけであり、ヒンドゥー教については、プラーナ文献やタントラ文献などを根拠とする多神教、偶像崇拝に否定的な価値付けを与えた。

　ここまでをまとめると、ネオ・ヒンドゥーイズムにおいては、西洋すなわちキリスト教宣教団や植民地政府、インド学研究者らから否定されたプラーナ的なヒンドゥー教にかわる、真正なヒンドゥー教の典拠として、ヴェーダが持ち出されたといえる。そしてそれは、一神教的神観念を標榜し、多神教的神観念や偶像崇拝を否定する内容であったことが、特徴として抽出できる。

4　美術作品化されるプラーナ

　上述した西洋のまなざしや、新たな宗教思想・信仰形態を模索するネオ・ヒンドゥーイズムの動きに並行して、ここでは19世紀後半のインドにおける「美術」の状況がどのようなものであったのかについてみていく。

　英領インド・マドラス管区の知事職にあったフランシス・ネイピア（Francis Napier）は、現地キリスト教文芸協会（Native Christian Literary Society）での講演において、「ヴェーダや叙事詩マハーバーラタ、ラーマーヤナを西洋美術の表現力によって絵画化すれば、それらをより一層鮮明に民族の記憶として留めることができるだろう」（Napier, 1871 statement cited Aiya 1906：268）とヴェーダや叙事詩の美術作品化の意義について述べている。

　その一方で、インド学研究者のジョージ・バードウッド（George Birdwood）の著述では、「プラーナの神々の奇怪な姿は、美術表現の主題としては相応しいものではない」（Birdwood 1884：228）と記され、ここでもさらに詳しく、ヴェーダや叙事詩に対して、プラーナが主題的価値を持たないため美術作品化し得ないものとして想定されていることが確認できる。

　しかしながら、インド当地において、西洋から移植された「美術」概念や

制度が浸透するなかで、これに応答する動きがみられる。

19世紀半ば以降インドには、私設（のちに英国植民地政府）による美術学校が開設され、そこでは西洋絵画技法が教授された。マドラス美術学校（Madras School of Art, 1850）、カルカッタ工芸美術学校（School of Industrial Art, Calcutta, 1854）、ボンベイ・サー・J. J. 美術学校（Sir J.J. School of Art, Bombay, 1857）などが主なものである。

そして、油絵の絵画技法を習得したカルカッタ官立美術学校生によって、叙事詩やプラーナは西洋の美的範疇における「美術（Fine Art）」的な属性が付されることなった。そこでは油彩による陰影法や遠近法を駆使した構図のなかに、叙事詩やプラーナで語られるクリシュナ神が、美術的な体裁をまとって、表現されたのである。さらに、同校の卒業生たちは、こうしたプラーナ主題の美術作品を石版印刷によって複製することをおこなった。このような石版印刷による美術作品の大量複製をおこなった印刷所に、カルカッタ・アート・スタジオ（Calcutta Art Studio, 1878年創業）やカンサリパラ・アート・スタジオ（Kansaripara Art Studio, 1880年代創業）、チョーレー・バーガーン・アート・スタジオ（Chore Bagan Art Studio, 創業年未詳）などがある。

図3 《ヴィシュヌとシヴァの邂逅 Shri Shri Hari Hara Milana》Calcutta Art Studio, 石版印刷、1890年代、16 × 11 7/8 inches (Devis 2012 : 33) Collection of Mark Baron and Elise Boisante, Image courtesy of Mandala Publishing

図3は、《ヴィシュヌとシヴァの邂逅》と題された、シヴァとヴィシュヌの乗り物が顔の部分で交わっている（象と牛）、トリックアートのような石版印刷画である。天界部分に天使や神々の姿を描いており、キリスト教の図像イメージも取り入れている構図である。カルカッタ・アート・スタジオ（図3）のほかにカンサリパラ・アート・スタジオのものが残っており、双方によって、類似のイメージが制作されていたことがわかる。このイメージは、後述するボンベイのラヴィ・ヴァルマー印刷所でも同様のデザインのものが印刷されている。インド全体に人気のあったデザインは模倣が繰り返され、

第4章　コロニアル・インドにおける「美術」の変容

流通していたことがうかがえる。

　こうしたベンガルの動きに少し遅れるかたちで、インド南部ケーララ地方出身の洋画家ラヴィ・ヴァルマー（Raja Ravi Varma 1848-1906, 以下ヴァルマーと表記する）もまた、叙事詩やプラーナを油彩によって主題化した。ヴァルマーは、インド近代美術史を語る際に、最も重要な画家として言及される人物である。彼は美術学校に通うことはなかったが、藩王国宮廷に出入りできるという特権的な環境もあって（おそらく藩王国に招かれたオランダ人画家との接触もあったと思われる）、ほぼ独学で油絵を習得したとされている。ヴァルマーは肖像画を受注する職業画家として画業に従事することとなる。肖像画は、西欧的でモダンなライフスタイルやステイタスの証として、藩王や王族たちだけではなく、上流階級からの需要も増すなかにあった。ヴァルマーは肖像画を描く傍ら、公募展出品用の絵画も制作した。1878 年には、サンスクリット古典に取材した《ドゥシュヤンタ王に手紙を書くシャクンタラー Shakuntala's Love Letter to King Dushyanta》がマドラス公募展において金賞を受賞した。サンスクリット古典の絵画化については、西欧のオリエンタリストたちからインドの古典が「発見」され、賞賛された時代状況と呼応する。19 世紀には、インドの古典がさかんに翻訳され、西欧世界に紹介されるようになった。西欧の文化人のなかに、インドの古典文化に接し、それを礼賛する動きも起こった。そうしたなかで見出された代表例が、サンスクリット古典『シャクンタラー』であった。ヴァルマーの《手紙を書くシャクンタラー》は、当時のマドラス知事であったバッキンガム公爵（Duke of Buckingham）が購入するところとなり、また、先述のモニエル・ウィリアムスによる英語翻訳版『シャクンタラー』第二版（1876 年）の表紙を飾るなど、西欧世界にその存在を示すことになった。

　ヴァルマーによるインド古典の美術作品化は、西洋から注目された『シャクンタラー』に留まることなく、西洋から否定的なまなざしを向けられたプラーナにも取材することで神々のイメージ世界を鮮明にした。クリシュナとラーダーの邂逅の場面《ラーダーとマーダヴァ（クリシュナの異名）》（図4）は、これまでの伝統的な細密画でも盛んに主題となったものであるが、クリシュナという通常は従来の絵画化における約束事に則って青黒い肌の色で描かれる神を、人間の肌の色、それも理想とされる色白に近い肌の色で描いている。

93

図4 《ラーダーとマーダヴァ *Radha Madhav*》
ラヴィ・ヴァルマー、1888-1890年、油彩、157 × 115cm、Maharaja Fateh Singh Museum 所蔵

このように、神々を人間世界の理想にひきよせて、遠近法や陰影法、肉付法等西洋絵画の技法を用いて生き生きと描いているあたりに、これまでの伝統との違いがはっきりと見て取れる。ヴァルマーが油彩によってリアルに描き理想化した神々の姿形や、《ラクシュミー *Laxmi*》《サラスワティー *Saraswati*》などに代表される美術化された神話画は、植民地エリート、藩王、上層インド人のあいだで好評を博す。こうした受容の背景には、西洋に対抗するインドのナショナリズム、そして宗教や文化の復興に向けた気運があった。

そして、ヴァルマーもまた、ラヴィ・ヴァルマー美術石版印刷所（Ravi Varma Fine Art Lithographic Press, 1892年ボンベイに開設、1894年操業）において、自身の油絵を石版印刷によって大量に複製した。「ヒマラヤからコモリン岬まで、教養のある裕福な家庭では、少なくとも1点はラヴィ・ヴァルマーの絵画が飾られた」[2]と人物名鑑に記述されるほどに、その絵画は絶大な人気を博し、普及したとされる。

以上をまとめると、西洋からのまなざしにおいて「奇怪な姿」で「美術主題に相応しくない」として「美術」範疇から周縁化されたプラーナの神像は、しかしインド人たちのあいだで油彩画法が習得されると、かれら自身の手で美術主題として取り上げられ、理想的な姿形の表現によって美術作品化されたといえる。そして、それは一部の特権階級で鑑賞されるにとどまらず、大量複製によって広範な地域や階層の人々に受容された。そして後述するように、それらの絵画図像からは偶像崇拝的傾向が読み取れるようになるということが、インド近代の美術展開、そしてヒンドゥーイズムの展開としても、興味深い点である。

5 プラーナ的ヒンドゥー教の再興とベンガル派

　さて、19世紀末に向けてこうしたプラーナの神々の姿形の理想化が美術領域でおこなわれたことを確認した後で、再び同時期に展開したネオ・ヒンドゥーイズムの動向に目を向けてみよう。

　19世紀末に、ラーマクリシュナ・ミッション（Ramakrishna Mission 1897年、カルカッタ）が、師ラーマクリシュナ（Ramakrishna Paramahamsa 1836-1886）の弟子ヴィヴェーカーナンダ（Swami Vivekananda 1863-1902）によって組織された。ラーマクリシュナは、宗教間の比較や対話について高い意識を持っており、とくに神秘体験を通じて、ヒンドゥー教、イスラーム教、キリスト教の三つを体得し、それらの融和をめざした。

　ヴィヴェーカーナンダは、カルカッタの上位カースト、カーヤスタ出身でカルカッタのスコットランド教会大学長の勧めによりラーマクリシュナに出会い心酔するようになった。彼は、1881年以降ブラフマ・サマージの活動に加わり、「有神論」「慈善」「ナショナリズム（改革）」などを結び付けた社会改革の方向性に共感した。1893年万国宗教会議では、圧倒的な成功をおさめ、世界的な名声を得て、1897年に慈善団体ラーマクリシュナ・ミッションを設立した。ラーマクリシュナ・ミッションでは、比較からの総合化すなわち科学的方法によって、共通の精髄（本質）に達することができるとし、普遍的な宗教の原理を探求した。そうした原理こそが、アドヴァイタ（不二一元論）・ヴェーダーンタ哲学であるとした。アドヴァイタ・ヴェーダーンタ哲学によって、世界の宗教は根底において一つという考えに達したのである。

　ラーマクリシュナ・ミッションでは、これまでのネオ・ヒンドゥーイズムでは否定されていた、多神教としてのヒンドゥー教や偶像崇拝を意味のある宗教行為として容認したことも特筆される。ここにきて、ネオ・ヒンドゥーイズムの動きにおいて、プラーナ的ヒンドゥー教が認められるようになった兆しがあることを指摘しておきたい。

　1905年のベンガル分割令（ベンガル地方をヒンドゥー教徒とイスラーム教徒の地域に分割統治し、民族運動の盛り上がりを抑えようとした法）を発端に、20世紀に入ると、スワデーシー運動が高まり、美術の領域においても「インド美術」のアイデンティティや真正性、「ヒンドゥー美術」の伝統とは何か、といった

図5 《インド母神 *Bharat Mata*》
アバニンドラナート・タゴール、水彩、1905 年頃、26.7 × 15.3cm、Rabindra Bharati Society 所蔵

議論がインド人のあいだで焦点化することになる。とくにベンガル派といわれる一派は、イギリスのインド統治とともに西洋美術が自国に氾濫するようになった風潮を潔しとせず、インド固有の伝統に基づく独自の新しい美術様式を生み出すための芸術運動を興した。

カルカッタを中心としたベンガル派の活動には、日本も深くかかわっている。「アジアはひとつ」という主張を熟成させつつあった岡倉天心は、1901（明治34）年から1年間インドを訪れ、詩聖ラビーンドラナート・タゴール（Rabindranath Tagore）、アバニンドラナート・タゴール（Abanindranath Tagore）らベンガル派の美術家達と深く交流した。インドから帰国した岡倉天心の仲介で、彼を指導者と仰ぐ横山大観や菱田春草は、1903（明治36）年に4カ月間インドで滞在している。その間2人は、カルカッタで自分たちの作品展を開いて好評を博し、ベンガル派の画家達との交流も深めた。横山大観の《インド守護神（Indian Divinity of Protection）》（1903年）は、彼のインド滞在中にウォッシュ技法、すなわち絵の具をぬった絵を水に浸してぼかしの効果をねらった日本画の絵画技法を用いて制作されたものである。西洋の絵画技法ではなく、東洋的あるいはアジア的な静謐な精神性を表現するにふさわしい技法として、ウォッシュ技法はベンガル派に積極的に受け入れられ試みられたのである。アバニンドラナート・タゴールによる水彩画《インド母神 *Bharat Mata*》（図5）（1905年頃）は、おそらく横山大観のインド守護神を参考にしたと考えられ、ウォッシュ技法の効果が最もよく表れたものである[3]。

《インド母神》はラヴィ・ヴァルマー作品と対比して、インド近代美術史では必ず近代的展開を示す作例として挙げられる代表的な作品である。水彩による静謐で気品ある女神像であるが、その主題は、画面中央に単独で描か

第 4 章　コロニアル・インドにおける「美術」の変容

れた正面性の高い、四臂の母神であり、すなわち偶像崇拝を想起させる聖像としての絵画である。こうして、西洋の絵画技法を否定し東洋的技法による新たな絵画を模索するなかで、聖像すなわち偶像崇拝を想起させる絵画は制作されたのである。

　さらに、ベンガル派においても、絵画の石版印刷による大量複製がおこなわれた。アラーハーバードのインディアン・プレスで製作された《インド母神》の石版画が残っている（Indian Press, Allahabad, 1910年代）。しかし石版画は存在するものの、この《インド母神》はどの程度巷間に流布したかについては、明らかになっていなかった。明治期日本の商標登録を記載した『商標公報』には、大阪の石鹸会社が《インド母神》を模写した商標デザインを1908年に登録していた跡がある[4]。この石鹸会社は中国やインド方面に製品を輸出していたとされる。一般に輸出向けの製品の商標には現地の人気の図柄が取り入れられることが多く、したがって、《インド母神》の石版画も、おそらくインドの都市（カルカッタやボンベイなど）で一定の人気を得ていたものであると考えられる。

　一方、先述の好評を博したヴァルマーの手によるプラーナの神話画については、英国製品ボイコット運動やスワデーシー運動の盛り上がりのなかで、否定的な評価へと変化していく。ベンガルの知識人たちの購読する雑誌「モダン・レビュー The Modern Review」誌の編集を務める、ラーマナンダ・チャタルジー（Ramananda Chatterjee）は次のように叙述している。

　　「彼（筆者注：ヴァルマー）が、ウパニシャッドに直接的あるいは間接的に示されているヴェーダ時代のインドの情景を描いていてくれたらと思う」（Chatterjee 1907：145）。

　つまりこの言葉には、プラーナや叙事詩の主題ばかりでヴェーダ時代を主題化することがなかったヴァルマーに対して、ヴェーダをよしとするチャタルジーの価値観の反映をみることができる。

　さらに、ベンガルの知識人たちからは、油彩という西洋の絵画技法を用いたヴァルマー作品に対して、真正なインド美術とは到底いえない代物で「偽インド美術」（Coomaraswamy 1907）であるといった否定的な評価や、叙事詩や

プラーナの主題化にみる、求愛の場面描写はモラルに反するもので、インドの古典の主題表現としてふさわしいものではない（Sister Nivedita 1907）といった手厳しい批判を浴びることになった。

　これまでのところをまとめると、ネオ・ヒンドゥーイズムの動きに連なるラーマクリシュナ・ミッションの活動において、プラーナ的ヒンドゥー教の宗教思想・信仰形態が復興をみるなかで、ベンガル派は、神の表象を「聖像」として提示した。そして、その表現は、水彩による静謐で気品のある姿ではあるものの、多臂の正面観というヒンドゥー教の礼拝実践すなわち偶像崇拝的態度や、プラーナ的ヒンドゥー教の要素を色濃く表現するものであったといえる。

6　プリント画とヒンドゥーイズム

　ヴァルマーについては、スワデーシー運動の激化とともに、ベンガルの知識人たちによって、否定的にとらえられるようになったことは先述したとおりである。

　しかしながらその一方で、ラヴィ・ヴァルマー美術石版印刷所で刷られた石版画、いわゆる「ヴァルマー・プリント」は、民衆のヒンドゥーイズムとむすびついて、さらなる展開をみせる。ここでは、ヴァルマー・プリントをとりあげて、具体的には美術史研究における新出の資料である価格リスト2点の分析と絵画資料の照合から、ヴァルマーによって「理想化・美術作品化されたプラーナ絵画」の展開がどのようなものであったかをみてみたい。

　資料のひとつは、アナント・シヴァージー・デーサーイー・トーピーワーレー価格リスト（Anant Shivaji Desai, Topiwale Price List, 1913年発行、ボンベイ、以下ASDリストと表記する）で、英語で表記されたものである[5]。もうひとつは、ラヴィ・ヴァルマー・ピクチャー・デポット価格リスト（Ravi Varma Picture Depot Price List, 1920年代発行か、ボンベイ、以下Depotリストと表記する）で、ヒンディー語で記されたものである[6]。両リストはこれまで資料が存在しないために知り得ず推測の域を出なかったヴァルマー・プリントの価格やタイトル数などの基礎的な情報を提供するものである。また、両資料を照合することで、時系列的な変化や、インド全域的あるいはよりローカルなレベルでの

第 4 章　コロニアル・インドにおける「美術」の変容

ヴァルマー・プリントの在り方の違いをみることも可能になる。インド近代のイメージ世界の全体像の研究において学術資料的価値が非常に高いものである。

　両リストには、タイトルに通しの登録番号が付され、タイトル名と番号がほぼ共通している点や、Depot リスト冒頭の説明書きの部分（単独エージェントから複数エージェントに変更したことへの言及など）から推察すると、おそらく、1913 年発行の ASD リストより後に、ヒンディー語圏のよりローカルな地域の卸売を想定して、1920 年代に Depot リストは発行されたものと考える。

　まず、ASD リストでは、サイズごとにタイトルと価格帯を示している。発行されたタイトルの種類の多さが特筆される。おもなサイズ別タイトル種類数は表 1 のとおりである。叙事詩やプラーナの場面を描写したヒンドゥー教神話主題がやはり大部分を占める。また、ヴェーダの神はほとんど主題として扱われておらず、ラーマやクリシュナなどを中心とした叙事詩の場面や、ラーダーとクリシュナのペア、ヴィシュヌの化身、シヴァ、ラクシュミー、サラスワティー、カーリーなど、多神教的世界を感じさせる主題選択になっている。少数ながらその他イスラーム主題やインドの歴史的英雄や偉人の肖像なども主題化されている。興味深いことに、偶像崇拝を禁止したはずのアーリヤ・サマージの指導者ダヤーナンダの名もそのリストに見受けられる。教説だけでは飽き足らず、ダヤーナンダの具体的なイメージを欲し、プリント画を求めた人々の偶像崇拝的態度があったことが推し測られる。

　つづいて、Depot リストをみてみよう。Depot リストでは、英語ではなく、おもに北インドで話される現地語の一つであるヒンディー語で発行されていることから、英語を解さない層や、よりローカルなレベルでの需要を見込

表 1　ASD リストのタイトル種類数

サイズ	タイトル種類数（タイトルの例）	価格
24 × 35 inches (60.96 × 88.9 cm)	2 種 (Mohini, The Maharaja and Maharani of Mysore)	Rs.2 - Rs.3
20 × 28 inches (50.8 × 71.12 cm)	9 種 (Birth of Shankntala etc.)	Re.1As.8 - Rs.2
14 × 20 inches (35.56 × 50.8cm)	94 種 (Birth of Shakuntala etc.)	As.2 - Re.1As.4
10 × 14 inches (25.4 × 35.56 cm)	357 種 (Urvashi etc.)	As.3 Per Dozen
7 × 10 inches (17.78 × 25.4 cm)	28 種 (Sri Kashivishwanath etc.)	As.3 Per Dozen
7 × 5 inches (17.78 × 12.7 cm)	47 種 (Ambaji etc.)	As.2 Per Dozen

んだタイトルのラインアップが想定される。DepotリストもASDリストと同サイズ（25.4 × 35.56 cm）のタイトル種類数が多いことがわかる（表2）。価格については、ASDよりさほど安価な設定にはなっていない点については、今後検討が必要である。そして、タイトル種類については、圧倒的にヒンドゥー教主題が中心になっており、より小さいサイズに肖像画主題をみるのみである。

　ヒンドゥー教プラーナのタイトル種類数は以上のとおりであるが、さらに地方の縁起譚をもつようなローカルな神の主題化について、全体のなかの割合をみてみたい。表3は、ASDリストとDepotリストを比較したものである。最も小さいサイズ（17.78 × 12.7 cm）になると、Depotリストのほうが、

表2　Depotリストのタイトル種類数

サイズ	タイトル種類数（タイトルの例）	価格
24 × 35 inches (60.96 × 88.9 cm)	1種 (Mohini)	Rs.2
22 × 32 inches (60.96 × 88.9 cm)	1種 (Shakuntalajanma)	Rs.2
20 × 28 inches (50.8 × 71.12 cm)	8種 (Lakshmi etc.)	Rs.2
14 × 20 inches (35.56 × 50.8 cm)	75種 (Shankarbha etc.)	As.2-As.88
10 × 14 inches (25.4 × 35.56 cm)	232種 (Kansvadha etc.)	No Discount
7 × 10 inches (17.78 × 25.4 cm)	72種 (SriKashivishwanath etc.)	No Discount
7 × 5 inches (17.78 × 12.7 cm)	49種 (Ambaji etc.)	As.82 Per Dozen

表3　ASDリストとDepotリストにみるローカル神の割合

サイズ	Depotリスト	ASDリスト
24 × 35 inches (60.96 × 88.9 cm)	なし	なし
22 × 32 inches (60.96 × 88.9 cm)	なし	————
20 × 28 inches (50.8 × 71.12 cm)	なし	なし
14 × 20 inches (35.56 × 50.8 cm)	5% Ambika, Dattatreya etc.	3% Ambika, Dattatreya etc.
10 × 14 inches (25.4 × 35.56 cm)	6% Vithal-Rakhumai, Dattatreya, Ambika etc.	6% Vittal-Rakhumai, Ambika etc.
7 × 10 inches (17.78 × 25.4 cm)	10% Swayanbkeshwar nasik, Dhakaorji etc.	15% Balaji, Dakorji etc.
7 × 5 inches (17.78 × 12.7 cm)	28% Ambaji, Shribahcharaji, Balaji etc.	21% Ambaji, Balaji etc.

第4章　コロニアル・インドにおける「美術」の変容

ASDリストより多くのローカル神を主題化していることがわかる。これはDepotリストが、よりローカルな場での需要を見込んだラインアップであるという想像をうらぎらない結果であるといえる。ここでは、シヴァやラクシュミーなどのインド全域で信仰されるプラーナの神々だけではなく、ローカル神への意識も決して些少ではないことを、指摘しておきたい。

さらにASDリストと個人コレクション（ヴァルマー・プリントと同定できる160点）との照合からわかることを加えておくと、概数ではあるが、正面観の単独像62点、神話画57点、正面観の神話画23点、そのほか18点（女性図、巡礼図、肖像画）となり、つまり、神話をあつかった題材のうち約6割が、正面観

図6 《ラクシュミー Luxmi》
油絵風石版印刷 (Oleograph)、制作年不詳、ラヴィ・ヴァルマー美術石版印刷所、50.8×35.56cm、個人蔵
＊カトーリー装飾が施されている

を有する絵画であるという結果になった[7]。図6にみるような正面観の神像は、いわゆる礼拝者と神とが視線を交換する行為「ダルシャン（*darshan*）を重視した構図だと考えられる。それは、西洋側から偶像崇拝的として否定された、プラーナ的ヒンドゥー教の核心的礼拝行為にほかならない。

振り返ってみると、ヴァルマーの油彩画作品の石版画化は、家庭の居間において鑑賞用として飾られることを企図して着手されたものであった。新興の中間層の手の届く価格の美術石版印刷によるヴァルマー作品の複製が望まれたからである。しかし、石版画化された主題のラインアップと実際の図像的表象は、単なる鑑賞用の美術から、礼拝対象としての絵画への変容を物語っている。

また、二つのリストともに、注文に応じてカトーリー装飾（*katori work*）という金属の小片で画中の人物像に煌びやかな装飾を施したり（図6）、シルクの布を貼付して本物の衣服を纏ったように装飾したりするというオプションの設定が記されている。こうした絵画への装飾は、神像への荘厳実践と似通っており、プリント画の礼拝画としての変性の事実を強固に裏付けるもの

である。

7 おわりに

最後にこれまで述べてきたことをまとめて結びにかえたい。

西洋に否定された、プラーナの奇怪な姿形をした神像や多神教的、偶像崇拝的傾向というものは、ネオ・ヒンドゥーイズムにおいて、ヴェーダ的ヒンドゥー教の推進という宗教事象をもたらしたことをみてきた。それは、一神教的で偶像崇拝を否定するものであった。

こうしたプラーナの奇怪な姿形をした神像という西洋側からのイメージは、ヒンドゥー教の造形物を「美術」の周辺に位置づけたが、しかしラヴィ・ヴァルマーら洋画家によるプラーナの「美術作品化」によって、払拭・克服される。

一方、ネオ・ヒンドゥーイズムの流れにある、ラーマクリシュナ・ミッションでは、汎神論的神観念に基づく偶像崇拝の容認という、これまでのヴェーダ的一神教の観念とは一線を画した革新的な考え方をした。このようななかで、きわめてプラーナ的表現によって、ベンガル派によるインドの聖像（礼拝像）が創造されたといえる。

ヒンドゥー教徒にとっての神画は神を描いた絵画としての属性以上に、神との相互関係に入る際に重要なメディアとしての役割を果たしてきたことはすでに指摘されている（Pinney 2001；木下 2007；福内 2008）。こうしたプラーナ的ヒンドゥー教は、プリント画を通した偶像崇拝的な礼拝実践とともに、さらに浸透していったものと考えられる。

ヴァルター・ベンヤミンは代表的論文「複製技術時代における芸術作品」（1936）において、複製技術の登場により一回性を失ったアウラなき芸術が、いかなる状況にも置かれうることにより大衆の知覚を引き受けるようになったことを契機に成立した価値を「展示的価値」と呼んでいる。ヒンドゥー教の礼拝実践をめぐるプリント画のあり方を考えてみると、プリント画は「アウラなき芸術」として大衆の知覚を引き受け「展示的価値」を持つとともに、ヒンドゥー教の礼拝実践という異なる次元においてはふたたび「礼拝的価値」を生み出す存在であるといえよう。西洋の美的範疇においては「美

術」の下位に序列づけられるプリント画には単なる複製美術という枠を超えて、礼拝者との関わりのうちに「礼拝的価値」が付与されるのである。

田中雅一は、こうした巷間に流通するプリント画を通して実践されるヒンドゥー教のことを、「プリント・ヒンドゥー教」（田中 2002：242）ともいえる状況として表現している。また、「民衆は民衆宗教画を通じてヒンドゥー教徒としての新たなアイデンティティを形成する。つまり、宗教が印刷という近代技術を通じてヒンドゥーという民衆や国民を生みだしているのである」（田中 2002：243）と示唆している。この点を鑑みると、プリント画における神像の正面観は、ダルシャンの礼拝行為を重視する人々の需要に応じて生産されたものというより、むしろ、そのものの普及がダルシャンの礼拝行為を重視する人々つまりは、プラーナ的ヒンドゥー教を信仰する人々を作り出してきたとも考えられる。

図7は、19世紀から20世紀前半のヒンドゥー教の神の表象をめぐる受容者層の構図を示したものである。これは信仰者の層の勢力の優劣を示した図ではなく、歴史的視点における各層の後景化と前景化つまり歴史的な注目の度合いを示したものである。プラーナ的ヒンドゥー教への西洋の否定的まなざし、そしてそれに対するネオ・ヒンドゥーイズムの運動、それらを底流にしたプラーナの美術作品化、さらに美術作品から派生したプリント画および「プリント・ヒンドゥー教」の隆盛、という流れを示している。

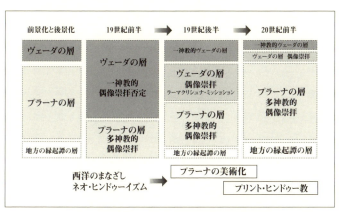

図7　神の表象をめぐる受容者層の歴史的変化

以上みてきたように、プラーナや叙事詩を主題とした複製された絵画をめぐる礼拝実践の浸透、つまり神の表象をめぐるプリント画の展開には、一般大衆の間に、そのものが作り出す場での再生産を通じて「あるがままのヒンドゥー教」(臼田 2013：195) の在り方が再獲得されてきた実相が映し出されていると考えることができる。

［注］
1　代表的な 18 種のプラーナは次のとおりである。
  1. ブラフマ・プラーナ（創造神ブラフマー神の語ったプラーナ）
  2. パドマ・プラーナ（世界創造の時にブラフマー神がその上にあらわれる蓮華（パドマ）にちなんで名付けられたプラーナ）
  3. ヴィシュヌ・プラーナ（ヴィシュヌ教徒のプラーナ）
  4. ヴァーユ・プラーナ（風の神ヴァーユの語ったプラーナ、シヴァ・プラーナともいわれる）
  5. バーガヴァタ・プラーナ（バガヴァットの名のもとにヴィシュヌを崇拝する者たちのプラーナ）
  6. ヴリハンナーラディーヤ・プラーナ（聖仙ナーラダの語ったプラーナ）
  7. マールカンデーヤ・プラーナ（聖仙マールカンデーヤの語ったプラーナ）
  8. アグニ・プラーナ（火の神アグニの語ったプラーナ）
  9. バヴィシュヤ・プラーナ（未来の予言に関するプラーナ）
  10. ブラフマヴァイヴァルタ・プラーナ（ブラフマンの変化のプラーナ）
  11. リンガ・プラーナ（リンガ＝男根にかんするプラーナ）
  12. ヴァラーハ・プラーナ（野猪に化身したヴィシュヌ神にかんするプラーナ）
  13. スカンダ・プラーナ（シヴァ神の息子スカンダの語ったプラーナ）
  14. ヴァーマナ・プラーナ（小人（ヴァーマナ）に化身したヴィシュヌ神にかんするプラーナ）
  15. クールマ・プラーナ（亀（クールマ）に化身したヴィシュヌ神にかんするプラーナ）
  16. マトスヤ・プラーナ（魚（マトスヤ）に化身したヴィシュヌ神にかんするプラーナ）
  17. ガルダ・プラーナ（ヴィシュヌ神の乗り物である聖鳥ガルダの語ったプラーナ）
  18. ブラフマーンダ・プラーナ（ブラフマー神の卵のプラーナ）
2　「Album of men and Women of India」(1906) より引用 (Neumayer 2005：226)。
3　「インド母神」というインドを母なる大地に見立てたイメージもプラーナ文献のひとつ

『デーヴィー・バーガヴァタ・プラーナ Devi Bhagavat purana』に由来すると考えられる（DAG 2003：28）
4 「インド母神」のデザインはインド輸出向け春元石鹸の登録商標に見られ、『商標公報』に次の情報が記されている。登録者：春元重助、第31872号、出願：明治40年11月1日、登録：明治41年1月20日（『商標公報』第576号、特許局、明治41年（1908）、63頁）。
5 インド関係の美術品コレクターである黒田豊氏が東京の古書店で入手した資料を複写させていただいた。
6 インドの骨董店の個人コレクションにある資料を、電子版で入手したものである。
7. 黒田豊氏のインド大衆宗教画の網羅的なコレクションに基づくデータである。

〈謝辞〉本稿は、2016年度京都人類学研究会例会における報告内容に加筆し修正を加えたものである。蒐集品や資料に関する情報を寛容に提供くださった黒田豊氏をはじめ、研究会等において貴重なご意見やご指摘をくださった方々に、心より感謝申し上げる。

[文献]
臼田雅之（2013）『近代ベンガルにおけるナショナリズムと聖性』東海大学出版会。
木下彰子（2007）「「紙」はいかにして人々の「神」になるのか──現代インド・ポスター宗教画研究の課題」『人文学報』95。
高橋明（2012）「プラーナ」『南アジアを知る事典』平凡社。
田中雅一（2002）『供犠世界の変貌──南アジアの歴史人類学』法蔵館。
バンダルカル、R.G.（1984）『ヒンドゥー教──ヴィシュヌとシヴァの宗教』島岩／池田健太郎訳、せりか書房。
福内千絵（2008）「近代インド絵画、ラヴィ・ヴァルマー作品の展開」『民族芸術』24。
ベンヤミン、ヴァルター（1999）『複製技術時代の芸術』佐々木基一編集解説／高木久雄ほか訳、晶文社。
杉本良男（2015）「ネオ・ヒンドゥイズムの系譜学──南アジア宗教ナショナリズムの病い」三尾稔／山根聡編『英領インドにおける諸宗教運動の再編──コロニアリズムと近代化の諸相』（NIHU research series of South Asia and Islam, 7）人間文化研究機構地域研究間連携研究の推進事業「南アジアとイスラーム」。
Aiya, V. Nagam (1906) *Travancore State Manual,* Trivandrum:Travancore government Press. (Lord Napier. 1871: The Fine arts in India Part II. Painting–A lecture delivered before the Native Christian Literary Society,May 19)
Birdwood, George C.M. (1884) *Industrial art of India*, London: Chapman and Hall.
Chatterjee, Ramananda (1907) 'Ravi Varma' *Modern Review* January (in Sharma R.C. and Rupika

Chawla, ed. (1993) *Raja Ravi Varma: New Perspectives*, New Delhi: National Museum p.145).

Cole, H. H. (1874) Science and Art Department of the Committee of Couceil on Education, *South Kensington Museum. Catalogue of the Objects of Indian Art Exhibited in the South Kensingon Museum*, London: Chapman & Hall.

Coomaraswamy, A. K.. (1907) 'The Present State of Indian Art' *Modern Review* August.

DAG (2003) *Poetry and Patriotic Fervor: Indian Art Pre-Independence*, New Delhi: Delhi Art Gallery.

Devis, Richard H.,Vasudha Narayan, Martk Baron (2012) *Gods in Print: Masterpieces of India's Mythological Art: a Century of Sacred Art* (1870-1970), CA: Mandala Publishing.

Guha-Thakurta,Tapati (1992) *The making of a new "Indian" art : artists, aesthetics, and nationalism in Bengal, c. 1850-1920,* New York : Cambridge University Press.

Jain, Jyotindra, and National Gallery of Modern Art (New Delhi, India) (2013) *Bombay/Mumbai: Visual Histories of a City*, Centre for Indian Visual Culture, Kolkata: Ajeepay Press.

Mann, Richard D. (2014) *Material Culture and the Study of Hinduism and Buddhism*, Religion Compass, DOI: 10.1111/rec3.12116.

Mitter, Partha (1994) *Art and Nationalism in colonial India 1850-1922,* Cambridge: Cambridge University Press.

Monier-Williams, Monier, Sir. (1885) *Religious Thought and Life in India: An Account of the Religions of the Indian Peoples, Based on a Life's Study of Their Literature and on Personal Investigations in Their Own Country,* London: J. Murray.

Moor, Edward (1864 (1810)) *The Hindu pantheon*, Madras: J. Higginbotham.

Sister Nivedita (1907) 'The Function of Art in Shaping Nationality' *Modern Review* February.

Neumayer, Erwin and Christine Schelberger (2005) *Raja Ravi Varma, portrait of an artist: the diary of C. Raja Raja Varma*, New Delhi: Oxford University Press.

Pinney, Cristopher, and Thomas, N. (2001) *Beyond Aesthetics: Art and the Technologies of Enchantment*, Oxford: Oxford International Publishers Ltd.

Pinney, Cristopher (2002) 'A Secret of their own country': Or, how Indian nationalism made itself irrefutable, *Indian sociology* (n.s) 36, 1&2: 113-150.

Pinney, Cristopher (2004) *Photos of the Gods' The Printed Image and Political Struggle in India,* London: Reaktion.

Sinha, Gayatri (2003) *Poetry and Patriotic Fervour,* New Delhi: Delhi Art Gallery.

第5章

ネパールにおける
カーストの読み替え
—— 肉売りを担う人々の日常と名乗りのポリティクス

中川加奈子

1　はじめに

　2008年、ネパールはヒンドゥー教を国教とする王国から世俗主義の連邦民主共和国に移行した。これまで、王制や国教としてのヒンドゥー教に下支えされてきたネパールのカースト制度は、おおきな転機を迎えている。新しい国家体制でのより良い位置取りを求めて、個々の民族やカーストはそれぞれの自治や権利拡大を盛んに主張している。

　国家体制の変動と同時に、グローバル市場経済の波が押し寄せている。特に首都カトマンズにおいては市場経済の浸透により、オフィスワークなど従来のカーストに基づく役割とは異なった仕事に就く人々が増えている。

　本稿では、王制廃止やグローバル市場経済への包摂といった大きな社会変化の過渡期にあるネパールで、従来は社会的に相対的に排除され周辺におかれてきた人びとは日常生活においてそれまでのカーストをいかに新たに捉え返しているのか、その動向を観察し検討する。ここでは、「ダリットではなく先住民である」ことを主張し、2008年に国が定めたダリット・リストから離脱するに至った、カーストに関するアイデンティティ・ポリティクスを盛んに展開している「カドギ」たちに焦点をあてる。カドギは首都カトマンズを故地とする先住民ネワールの一つのカーストである。「国定カースト序列」である1854年のムルキアインで上位カーストと水の授受ができない「不浄」カーストに位置づけられ、それに伴う排除と差別に苦しめられてき

た。しかしながら、グローバル市場経済への包摂を追い風としてカースト役割である屠畜や肉売りで経済力をつけてきている。つまり、カドギの人びとはカーストに基づく役割を生業としつつも、カースト序列に規定されない先住民であることを訴えており、カーストという枠は残したままでカーストに従来とは異なった解釈を加えているといえるだろう。

　以下、本稿では、王制廃止から連邦共和制へと大きく舵をきる 2008 年前後に、カドギたちが「先住民性」をめぐっていかなるアイデンティティ・ポリティクスを実践し、いかに先住民性と整合性をもたせながらカーストを読み替えてきたのかを、明らかにしていきたい。

2　先行研究の検討

2-1　ネパールにおけるアイデンティティ・ポリティクス

　社会体制への包摂や政治的分配を有利に持ち込むことを目的とした伝統や歴史の再想像・再創造は、アイデンティティ・ポリティクスの一環として捉えることができる。アイデンティティ・ポリティクスについて米山リサは、「従来の制度的過程や主流の歴史的表象から排除され、周縁化されてきた人々が、集合的に共通する要因として特定の文化的・社会的・歴史的差異を掲げ、これに自己同定することによって集団としての社会的代表権を求める社会運動」（米山 1998：47）としている。

　1950 年代より大規模な民主化運動が繰り返されているネパールにおいても、少数民族や抑圧されたグループの人びとによるアイデンティティ・ポリティクスが見られるようになった。なかでも、1990 年の民主化運動は、儀礼や社会慣行などの差異をもとに、エスニック・アイデンティティを創造する動きを加速化させている（Macfarlane 1997：185-204）。この時期の社会運動はアイデンティティの再定義など、民族範疇を同じくする人々による漠然とした一体感を求める運動という傾向をもっている。

　マオイストによる闘争が開始された 1990 年代後半以降、国際的なネットワークや、自由や人権などのグローバルに流通する概念とローカルに展開される運動の絡み合いについての研究（Fujikura 2007）や、エスニック・アイデンティティを起点とした社会運動を捉える研究（Gellner eds 2009；Hangen 2010）

が見られるようになった。この時期以降、ネパールの社会運動は、自身が属する範疇を拠り所とし、グローバルに流通する権利や正義という概念を流用するなど、これまでの漠然としたものから明確な目的をもって編成された運動へという傾向が強くなったといえるだろう。

　ゲルナーは1990年代初頭から2008年までの十数年という短い時間で生じている変化として、人々による「政党ベースの投票からカースト・アイデンティティでの投票への移行」を指摘している。そしてこの移行は、2008年の制憲議会選挙における60％の比例代表制の導入と多くの「コミューナル」な政党の出現により、より「劇的で極端なもの」となっているとする（Gellner 2009：15）。それぞれの集団が政治的資源の分配をめぐって互いに差異を強調するようになり、カースト間関係や民族間関係が競合関係となる場面が増えつつある。また、政治的資源の分配を少しでも有利に運ぶために、個々の民族やカーストの活動家が、自身が帰属する民族やカーストの歴史や伝統を主張したり、再解釈したりすることも多くなった。やや先取りすると、カドギたちも、歴史や伝承をもとにして、自らを先住民ネワールの一員であり、ダリットではないと主張するに至っている[1]。

　個々の属性をめぐる表象が活発化する現状においてゲルナーは、「これまで、ふつうの人々の日常を研究してきた人類学者は、民族活動家の主張とその活動家によって代表される人々の感覚や理解との間にあるズレ（lack of fit）を記録する義務がある」という見解を述べる（Gellner 1997：22-23）。民主化を背景に、自身の伝統や文化を資源として客体化し、政治・文化的分配を求めようとする活動家たちは確かに存在している。本稿で検討するカドギの事例においても、カースト団体ネパール・カドギ・セワ・サミティ（NKSS）が主にこの活動家としての役割を有している。しかしながら、こうした活動に批判する立場をとる人々や、そもそも声をあげないという選択をする人々もいる。一部の声の大きな活動家の主張だけを拾ってカースト表象であるとみなすならば、それはゲルナーの言う「人々の日常」がもつリアリティを捨象し、時には表面的な活動家が代表する理解に人々の感覚や理解を一元化させて捉えてしまうような事態を招きかねないといえる。

2-2　日常生活と人々による読み替え

　では、ゲルナーが指摘する民族活動家によって代表される「人々の感覚や理解」と、「民族活動家に表象される理解」との間にあるズレは、人々にとってどのようなものとして経験されているのだろうか。そして、このズレをめぐる動態は、どのように捉えることができるのだろうか。

　アイデンティティ・ポリティクスにおいては、個のアイデンティティは全体的カテゴリーとの直接的・無媒介的関係によって定まりがちである。それに伴う問題として、小田亮は「アイデンティティ・ポリティクスにおいては、人々は、あたかも種的同一性を介してしか、自己を肯定することができないと考えられている。種的同一性によらない自己の肯定の仕方を想像しない限り、アイデンティティ・ポリティクスによる以外の抵抗の在り方も見えてこない」（小田 1997：811）としている。その上で、「誰もが一貫したアイデンティティの形成などなしに、自己を肯定的に形づくる」生活の場に、アイデンティティ・ポリティクスの陥穽から抜け出す契機を見つけ出そうとした（小田 1997）。具体的に、小田は「統合的な全体との結びつきなしに、断片を断片のままつなぐ関係性のあり方」（小田 2004）に注目している[2]。

　筆者は調査する中で、種的同一性を介した「括り」に拠らない、人々による比喩の方法を目の当たりにした経験が頻繁にある。肉屋店頭の調査の際、筆者に対してカドギであるオーナーは、カドギを「彼は私たちの兄弟だ」と説明したうえで、カドギ以外の人々を「彼はシェレスタ、シャキャ、ムスリム、チベタン、中国人」などと、ネワールのカーストと通常民族、外国人等と括られる範疇を並列して答えていた。彼らは、例えば、ハラール認証をした肉を売るべき相手か否か、常連であるか否か等、肉の小売りに関連させながら、客を認識し分類していたのである。この説明にみられるように、日常的な生活のなかでは、人々の間ではつねに政府が定めるような集団の分類の仕方（括り）が内面化されているわけではない。

　他方で、カドギはカーストを単位として生計を営み、かつ同カーストで集住する傾向を持つものが多い。このことは、カースト枠組みにしたがってそうなったというよりも、むしろ意識的な実践である。というのは、カーストはカドギにとって、今日の政治的な動向を受けて何らかの枠組みに包摂され資源の分配を要求するためにも、生計を営むためにも、必要な枠である。活

動家に当たるカドギのカースト団体 NKSS の会長マノージュ氏は、筆者に次のように語っている。

　　カーストをなくすのは簡単だ。違うカーストと合同結婚式をしたらいい。これを繰り返すと、10 年でカーストはなくなるよ。だけど、我々には実際のところカーストが必要なんだ。だから、名前を良くしていかなければならない。そのために我々は活動しているんだ。

NKSS はカドギ・カーストの由来や文化について、カースト内外に広く発信する役割を担っている。この語りから、カーストという枠は目下のところ必要であり、そのためにカーストからもたらされるイメージをよくしていかなければいけない、という NKSS が代表している見解が読み取れる。

　では、ふつうの人々の日常における感覚や理解は、ここで NKSS の会長が代表して述べているような「カースト」や「名前」にどのように交錯していくのだろうか[3]。本稿ではカドギを対象として、日常的な関係性から想像されているカースト・イメージが、活動家による表象を受けて一見、一枚岩であるかのように実体化していくプロセスと、その逆の一枚岩的に表象されたカースト・イメージが日常の中で再び多様性に開かれていくプロセスについて検討していく。そうすることで、カドギたちは新国家体制への包摂に向けてどのようにアイデンティティ・ポリティクスを実践しているか、またそのプロセスにおいては、日常における多様な感覚や理解と活動家による実践がどのように交差・接続しているのかを、「先住民性」をめぐる解釈を中心に明らかにしていきたい。

　まず、第 3 節において、活動家によるカースト表象の動向を検討する。そのなかで、先住民性が歴史文書や伝承をもとにどのように解釈されているのかに注目する。つづいて、第 4 節において、日常のなかでいかにカーストが解釈され、読み替えがおこっているのかを検討する。最後に第 5 節において、人々による多様な解釈がいかにナショナルな言説と結びつき実体化しているのかを明らかにしたい。

3　活動家によるカースト表象

　2006年の「民主化」以降、個々のカーストの伝統や文化に関する出版物が多く発行されるようになった。ここでは、活動家によるカースト表象として、ネワールの民族団体ネワデダブが出版した「ネワーサマージュ」と、NKSSの支援のもとカドギの長老が作成した「ニャアジマ」の伝承に関するパンフレットを検討していきたい。

3-1　ネワデダブ出版「ネワーサマージュ」におけるカドギの歴史

　2008年、ネワールの民族団体であるネワデダブは、ネワールのすべてのカーストのあらまし、文化、歴史、慣習について、それぞれのカーストの代表が自分のカーストを担当する形で記述した本、「ネワーサマージュ（newā samāj)」を出版した。以下、カドギの箇所を担当したNKSSのマノージュ会長による記述の一部の邦訳（原文：ネワール語）である。なお、意味が通りにくいところは筆者により補足している。

　　多くの歴史家が言うには、ナヤ nāyaḥ、カドギ khaḍgī はインドのチェトリ、スルヤバシ（太陽神の息子）やカシャパの子孫である。ダニエル・ライトの文献には、ネパール暦9年（西暦889年）スラウン月7日土曜日、カルナタックのナヤルプラデシュからナーニャデヴァ Nānyadeva 王がネパールに入ってきて、新しい暦を作ったとある。その時、ナーニャデヴァはナヤル nāyar（ナヤ nāya）と一緒に来たといわれている。ナーニャデヴァ王が入ってきた時、パタンやカトマンズの王をしておられたジャヤ・デーヴァ・マッラ王と、バクタプールの王をしておられたアーナンダ・マッラ王は、ティラフッタ（バラ郡）の方に怖がって行った。ここから考えられることは、ナーニャデヴァ王はナヤ族の一員であるということだ。そして、インドのナヤル州における状況と照らし合わせてみると、ナヤたちが王宮で主導的役割を果たしていたことを推測することができるだろう。

　　その後、インドのカルナタカの王様ソメスォルの軍参謀長であり、ナーニャデヴァ王の子孫であるハラシンハ・デーヴァ王が、シマロイ

第 5 章　ネパールにおけるカーストの読み替え

ナガル国のバダサハ・ガヤシディナ・トゥガルカン（ムスリム）の襲撃を受けるという出来事があった。このとき、一度は迎撃をしたが、ムスリムの力の前に降伏するよりも、逃げるほうがよいという判断に至り、王の家族と一緒に軍のナヤルタ nāyarta（ナヤ nāyaḥ）、そして他のジャーティの人々（アチャジュ、ジョシ、バダル、バイデ、ブラム、ドビ）と一緒にネパールの方に向かって逃げた。その際、ジャングルで泊まることになったものの、食べるものが何もなかった。ハラシンハ・デーヴァは、その場所にいる人とともに何も食べないで泊まることになり、イストデヴィ（守護神）であるトゥラジャバワニ（タレジュ女神）にお祈りをした。すると、女神は王に、翌朝、王の家族5名の中から1人が、水牛の生贄をするよう指示を出した。

　翌朝、ジャングルで一匹の恐れを知らない水牛に出会った。恐れを知らない水牛を連れてくるのは簡単な仕事ではないが、勇気のある軍のナヤルタが捕まえ、トゥラジャ女神の為にバリ bali（血の供犠）を与えるために王の前に連れてきた。しかし、バリを与える仕事を誰かが担わなければならない。そこで、王様の末息子が水牛を殺し、この役を引き受けることに決まった。その末息子は、水牛にカドガ（刀）を使って殺し、（女神に）バリを与えた。その後、彼が水牛を殺したあとのプラサーダ（神様からのお下がり）を仲間に分けて与えた。王様と一緒になって逃げている仲間たちは、大きな力を得た。このようにして、王様の刀でもって、バリを与える仕事をする人として、末息子はカドギという立場を与えられた。そのような来歴をもつ人々の子孫も、カドギに含まれる必要があるということを、ここで要請する。

　ナヤについて、ネパールに入ったナヤルが「ル」をなくしナヤになったという見解をもつ歴史家がいる。一方、ネパールの祭り、儀礼について目を向けると、ナヤルよりも前にナヤたちがネパールにいたということを証明できる説もある。

　歴史の多くの出来事や多くの本に、ナヤジャーティの存在は、ナヤルよりも前に証明できるという説がある。カトマンズのダサインの時に実施される、キラーティ時代のファルピンの王様パチャリバイラヴァの祭りである。その祭りの日、（カトマンズの）下部エリアに住んでいる人た

ちがパチャリのバリプジャにお供えしたあとのご馳走を食べる必要がある。そのお祭りにおいては、伝承によると、パチャリ神の妾、ナィアジマが外にでてこない限り、どの儀礼も始めることができない。

　NKSS によると、カドギ・カーストとされる人々は、ナヤ nāyaḥ、ナェ nāy、カドギ khaḍgī、シャヒ śāhī 等を苗字とする人々である。「ネワーサマージュ」の記述では、ダニエル・ライトが王統譜バサ・バンサバリの一部を英訳した History of Nepal を引用しながら、ナーニャデヴァ王という歴史上の人物を取り上げる。そして、ナーニャデヴァ王や、王と一緒にカトマンズに来たナヤルたちが、カドギ・カーストのルーツの一つであるとし、彼らは「ル」をとって後にナヤとなったとする「歴史家たちの見解」を引用している。さらに、ナヤルたちは王宮では指導的な立場をとっていたのではないかという推測を立てている。

　また、13 世紀後半にカトマンズ盆地に来たハラシンハ・デーヴァ王の末息子が水牛を屠殺し、それにちなんでこの息子はカドギという立場を与えられていることから、ハラシンハ・デーヴァ王の子孫たちもカドギ・カーストのルーツとして捉える必要があると訴えかける。

　さらに、この二つの伝承よりも古くに遡ることができるものとして、パチャリバイラヴァにおけるナィアジマ伝承が挙げられている。ナィとはナェの女性形であり、カドギ・カーストの女性を示す。ナィアジマ伝承については次節で詳述するが、パチャリバイラヴァやナィアジマの主要な儀礼はダサインの時期に実施されており、この儀礼はキラーティ王朝から辿ることができるとする。このナィアジマ伝承をもとに、カドギが、ナーニャデヴァ王やハラシンハ・デーヴァ王よりも前からカトマンズ盆地に住んでいたことを訴えているのだ。

　「ネワーサマージュ」のカドギの項を執筆したマノージュ会長は、筆者との会話中に、次のように語っている。

　　「カドギたちは、5000 年前からカトマンズに住んでいる牛飼いだった。でも、ジャヤスティティ・マッラが、今から 600-500 年ほど前に、カドギたちに屠殺の仕事をさせるようになった。きっと、カドギの力を恐れ

第5章 ネパールにおけるカーストの読み替え

て、政治的に仕組んだことだとおもう。ジャヤスティティ・マッラの妻も、カドギである。当時は女性も政治的な力を持っていた。女性やカドギなど、力を持っている人々が前に出てこないようにするために、カドギに屠殺の仕事をさせるようになった。

　カドギが職業として屠殺や肉売りをするようになったのは、200-300年前になってからのことで、そんなに長い歴史があるわけではない。その間、血がついた服を着ていたり、殺生への抵抗感を持たれたりしたことから、差別が固定されてきた。そういう中から、袖の着いた服を着てはいけない、瓦のある家にすんではいけないなどのルールが作られて、制度化されていったのだとおもう」

　マノージュ会長は、バサ・バンサバリを英訳したダニエル・ライトの出版物等を通して、カドギはカーストが制度化される前からカトマンズにいたことを主張する。そして、14世紀におけるジャヤスティティ・マッラ王によるカーストの制度化により、カドギは家畜の屠殺を役割とされたが、それは「政治的に仕組まれたもの」であるとみなしている。さらに、屠殺や肉売りをカドギがするようになったのはより最近のことであり、衛生観念や殺生への抵抗感から、差別が固定化されてきたという考えを示す。

　このように、マノージュ会長は、ナーニャデヴァ王やハラシンハ・デーヴァ王、及び「5000年前からカトマンズに住む」先住民にルーツをもつ、それぞれ異なった起源をもつ人々によって構成されるカドギが、のちに「政治的に創られた」カースト制度によって「低カースト」と見なされ、差別を受けるようになったという見方を主張している。そして、この見解は後に本稿で示すように、出版物やNKSSのプログラム等を通じて、カドギたちや、ネワールたち、その他の先住民たちに向けて広く発信されている。

3-2　パチャリバイラヴァとナィアジマ伝承

　前節において言及されていたナィアジマ伝承について、NKSSが出資し、カドギの長老であるケダール氏がパンフレットとDVDを製作した。このパンフレットとDVDは、ネワデダブやNKSS各支部に配布されている。以下、このパンフレットにおいて、ナィアジマ伝承についてどのように説明されて

115

いるのか、見ていきたい。

　　　日刊サンデヤタイムスから出版された私の論考から、皆様に一度目を通していただきたく、われわれのジャートの祖先であるニィアジマを紹介させていただきます。

　以下、パンフレット本文である。

ニィアジマとパチャリアジュ
　今よりも800年の前、カトマンズの国の下町の、ウォンデーというトゥワに、ルクマニという名前のとても美しいニィが一人おられました。そのとき、仕事として牛、水牛、豚を川のそばで飼う習慣があり、ルクマニは豚を放牧する仕事をしておられました。ある日の夕刻、家畜に食べ物を食べさせるといって、前の日よりも食べ物を食べさせる仕事が少し遅くなりました。急いで壺とモミの束を手にもって、家畜に食べさせた後、家に戻っている時に、今まで一度も見たことがない、美しい1人の若い男の人が自分の前に現れました。その日は、何も話をしませんでした。ルクマニの目には夜中その男の姿が何度も何度も見えてきました。それはよい男で、顔を見ることを期待して、ルクマニは次の日少し前に（家畜に）食べ物を持っていき

パチャリバイラヴァ寺院にて。右上がニィアジマの像

ましたが、男には会えませんでした。それから、その男に会うことを期待していると、家畜に食事を与えにいく際に、会えるようになりました。その日から、ルクマニは必要・不必要に関係なく、家畜に食べ物を食べさせ、その男に会いました。

　1日2日と経ち、2カ月3カ月後、ルクマニは気づいたら妊娠をしていました。ルクマニのお腹が大きくなったのをみて、トゥワの人々は噂話をしました。家の人たちは、ルクマニに、お腹を大きくした男は誰かと問い、ルクマニは知らないと答えました。ある日、ルクマニの兄弟が、ルクマニが行く道に隠れて付いていきました。しかし、その日は男には会えませんでした。驚いたことにその男は、ルクマニが一人で行った場合は会えるのですが、誰かが隠れて付いていったときは会えないのです。その男は、夕方と夜以外、朝には会えません。ルクマニは自分に起きていることに不安になりましたが、男は心配要らないとだけ答えました。

　お腹にいる子どもが、今生まれるか明日生まれるかという時期になったある日、ルクマニは自分がどうなっても、たとえそれによって死が訪れようとも、その男の名前と住んでいる場所を聞こうと心に決めました。男はルクマニを見てすぐに、今日あなたは心に多くの話を抱えているようにみえます、と言いました。ルクマニは、私のお腹にいる子どもがもう今日か明日に生まれようとしています、あなたはいつでも心配要らないとだけ言います、だけど私は今日、あなたの名前と住んでいる場所を聞かないという約束に背こうと思います、と言いました。男は、あなたは私の名前と住んでいる場所を知った後、私にどうしようというのですかと聞きました。ルクマニは私のすべての人生と若さを、あなたにあげました、ほかにあなたに何をあげるのですかと聞きました。そして、本当に、あなたと運命を共にするというときには、私はあなたに心臓にお供えしますと約束をしました。そうすると、男は、あなたは本当に私を知る気持ちがあるなら、米を2粒手にとってください、私を知ってから手にもっている米で私に供養をしてくださいと言うと、自分の本当の姿である、長い牙と、顔にかかる長い髪をもつ、恐ろしい姿を見せました。それを見て、ルクマニは手にもっているお米で供養をすること忘れました。自分のお腹にいる子どもが生まれ落ちても気づかないまま、自分の家に向かって逃げました。男は自分にお米で供養をするように言いながら、逃げるルクマニの後からついていきました。ルクマニは自分の家の部屋に着くと同時に意識がなくなりました。意識がなくなった娘の世話をしている家族は、ルクマニのお腹に赤ちゃんが居ないことに気づきました。子どもをどこに落としてきたんだといって、ルクマニが来た道を、子どもを探しに行きました。ルクマニからのお米粒の供養を待っていた男は、自分の時間が終わったと言って、戻っていきました。

　ルクマニに意識が戻りました。ルクマニは父と母に、男との間に起きたすべての

ことを話しました。子どもを探しにいった兄と弟たちが、彼女が言った場所から子どもを連れてルクマニの膝に置き、自分の部屋に寝に行きました。翌日の朝方、母親がルクマニの部屋に見に行くと、部屋に娘がいません。どこに行ったのかと家の人々が、ルクマニを探しにいきました。探していると、ルクマニの太腿が少し見えました。ルクマニは、死んだ人が使う竹の棒に、自分の右手をかざし、男と一緒に石（神様）になっていました。その場所は、現在、アジュが住んでいるパチャリです。ルクマニが神様になった話を、トゥワの人々は知りました。話が広まり、それを見に行くことも始まりました。

（中略）パチャリアジュに豚の心臓を置く意味は、ルクマニがその男に人生を捧げる約束として、心臓を置いて捧げると言ったことが基になっています。今、ルクマニの心臓を捧げることはできませんが、飼っている豚を、神様の場所において、脇からニードルをさして殺す習慣があります。そして、その豚の心臓を、バイラヴァにお供えします。そのときには、残っている肉を細い部位に分けてターメリック以外のマサラを入れず茹でたものをマチャリと呼び、これを子どもたちに食べさせる習慣があります。マチャリを食べさせる習慣は、カトマンズのほかの地域にもあります。（中略）タ－グティという有名なグティでは、マーグ月の満月の日、パチャリアジュに豚の心臓をおいて供養をして、グティのメンバーに食べさせる習慣が今でも実施されています。

このパンフレットでは、800年前、つまり、ナーニャデヴァ王やハラシンハ・デーヴァ王が来るよりも前に住んでいたとされるルクマニと、パチャリバイラヴァとの悲恋についての伝承が記されている。また、パチャリバイラヴァを地域の主神とする、ヒューマット・トゥワ[4]のリネージ神の儀礼において、豚の心臓をバイラヴァにお供えするようになった由来として、ルクマニがバイラヴァに人生を捧げるといったという伝承を挙げている。

さらに、ルクマニは実在の人物であり、ヒューマット付近に住む先住民であり、実際にファルピンのキラーティ王との間の身分違い恋愛という実際の出来事から生まれた伝承であるという解釈が後に示すように歴史家たちにより示され、これがカドギの先住民性の根拠の一つとされている。

このパンフレットを書いた長老は、2012年頃より、カドギからナェへと、名乗りを変えるようになった。そしてこの長老は、次に示すように、カドギが5000年前から盆地に住んでいる先住民であると主張するようになった。

わたしたちのジャートが上にいくために、歴史を書く必要がある。先日、とある大学の学長が、間違った歴史を書いている人がいると教えてくれた。それには、ナヤは、ハリシンデブァと一緒にネパールに来たと書いてあった。自分は、これは違うと言おうと思っている。ジャヤスティティ・マッラ王が、人々にニュースを知らせる必要があって、カドギたちを、太鼓をたたくカースト、肉売りのカーストだと決めた。

だけど、私たちは、ゴーパーラ王朝が8世代続いたあと、マヒシャパーラの時代に3世代王朝を築いていた。たぶん、ゴーパーラ王朝とマヒシャパーラ王朝は、兄弟かなにかだったと思う。これが5000年前（ママ）。その後、800年前に、パチャリバイラヴァができた。そんな前からの歴史をもっている。

ナェ nāy と書くのが、マヒシャパーラのカドギたちの綴りだ。これは、5000年以上前からここに住んでいる人々の綴り。ナヤ nāyaḥ と書くのは、500年前にきた人々のほう。自分は、500年前という説にずっと異を唱えていた。儀礼に豚を使うなど、我々にはかなり昔からの歴史があることを補強する証拠があるのに。

自分の夢に、神様が3回でてきた。1回は、自分が、ガネーシャはどこで生まれたのか分からなかったときだ。誰も知らないと言っていた。すると、夢に出てきた。声だけで、生まれた場所を教えてくれたんだ。そして、「ケダール、なんで、黙っているんだ？」といった。そのあと、いつもそのことを思い出すんだ。

ケダール氏は、学者、ネワールの活動家たちに、長老として、カドギの歴史を伝える役割を担っている。その中で、ケダール氏は、カドギは5000年前からカトマンズに住んでいる人々であると主張している。豚の供犠をすることを根拠として、先住民性を強調している。そして、自身も名乗りを変えながら、カドギの歴史を伝える役割を担っている。そのことについて、ケダールさん自身は、夢に神様が出てきて人々に伝えるようにというお告げを受けていることを、その根拠としている。

4 カドギによるカースト・イメージの再解釈

　3節では、出版物や政治リーダーとの接触を通して、熱心にカースト表象を行っている活動家としてのマノージュ会長、ケダール氏の記述や語りについて検討してきた。では、日常生活の中でカドギたちは、カドギのカースト・イメージを、実際にどのように解釈しているのだろうか。本節において、4-1、4-2ではダリットとして救済されることに対置する形で語られる「対等な互助関係や平等な仏教徒」という解釈、そして、4-3では従来宗教上では前例がなかった儀礼を新たにすることになった際に発揮された「同じ現象の表と裏」という解釈の方法について、見ていきたい。

4-1　対等な互助関係

　NKSSの初代代表バブラムさんと、地域の長老であるハリさんは、筆者に対し、NKSSがなぜ活動を始めたのかについて次のように語った。

　　バブラムさん：NKSSが出来た1973年頃には、海外が支援する形でNGOの設立が盛んだった。これらのNGOはダリットの人権保護を訴えるものが多かった。でもカドギはダリットじゃない。誰かに助けてもらわなくても生きていける人々である。そう思って、自分たちで組織をつくった。NKSSの活動は、まず、自分のトゥワで始めた。その後、トゥワをめぐり理解を求めた。自分が思うに、カドギがダリットだという考えは、カーストではなく他の観点からきた。水の問題はあるけど、カドギは不可触民ではない。

　　ハリさん：そうだ。ネワールには、お布施で食べている人達がいる。髪を切るジャート・爪を切るジャートは、いろんなところに来て仕事をするだろう。でもお金はあげない。食料をあげる必要はあるけど。そういうのではない。カドギは、もともとはミルクを売る仕事をしていた。朝、肉を切って、そのままの手でミルクを売りにいく。町をうろうろする。そうすると、商品のミルクに血がつくだろう。ああ、汚い、そう思われてしまう。そうすることで、汚い人、怖い人だと思われてきた。で

第5章 ネパールにおけるカーストの読み替え

も、もともとカドギは屠殺の仕事はしてないんだ。シーカルヤという言葉を知っているか？　屠殺は、シーカルヤという。シーはネワール語、カルヤはネパール語。屠殺は、ネワール以外のジャートも、インド人たちもシーカルヤと呼んでいる。このように、あとからきたネパール語とまざって屠殺という言葉ができた。屠殺という言葉は、もともとネワール語にはないんだ。それが証拠だ。

　バブラムさんは、NKSS 設立の背景として、ダリットへの人権保護や救済の観点での NGO 設立ブームに対してカドギたちが抱いた違和感を挙げている。救済されるのではなく、自助組織として自分の出身トールなど自分の身内から声をかけ、対等な関係を拡げつつ NKSS を拡大していった。

　また、カドギがダリットではないという点について、ハリさんは二つの根拠を示している。まずは、金銭以外のものをサービスへの報酬として受けるかどうかであり、床屋や爪切り等は、上位カーストにサービスを提供することで食べ物等の支給をうけているが、カドギは受け取っていないことを指摘している。次に、屠殺という言葉の語源につき、ネワール語とネパール語とが混じった言葉であり、このことはもともと「屠殺」という習慣がネワール社会の中になかったことの証拠であるという。

4-2　平等な仏教徒

　互助組織として機能している NKSS とは別に、2001 年、カドギの貧困層自立支援に焦点を当てた団体であるナヤサマーズが結成された。ナヤサマーズ幹部イシュワルさんは、この団体が NGO とどう違うのかを、次のように語る。

> NGO は、我々をダリットとして支援している。でも、自分たちはダリットじゃないんだ。ダリットは、そもそもヒンドゥー教の考えだろう。インドにハリジャンってあるだろう？　ビシュヌの子供っていう意味。そういうインドからきた考えだから。僕たちは仏教徒だし、みんな平等だと思っている。だから、ダリットじゃないんだ。ダリットはインドから来たんだし、ネワールのカーストにはないんだ。なんていったけ、

Secularism、それだよ。自分たちも、それをしているんだ。

NGO の活動とナヤサマーズの活動の違いについて、ダリットとして支援しているかそうでないかを根拠に説明している。そもそも、「ダリット」とは、ヒンドゥー教に基づいた定義であり、自分たちは仏教徒なので、平等思想に準じていると語る。イシュワルさんは、「Secularism」の部分だけ英語で説明してくれた。イシュワルさんは、英語教育をうけ、海外のニュースに触れて、そこで得た知識から自分たちがしていることを再解釈し、その活動を組み立てているといえるだろう。

4-3　同じ現象の表と裏

カドギの人生儀礼は、特定の仏教司祭だけが執り行うことができる。しかしながら、この司祭は、カトマンズ盆地中心部のラリトプル市に住む一家族だけである。カトマンズ盆地には 12.5 万人のカドギが住んでいると推計されており、これだけの人数の人生儀礼を一家族だけで担うことには困難があった。

ラトナ・ラルさん（50 代男性）は、ラリトプル市から 8km の距離にあるブンガマティ村に住むカドギである。彼は、ネワールの最上位カーストであるバジュラチャリアから、ヴァジュラヤーナ仏教のプジャ（礼拝儀礼）を学び、カドギの人生儀礼において司祭を務めるようになった。ラトナ氏は次のように話す。

　　習い始めたのは、2003 年頃のストライキがきっかけだった。その日は、父親の供養の日だった。でも、この日ゼネストになってしまった。当時のゼネストは今よりも厳しくて、自転車に乗ってもタイヤの空気を抜かれたりする。私たちは司祭に、どうか村まで歩いてプジャをしに来てくださいと頼んだ。昔は、彼らは歩いてきてくれていた。だけど、再三頼んでも、彼らは来ないと言い張った。

　　供養が始まってしまったら、食事をしてはいけない。子どもたちもみんなも空腹を訴え始めた。気分が悪くなる人もでてきた。それでどうしようもなくなって、モティグルジュと呼ばれる、ブンガマティ村のバ

ジュラチャリアの家に駆けこんだ。モティグルジュは、カドギに対して今までプジャをしたことはない。してはいけないことになっている。だけど、彼はその日、プジャをしてくれた。その日はそうやって収まったが、今後、こういうことがまた起こるかもしれない。だから、私たちはグルジュに頼んだんだ。私たちにプジャを教えてくださいって。そこから、この試みは始まった。

コカナ、ルブ、キルティプル、パンガ、テチョー、チョバールなどの村々を中心に同じような思いを持っている人が集まった。プジャを習ったのは、2005年の8月から、1カ月程度だった。村々に呼びかけたところ、ルブ、トカ、ブンガマティなどから人々が集まった。教え方としては、グルジュが前に座ってする所作を、後ろに並んで座った私たちがする、という方法であった。私は、モティグルジュのアシスタントとして動いた。最初は24人が学んだ。修了まで至ったのは、7人だけである。

何かするとき、たとえば、私が以前仕事にしていた大工の仕事をするとして、そのときには家を壊すこと、家を造ること、そのどちらも必要である。カドガヤーナ、これは壊す方の力、「サイバダルマ」である。一方で、ヴァジュラヤーナ、これはつくるほうの力、「ブッダダルマ」である。カドガヤーナはバリを与える（血の供犠）の必要がある神様であり、血の供犠をカドガ（刀）でしている。とはいえ、ヴァジュラヤーナでも、たとえば黒豆を水牛に見立てる、シャーバジをヤギに見立てるなどし、プジャでは供犠をしている。マチェンドラナートの神様はそもそも、ラクチェス（鬼）の息子である。それのプジャをバジュラチャリアがしている。だから、これは、一つのことをどちらからみるか、ということで同じことなんだ。

（ラトナ・ラルさんと筆者は向き合って話をしている）

あなたの側からは私と妻の二人の写真が見えている、そして私の側からは二人の神様の絵が見えている。向き合っているので、見えているのは逆だけど、ここにいるということには変わりがない。そういうことなんだと思うよ。

スラッダがいったん始まると、終わるまで断食をしなければいけない。な

んとかプジャをしてもらうために、ラトナ・ラルさんの家族は、これまで儀礼上の決まりにおいては、カドギのプジャをしたことがないバジュラチャリアに頼み込んでプジャをしてもらう。さらに、同じことが今後も続くかもしれない、と自分たちでプジャを習うことにした。同様の悩みを抱えていたカドギたちを村々から集めて講習会を実施し、7名が修了に至った。

ラトナ・ラルさん自身は、自分の信仰をヒンドゥー教としている。しかしながら、ラトナ・ラルさんは、カドギたちがカドガで血の供儀をするカドガヤーナと、仏教司祭とされるバジュラチャリアたちのヴァジュラヤーナは、「同じ現象の表と裏」なので、同じことであり、そこに矛盾はないと解釈している。

4節で検討した、カドギたちによるカースト・イメージの再解釈は、いずれも、何かを対置させながら、自分たちの位置取りを再確認している。バブラムさんは、NGOに対置させる形で、自分たちで対等な互助関係としてのNKSSを拡大させていった。ハリさんは、サービスの報酬として金銭以外のものを受け取るかどうかで自分たちの立場を解釈し直していた。そして、ラトナ・ラルさんは、バジュラチャリアが黒豆を水牛に見立てているように、ヴアジュラーヤナとカドガヤーナは同じ現象の表と裏であるから、カドギでヒンドゥー教を信仰する自分がバジュラチャリアのプジャをすることに矛盾はないとしている。

ここで挙げたような、相互関係からの自分の位置づけの再解釈は、アイデンティティ・ポリティクスにおける類——種論理による括りには収斂されることはなく、文脈や場面に依存しながら日々、更新され続けているといえるだろう。

5　括り直されるカースト

最後に、ここでは、NKSSによって、カドギ・カーストがどのように語られているのかについて紹介したい。つまり、4節で検討したような、文脈・場面依存的な再解釈が、再び、ナショナルな言説と結びつきつつ一枚岩的なカーストへと実体化される、カーストの括り直しのプロセスについて考察する。

第5章　ネパールにおけるカーストの読み替え

　以下、NKSS による対内活動と、NKSS がネワデダブやネワールの他カースト団体を招いて実施したナヤディワスでのスピーチを中心に検討していきたい。

5-1　NKSS による対内活動──「リーダー」としてのカドギ

　2009 年 3 月、NKSS のパナウティ支部開所式が開催された。この集会は、地域の映画ホールで開催され、地元のカドギ 150 名が集結した。女性子ども大臣（当時）、国家計画委員会幹部、NKSS 幹部等がゲストとしてスピーチを行った。コングレス党、人民戦線ネパール、マオイスト、ネパーラストラ党等、各政党からの祝電も届いた。

【NKSS パナウティ支部の長老のスピーチ】

　パナウティにおいては、パンチャーヤット[5]時代、我々は大変な苦しみを強いられた。役人は、我々が野菜を作るために耕していた土地を勝手に押収した。また、学校に我々が入ることを拒絶した。それに対して我々は別の学校を自分たちで作った。カドギたちは、ダリットとはされておらず、自分たちで自分たちの発展を考える必要がある。他方で、民主主義の声が、未だパナウティにまでは届いていないことを批判しなければいけない。コミュニティの人々が立ち上がること、われわれが一つの形になることが大切である。

【NKSS 会長のスピーチ】

　これまで、カドギで大臣になった人はいない。また、カドギの国会議員もいない。市民権があれば得られるはずの権利を得られていないカドギたちがいる。今こそ、国中で動いて、カドギたちの権利を訴える必要がある。先日、NKSS の総会を実施した。ネパール全国の多くの場所から多くの人々が訪れた。我々は、自分たちの兄さん姉さんが、どこで何をしているのかを知る必要がある。皆で協力して、カドギたちの権利を訴える必要がある。また、ナヤは、リーディングをしていく必要がある。ナヤという名前はリーダーという意味をもつ。どのまつりにでも、一番前にいなければならないのは、ナヤである。門の前で国を護衛していたのはナヤである。ナヤが後ろになってしまったのはなぜか？ それは、当時の支配者が政治的にそうしてしまった

からだ。ナヤは後ろに居る必要はない。前にでて、ネワールの運動を、国を、引っ張っていく必要がある。

「ナヤ」という名前は「リーダー」を意味しており、カドギは国に侵略者が来たときも、祭りのときにも、最前線に立って先導する存在であり、カドギがいなければ動かない行事もたくさんあると訴えかける。この場面においてNKSSの代表は、歴史的言説を辿って、カドギを「リーダー」として括り直し、議席の配分や民族表象をめぐる競争に参入しようとしているといえるだろう。

5-2　盆地外への「伝道」

　2010年8月、NKSSのボジュプール支部からの要請をうけて、本部メンバーがボジュプールに赴いて、2日間の啓発プログラムを実施した。NKSS本部から代表と、ビラトナガル支部、ダラン支部からのメンバー、そして筆者が参加した。

　ボジュプールにはカドギ約40世帯が住んでいる。豚を飼っている世帯が数世帯あるが、あとは小作をしている。しかしながら、ボジュプールに住んでいるネワールの他カーストやバウンたちから、カドギは「カサイ」と呼ばれ水場に来るなと言われている。差別されている状況を何とか打開したくて、支部からNKSS本部に相談が寄せられたという。

　NKSS会長であるマノージュ氏は、プログラムにおいてネワール語で書かれた出版物ネワーサマージュを見せながら、ネワール語がわかるカドギがいないため、3節で示したようなカドギの歴史についてネパール語にて口頭で伝えた。翌日、村のカドギが集められて、たとえば水場で嫌がらせをされるなどの「困っていること」について報告を聞く会が設けられた。会長は、カリキュラムをここで開催して、カドギの歴史や誤解を解くようにすると約束した。その5カ月後、NKSSとネワデダブがこの地を再訪し、カドギ以外の地域の政治家や活動家も招待しカドギの歴史を説明すると共に、ネワールにはダリットはいないと主張した。

　この例でみられるように、カースト団体NKSSを介して、中央での括りがそのまま地方に伝道されている。こうして、NKSSを介して国中に分散

第5章　ネパールにおけるカーストの読み替え

しているカドギたちに、「国中一体となったカドギ」としてのアイデンティティ形成が促されているといえるだろう。

5-3　ナヤディワスにおける括り直し

　NKSS は 2008 年より、チャイト月[6]に開催されるさまざまな女神の祭りであるパハーチャレの時期を、「ナヤディワス（ナヤの日）」としてカドギのプレゼンスをアピールするプログラムを実施している。ナヤディワスのパンフレットには、開催目的について、次のように記されている。

　　　NKSS は、毎年、さまざまなプログラムによって、カドギ・コミュニティの歴史的アイデンティティを強化するため、そしてネワール社会の卓抜した部門としてのカドギ・コミュニティ、社会における先住民族の存在の認識のために、"ナヤディワス"祭を、宣言する。

　以下、2012 年 3 月の第 4 回ナヤディワスの描写をもとに、ここでカドギというカーストをめぐって、どのような括り直しが実施されているのかを検討してみたい。

　ナヤディワスは、カトマンズの王宮広場にあるバサンタプールにおいて実施された。壇上には NKSS 代表、ネワデダブ、ネワール活動家、市役所職員、コングレス党員、ネパールラストラ党員、ネパールバサモンカカラ、ネワールの個々のカースト団体（ジャプサマージュ、カパリ・サマージュ、デオラサマージュ、シェショーサマージュ）などの代表が座る。NKSS から、22 支部からの参加が見られた。聴衆は約 300 人程度であった。

　まず、ネパール国歌が流れ、その後、ネワー・ラストラ・ギート（ネワール民族歌）が流れる。NKSS 創立者の追悼のため黙想をする。続いて創立時メンバーが登壇し、医者になったカドギ、ラトナ・ラルさん（子供たちにナェキバジャを教えたことと「ナェグルジュ」としての功績への表彰）、ナェキバジャを習った子どもたち、それぞれの支部の代表、SLC[7]で 80 ％以上のスコアをとった学生、献血ボランティアに賞状を渡す。以下、檀上から発せられたスピーチやメッセージの概要である。

【冒頭アナウンス】
　今日はパハーチャレで、友達が集まる日である。アジマ（母神）たちがトゥディケルで会う。これらの祭りには、いつもナェキバジャが必要である。ナヤたちがいつも必要であるこの日に、ナヤディワスを開催している。

【NKSS 会長によるスピーチ】
　ネワールとは、一つの国として理解される。政治的な過程で、カドギが不当に扱われることもあった。カドギを、ダリットとする動きさえもあった。カドギのなかで成功する人が増えてきた。NKSS では、SLC に合格した人、医者になった人々を対象に、この人々を讃えるべく、表彰プログラムをする予定である。

【地元政治家のスピーチ】
　ネワールの中には、カパリ、カサイと呼ばれる「低カースト」たちがいる。だけど、ネワールの中にはダリットはない。私たちは、アディバシ（先住民）運動をしている。カドギは、カパリ、クスレなど[8]と同じように、先住民としてやっていく。ネワールの中にダリットはないんだ。ダリットは政治的に後から作られた。私たちには、ネワール自治州が必要である。ジャーティは250年前からの話である。カトマンズにバウン（ブラーマン）、チェットリ（クシャトリア）たちが来てからの話である。ネワール語を話す人たちは、すべて先住民なんだ。

【ナレンドラ・ジョシ議員のスピーチ】
　民主化運動はカドギがよくサポートしてくれた。わたしたちも、よくカドギの人たちに食べさせてもらってきた。ダリットだと名乗ると議席が手に入るから、みんなダリットになろうとしている。でも、私にはカドギの友達もいて、家にも行っている。ネワールの中にはダリットはないんだ。
　ダリットという言葉をなくす必要がある。だけど、スビダ（優遇措置）のため、10 年だけ、先住民という枠組みが必要になる。人には大きい、小さいもない。私の息子の友達は、さまざまなジャーティと一緒に過ごしている。
　さまざまな仕事をするとき、まつりのときに、いつも前で白い服を着た

人々が太鼓をたたいている。カドギたちである。カドギ、ナヤは、後ろにいるというイメージはない（拍手が起こる）。カドギたちは、いつも前にくる。良い仕事、よい話をする、そういう人に、よいものが来るようにしていこう（拍手が起こる）。

【ケャブマン・シャキャ博士氏のスピーチ（ネパーラストラ党員）】
　私たちは、先住民である。ネワールの文化慣習を、もちろんカドギの人々もしている。さらに、カドギは、ネワールの中でももっとも古い社会である。カドギは、ハラシンハ・デーヴァ王の末の息子よりも前からカトマンズ盆地にいる。
　パチャリバイラヴァに、ニァジマがいる。これは、ファルピンのキラーティ王の時代に、王がヒューマット・トゥワ付近を訪れた際、トライブである実際の女性との恋愛の実話にもとづいた伝承だと思う。この女性は、ニィ・サマージュにいた。つまり、カドギたちは、キラーティ王の息子の末裔なんだ。だから、ハラシンハ・デーヴァ王の末子の子孫よりも前からいるんだ
　呼び方としては、ナヤではなく、ニャー nhya:。ネワール語で前を意味する、「ニャー」として呼ぶのがよい。ネワージャーティの中でも最も前からの存在なのだ。
　「水牛をつぶす」のは、ジャヤスティティ・マッラ王のときに、ヒンドゥーの司祭が考えたものだ。また、ジャンガ・バハドゥール・ラナのとき、ネワールを下のジャートだとした。私たちネワールには、上下はない。ダリットもない。ダリットはヒンドゥーが作ったものだから。ネワールは、一つのジャナジャーティ（固有民族）である。

　ナヤディワスを通して、NKSS はカドギの SLC 合格者、医師免許取得者を表彰し、カドギたちに成功を鼓舞している。また、外部に向けては、カドギの成功者がいることを広く知らしめ、その社会におけるプレゼンスを高めようとしている
　また、開会に際しては、ネパール国歌のあと、続けてネワール民族歌が流されている。ここでは、カドギ以外の政治家、ネワール活動家によるスピー

チが中心であり、その内容も、「アディバシ」(先住民) としてのネワールとは何なのかが中心である。そのなかでは、例えば、「ネワールは一つの国である」、「ネワールにダリットはない」、「ダリットは 250 年前に政治的に作られた」などの言説が繰り返し語られている。また、一部の政治家からは、10 年間は先住民としてのスビダを得て、その後は、経済状況など、生まれではなく状況からのスビダを得るように呼びかけられている。

「先住民としてのカドギ」の具体的な解釈は、ケシャブ・マン・シャキャ氏のスピーチのなかで明確に示されている。つまり、ニャジマの伝承をもとに、ネワール語で「前」を示す「ニャー」の表現を、カドギの苗字である「ナェ」にかけ合わせながら、「カドギは、もっとも前からカトマンズに住んでいる先住民」だとしているのである。

このように、活動家による表象、再解釈が、ナヤディワスなどの民族表象の場で発信されることで実体化していく。ナヤディワスは、ネワール民族のなかの類・種関係としてのカドギ・カーストが括り直される場面であるといえるのではないだろうか。一方で、その際には、提喩的ではない比喩の表現が、括りのための資源として読み替えられて用いられていることが指摘できる。例えば、「儀礼で先頭を行進する」リーダーの換喩としての「ナヤ」、「もっとも古くから住んでいる」人々の隠喩としての「ナェ」などがこれに当たるといえるだろう。

6　まとめ

本稿では、王制廃止から連邦共和制へと大きく国家体制が変動するなかで、人びとはいかにアイデンティティ・ポリティクスを実践し、そのなかでカーストがいかに読み替えられるか、カドギを例として検討してきた。その際、日常における多様な感覚や理解と活動家による実践がどのように交差・接続しているのかを、「先住民性」をめぐる解釈を中心に分析した。

2008 年以降、カドギの活動家たちは、カーストの文化や歴史を積極的に表象している。こうした歴史や伝承の中から、「ナヤ」(リーダー)、「ナェ」(前) など、いくつかの言説を選び取り、活動家たちはアイデンティティ・ポリティクスの際の資源として読み替えて利用しているということを指摘す

ることができる。こうして、統合的な全体との結びつきなしに、断片を断片のままつなぐ関係性のあり方、一貫しない断片的な解釈が、カースト・アイデンティティ・ポリティクスの「括り」の相に接続していくのである。

　では、このような、二層的なカースト表象は、国家体制の変動にどのように結び付く可能性があるのだろうか。例えば、「カドギはダリットではない」という言説について、3節で示したように、先住民としてのネワールにはカースト・ヒエラルキーはなかったというアイデンティティ・ポリティクス上の解釈がある。しかし、4節で示したように、カドギは「ダリットではない」という言説をたどって、ダリットのための「外からの」救済措置に対抗して、「内側からの（カースト内の連携に基づいて）」対等な互助関係としてNKSSを作っている。また、ダリットはヒンドゥー教の考えに基づくものである。カドギはダリットではないという論理は、カドギは仏教徒であり、仏教徒として平等思想に基づいた組織活動を展開する動きにも表れている。つまり、一義的な「類―種」論理では収斂されない多様な解釈が可能になっているといえるだろう。また、カドギがバジュラチャリアからプジャを学ぶことにも前例はなかったが、「黒豆が水牛に見立てられるように、カドガヤーニもヴァジュラヤーニも、同じ現象の表と裏」であるという解釈によって矛盾なくこれが可能になっている。何かに対置することで想起される断片的な関係性は、文脈、場面、状況依存的であるが、これが現実世界を組み替える可能性も持っている。この二層的なカースト表象によって、アイデンティティ・ポリティクスに一元化されない、断片的な読み替えが可能になっているといえるだろう。

　以上のように、本稿は活動家によるカースト表象と実践、および日常における人びとの多様な理解と解釈の双方に眼を配りつつ、カドギ・カーストの先住民性をめぐる表象が、一見、ネパール全体のアイデンティティ・ポリティクスの展開と呼応して一枚岩的に実体化していくように見えつつも、例えばネワール内部での交渉や仏教徒としての再定位といった多様な解釈と運動に再び読み替えられていく様子を明らかにしたものであった。

〈付記〉
　本稿は、2014年に関西学院大学社会学研究科に提出した博士学位論文『ネパールにお

ける食肉市場の形成と「カースト」の再創造をめぐる民族誌的研究』の第 8 章を、大幅に修正・加筆したものである。

[注]
1 他方で、同様にネワールの「低カースト」に位置づけられてきた清掃をカーストに基づく役割とするデウラ、チャムカラは、ダリット・リストに留まるという戦略をとっている（Maharjan 2012）。デウラおよびチャムカラとカドギの関係性や、互いの選択をめぐる解釈については、稿を改めたい。
2 小田の示した「断片を断片のままつなぐ関係性のあり方」を、見定めていくための視点の置き所として、鈴木晋介は、人々による方法としての比喩の思考に注目している（鈴木 2013）。具体的に鈴木は、人びとのまとまりを形作る換喩的隣接性・隠喩的類似性という関係性の具体的な諸事項を「つながり」とし、出自がそれぞれ異なる人々によって形成されたエステート・タミルの人々が、タミルという提喩的な括りから逃れながら、「我々エステート・タミル」という「つながり」を形成している様相を描いている。
3 本稿の分析視角に近い研究として、杉本星子はインドにおいて人々がナショナルな言説を流用しつついかにカーストを実践（do caste）しているのかを検討している（杉本 2006）。
4 ネワール社会では、カーストを同じくする父兄親族同士で集住地を形成することが多く、これらの集住地をトゥワと呼ぶ。
5 「五人組」と呼ばれる古い地方自治制度に基づく統治システムであり、ネパールにおいては国王への権力集中、政党禁止、間接選挙などを軸としている。
6 ネパールの公用暦であるビクラム暦上の区分であり、西暦では 3 月から 4 月にかけての時期がこれにあたる。
7 高校卒業能力認定試験を指す。
8 いずれのカーストも、1854 年のムルキアインにおいて水の授受ができない「不浄」カーストに位置づけられている。

[文献]
石井溥（1980a）『ネワール村落の社会構造とその変化——カースト社会の変容』アジア・アフリカ言語文化叢書〈14〉。
石井溥（1980b）「ジャジマニ制における交換原理の比較研究——ネパールのカースト社会の調査から」『アジア・アフリカ言語文化研究所通信』38、44 頁。
中川加奈子（2016）『ネパールでカーストを生きぬく』世界思想社。
小田亮（1997）「ポストモダン人類学の対価——ブリコルールの戦術と生活の場の人類学」

『国立民族学博物館研究報告』21-8、807-875頁。
小田亮（2004）「共同体という概念の脱／再構築」『文化人類学』69-2、234-246頁。
杉本星子（2006）『女神の村の民族誌』風響社。
鈴木晋介（2013）『つながりのジャーティヤ——スリランカの民族とカースト』法蔵館。
米山リサ（1998）「文化という罪——『多文化主義』の問題点と人類学的知」青木保編『岩波講座　文化人類学第13巻文化という課題』岩波書店。
Fujikura,T. (2007) "The Bonded Agricultural Labourers: Freedom Movement in Western Nepal", in Ishii, H., Gellner, D. N. and Nawa, K. ed., *Political and Social Transformation in North India and Nepal*, New Delhi; Manohar Publishers & Distributors.
Gellner, David N. (1997) "Ethnicity and Nationalism in the World's Only Hindu State", in Gellner, D. N., Pfaff-Czarnecka, J., and Whelpton, J. ed., *Nathonalism and Ethnicity in a Hindu Kingdom: The Politics of Culture in Comptemporary Nepal*, Amsterdam; Harwood Academic Publishers.
Gellner, David N. (2009) "Introduction: How Civil are 'Communal' and Ethno-nationalist Movements?", in Gellner D. N. ed., *Ethnic Activism and Civil Society in South Asia*, New Delhi; SAGE Publications.
Hangen, S. (eds) (2010) *The Rise of Ethnic Politics in Nepal: Democracy in the Margins*. New Delhi; Routledge contemporary South Asia series 25.
Höfer, András. (1979) *The Caste Hierarchy and the State in Nepal: A Study of the Muluki Ain of 1854*. Innsbruck: Universitätsverlag Wagner.
Macfalane, A. (1997) "Identity and Change among the Gurungs (Tamu-mai) of Central Nepal", in Gellner, D. N., Pfaff-Czarnecka, J., and Whelpton, J. (ed.), *Nathonalism and Ethnicity in a Hindu Kingdom: The Politics of Culture in Comptemporary Nepal*, Amsterdam; Harwood Academic Publishers.
Maharjan, M.R. (2012) "Identity Crisis: A Case Study of Newar Dalits", *Contributions to Nepalese Studies,* vol.39, pp.113-143.
Newa Dedabu (ed.) (2009) *Newa Samaj*. Newa Dedabu.（ネワール語）

第6章

ネオリベラリズムと路傍の仏堂
──スリランカの民衆宗教実践にみるつながりの表現

鈴木晋介

1 はじめに

　スリランカの道を車で走れば、路傍に点在する小さな仏堂が次々と目に飛び込んでくる。島の二大幹線道路コロンボ―キャンディロード（全長116km）とコロンボ―ゴールロード（全長117km）をとれば、前者には62棟、後者には99棟、平均的な速度で走ってほぼ2、3分に一度は目にする勘定だ。村のちょっとした小道でも目にするから、全島でいったいどれ程あるのか見当もつかない。無数の仏堂が彩る風景は観光客にも印象的らしく、「さすがは仏教徒の国」といった感慨を仏堂画像とともにネット上にみることもしばしばである[1]。

　しかしこの風景、じつは古くからのものではない。路傍の仏堂の多くは1990年代後半頃より建造され始め、2000年代以降、爆発的に増殖を遂げているのである。仏堂を数えるという、それ自体馬鹿々々しいような調査を行った理由もここにある。なぜこれほどの仏堂が、この時期に、しかも路傍に建造されているのか。

　本稿は仏堂増殖の背景を探っていくものである。二つの異なる文脈が引き寄せられてくるだろう。ひとつには、近代以降のスリランカ上座部仏教における思想・実践的な変遷、とりわけポスト・プロテスタント仏教における「仏教再呪術化」の文脈である。いまひとつは、1990年代以降のネオリベラリズム・グローバリズムの急速な浸透に起因する、生活の場の断片化という

文脈である。仏堂は両文脈の交点にその姿形を顕してくる。以下、路傍の仏堂をめぐる概況を押さえたあと、それぞれの文脈のなかで順を追って考察を行う。その先に浮かび上がるのは、ネオリベラリズム・グローバリズムの抗し難い奔流（それは生活の場のつながりを奪い、相互排他的な個へと人々の生を縮減しようとする）の真っ只中において、「より良き現世」を希求する人々の素朴な実践的介入（つながりの再挿入）として、そして、その祈りの宛先として屹立する仏堂の姿である。

2　増殖する路傍の仏堂

2-1　路傍の仏堂の急増

本稿で路傍の仏堂と呼ぶ建造物をシンハラ語で Budu madura（直訳すれば「仏陀の宮」）という。ただしこの語は寺院や公共施設（学校や病院など）に建造されているものも含め、仏堂全般を意味しており[2]、ここで対象にする路傍のそれを指す特別な語は存在しない。よって本稿ではこのまま「路傍の仏堂」（文脈でわかる際は単に「仏堂」）と記すことにする。

路傍の仏堂には種々のバリエーションがあるが、一般には高さ2～3ｍ程度の屋根付きの小堂で、台座の上に座像の仏陀が目線の位置よりやや高くなるように据えられている。台座の前面および左右はガラス張りであることが多い。こうした仏堂が、人々が日常行き来する道端に、あるいは三叉路に続々と建てられている。

図1　路傍の仏堂（キャンディ市）

第 6 章　ネオリベラリズムと路傍の仏堂

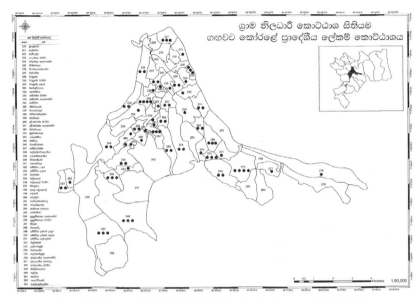

図 2　調査地における路傍の仏堂の分布（●の数がワサマ内の仏堂数を表す）

　調査地を例に路傍の仏堂の増加傾向を示そう。調査地は、中心都市コロンボに次ぐ主要地方都市、標高 500 m ほどの中央高地に位置するキャンディ市とその近郊部[3]である。人口は約 17 万人で、宗教別人口比率は仏教徒 75.5 %、以下、ヒンドゥー 9.4 %、ムスリム 11.4 %、キリスト教徒 3.1 %、その他 0.6 % である[4]。総面積の 76.6 km² は東京都世田谷区の 1.5 倍弱といったところで、全体が「ワサマ」(vasama) と呼ばれる 64 の行政区画に区分されている。ワサマは担当役人の割り振り上の区画といったものであり、住民が愛着とともに「わたしたちの村」(ape gama) と呼ぶ対象は「ガマ」(gama) と呼ばれる自然村である。調査地には全部で 281 のガマがあり、各ワサマに三〜五つ程度のガマが包含されている（以下、本稿で「村」と記す場合はこのガマを指す）。

　調査地のワサマ 64 区画をオート三輪でしらみ潰しに走り回ってまとめたのが、図 2 の路傍の仏堂の分布概図である。

　調査地全体で路傍の仏堂の数は 84 棟に上る（2013 年 11 月時点）。これら仏堂の増加の推移を 5 年ごとにおおまかに示せば図 3 の通りとなる。

137

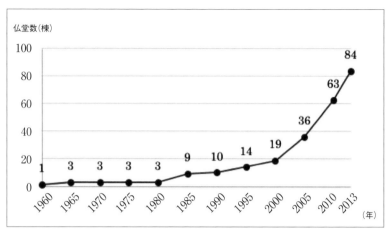

図3　調査地における路傍の仏堂数の推移

　一瞥して路傍の仏堂数の急増がわかる。冒頭にふれた観光客と異なり、長期にスリランカ研究に関与している者にとってこれは風景の明らかな変容として直感されるほどだ[5]。手始めにこれら84棟を選り分け、近年の仏堂建造ブームの波とでもいうべきものを浮かび上がらせておこう。

2-2　仏像の空間的シフト——路傍展開の二つの波

　路傍の仏堂に関する調査報告は管見の限りなされていない。しかしガナナート・オベイセーカラ（Gananath Obeyesekere）の「仏像の空間的シフト」に関する報告（Obeyesekere 1972）は、本稿で扱う対象を明瞭にしてくれる。オベイセーカラによれば、仏像はそもそも寺院境内にのみ安置されたものであった。それが1940年代頃[6]から在家信徒の家屋に祀られるようになり、ついで1950年代以降コロンボを中心に市場等の公共の場に大規模な仏堂建造が始まったという（Obeyesekere 1972：63, 65）。オベイセーカラの分析は次節に取り上げるが、この報告に見る通り、1950年代頃に仏堂の路傍展開のいわば第1波が始まっている。

　調査地84棟のうち、最も古いペラデニヤ駅前の仏堂（1950年代建造）やキャンディ中央市場の大きな仏堂（1980年代建造）などは、この第1波に属するものである。これらに加え、古い仏堂のなかには路傍に自生する菩提樹に

併設されたものがある。樹木が成長するにつれ、いつの間にか白布を巻く装飾が始まり、根元に仏像を置く者が出てくる。これを野ざらしにできないと樹木の周りにセメントの低い囲いを施し、囲いの内部に仏像を安置するのである。

これら古いパターンに属する仏堂を除外すると、残りは66棟となる。この新規建造ブームを第2波と呼んでおこう。図1で例示したような新規の仏堂のうち、筆者が確認できた最も古いものは1998年建造だった。第2波は、1990年代後半あたりから始まっている。

2-3　路傍の仏堂に関する基本的事項

建造ブーム第2波に関する基本的な事項をかいつまんでまとめておきたい。まず仏堂建造の担い手である。仏堂は、個人出資によるものやオート三輪運転手仲間による共同出資といったものもみられるが、全体の約7割は近隣住人たちの共同出資によるものである。村の誰かが仏堂建造を提案し出資仲間を募る、あるいは各村の互助組織「サミティー」(*samiti*)が中心となって建造にとりかかる。とくにサミティーが中心となる場合、参加者が排他的に仏教徒のみになることはなく、同じ村のヒンドゥー教徒やムスリムなど[7]も出資を行うのが普通である。

仏堂の設置場所は、村人のよく行き来する道沿いや三叉路が選ばれる。設置にふさわしい場所に暮らす住人が自身の敷地の一部を提供することが多い。建造作業には大工が雇われ、村の者はちょっとした作業を手伝ったり、セメント用の砂利を寄付したりする。仏堂が完成すると、最寄りの寺院から僧侶が招かれオープンセレモニーが催される。

これ以降、仏堂の管理は住人たちの手でなされる。仏堂の清掃に加え、近辺の住人らが当番を決めて、朝・昼・夕と三度の仏陀供養[8]（*Buddha puja*）を毎日執り行うようになる。道行く人々も足を止めて軽く礼拝して過ぎていくようになり、仏堂はまるで昔からそこにあったかのように、人々の日常に溶け込んでいく。

仏堂のある風景は、実際「まるで昔から……」という印象を与えるものであるし、近年急増を続けていることを知らなければ、筆者も別段注意を払わなかったと思う。だがそれ以前の風景を知る者としては否が応でも目につい

てしまう。なぜ、この時期に、しかも路傍に、が問題であろう。

　この点、当事者たる住人たちに問うても、じつは明瞭な答えは返ってこない。建造目的を問うたうち、唯一明瞭な回答として挙げられたのは、「故人の追悼のため」(14件) というものだった。一例を示せば、ある仏堂はドバイに出稼ぎしていた男性が病を患って亡くなったため、遺族が貯まっていた男性の仕送り金を投じて2010年に建造した。こうした仏堂は、たいてい台座部に故人の生没年や「追悼のため建造」といったメッセージの記された小さなプレートが埋め込まれている。だがその他のほとんどの仏堂は、プレートもなく建造年も記されていない。住人たちに「なぜ」と聞いても、「仏堂を作ることは良いことだから」、「功徳だから」、「近くにあれば礼拝に便利だから」といった程度の答えしか返ってこない。

　住人の語りからは「なぜこの時期に、そして路傍に？」は説明できない。しかし、路傍の仏堂の建造ブーム第2波を何かの「あらわれ」と仮定してみるとき、そこには、路傍の仏堂が埋め込まれた、おそらく人々自身必ずしも明瞭に言語化していない二つの文脈のようなものが寄り集まってくる。第一に、近代以降のスリランカ上座部仏教における思想と実践の史的変遷の文脈、第二に、1990年代以降のネオリベラリズム・グローバリズムの浸透に起因する、生活の場の急速な変容という文脈である。路傍の仏堂は、この二つの文脈の交点にその姿形をあらわしてくる。

3　「仏教の再呪術化」と仏像の呪力——第一の文脈

3-1　仏教の再呪術化

　近代以降のスリランカ上座部仏教の思想と実践を巡っては、これまで多くの議論が重ねられてきている (cf. Gombrich and Obeyesekere 1988；Bond 1988；Spencer 1990；杉本 2003；De Silva 2006)。路傍の仏堂を考える上で重要な文脈を供するのは、オベイセーカラらが論ずるポスト・プロテスタント仏教への、あるいは杉本良男の論ずる「仏教の再呪術化」への展開である。

　イギリス植民地支配期の19世紀後半以降、スリランカではシンハラ仏教徒ナショナリズムと結びついた仏教復興運動が展開した。オベイセーカラらは、この時期再生する新たな仏教に「プロテスタント仏教」(Protestant

Buddhism）という精妙な術語を与えている。それがプロテスタント的な世俗内禁欲主義に彩られていること、そして宗主国イギリスに対するプロテストの意味合いを有していることを加味してのものである（Gombrich and Obeyesekere 1988：7）。

　プロテスタント仏教は、コロンボの都市エリート層を主たる担い手とし、伝統的な出家主義に対する在家主体の確立（Obeyesekere and Gombrich 1988：225-237）、ならびに呪術的要素を「迷信」として排斥して仏陀一仏のみを信仰対象とする「仏教の浄化」（ないし「仏教一元化」）という強いベクトルを有していた（杉本 1990：301-306）。このベクトルの向きは、スリランカ上座部仏教研究で常々指摘されてきたある種の二重構造（cf. 前田 1986）のなかで把握しておくことができる。一方に、出家から涅槃を志向する教義仏教があり、他方に現世利益を希求する在家の民衆仏教があるという二分法において、後者が内包していた呪術的要素がいわば不純物として排斥されていったということだ。そして、ここで希求された純粋な仏教こそ、支配者イギリスに対する対抗的民族アイデンティティ形成の核として動員されたものであり、その民族的主体形成がいわば「良き仏教徒」としての在家主体の確立と不可分に進行したのが、シンハラ仏教徒ナショナリズム興隆のプロセスだったといえる。独立後のスリランカにおいて、それがひとつのクライマックスを迎えたのが 1956 年である。この年、仏陀入滅 2500 年祭の祝賀ムードのなか行われた総選挙において、シンハラ・オンリー政策を掲げた S. W. R. D. バンダーラナーヤカがシンハラ仏教徒ナショナリズムを追い風に圧勝を果たした。路傍の仏堂ブーム第 1 波はこの時期に発している。それはすぐ後に言及しよう。

　プロテスタント仏教は、しかし、オベイセーカラらが「ポスト・プロテスタント仏教」と呼ぶところの新たな事象を生み出していった。その典型が、菩提樹供養（bodhi puja）である。菩提樹に祈れば現世利益がもたらされるという信仰と実践が、1970 年代以降、都市部で大流行するという現象が生じてきたのである。ポスト・プロテスタント仏教とは、一言でいえば、プロテスタント仏教的要素とプロテスタント仏教により排斥されたはずの呪術的要素のリバイバルとの混淆的状況である。ただし、杉本はこれを単なる呪術的要素のリバイバルではないと指摘している。それは「神祇・鬼霊信仰に傾斜する呪術への回帰ではなく、むしろ仏陀一仏信仰を基調にした、仏教的要

素そのものの呪術的運用」（杉本 1990：311）であり、「あくまでも仏教の浄化、一元化を前提条件」とした「仏教の再呪術化」の動きと捉えられるのである（杉本 2003：668）。

3-2　仏堂の路傍展開「第1波」とのズレと連続性

　2節にふれた1950年代の路傍の仏堂ブーム第1波は、オベイセーカラと杉本によってそれぞれ幾分ウェイトの置き方の異なる形で論及されている。シンハラ仏教徒ナショナリズムの興隆という政治的文脈のなかで論じるのはオベイセーカラである。オベイセーカラによれば、路傍に姿をみせた仏像は、第一にシンハラ仏教徒ナショナリズムのパブリック・シンボルとして動員されたものであり、第二に仏教の政治化の反映であり、第三に植民地支配期を通じて抑圧された仏教徒の自尊心の回復が企図されていた、という（三点目に関してオベイセーカラは心理学的観点から、建立される仏像の巨大さに言及している（Obeyesekere 1972：64-65））。同じ事例を杉本は、「仏教の再呪術化」の文脈に明確に引き付けて捉えている。杉本が着目するのはコロンボ―ゴールロード沿いの大仏が、しばしば三叉路の角に据えられている点である。もともと三叉路は霊的な場所であり、祓魔儀礼でも供物の投棄などがなされる。杉本は、この場所を「仏陀が占めること」の意義を指摘するのである（杉本 2003：678）。

　第1波をめぐる両者の議論を、本稿の第2波の事例と重ね合わせるとき、ズレと連続性を伴ったひとつの線が浮かび上がってくる。ズレの方は、第2波をシンハラ仏教徒ナショナリズムのディスプレイと短絡するわけにはどうもいかないということである。第2波の仏堂は、仏教徒以外も関与しながら、生活の場に建造され生きられている（このニュアンスは次節で示すが、象徴的な言い方をすれば、第2波の仏堂は悉く「小さく」、「仏教徒であること」を誇らしげに語るプレートの類もない）。他方、連続性は杉本の論ずる仏陀一仏信仰を基調とする仏教再呪術化の文脈の方にある。第2波の仏堂建造数がうなぎ上りとなっていく2004年、スリランカを甚大な災害が見舞っている。「インド洋大津波」である。路傍の仏堂の増殖は、一面でこの災害と深く関わっている。

3-3 インド洋大津波と仏像の呪力

2004年12月26日、スマトラ島沖で発生した大規模地震に起因する巨大な津波はスリランカ沿岸部に壊滅的な被害をもたらした。死者・行方不明者合わせて約4万人にのぼる未曾有の大災害だった。この悲劇の中、メディア報道をきっかけにひとつの奇跡譚が人口に膾炙することになった。被災地域の寺院や仏像に一切被害が出なかったという奇跡譚である[9]（cf. にしゃんた 2006；Simpson and De Alwis 2008；高桑 2008, 2012）。筆者の調査によれば、この奇跡譚と平行して南海岸部においては、「三叉路に幽霊が出現した」という話が数多く出回っている。南海岸部での調査において、ある寺院の僧侶が路傍の仏堂との関連を明確に説明してくれた。それによれば、当地の路傍の仏堂建造は、幽霊騒ぎに怯えた人々が、災厄をもたらすものに対する防護のために三叉路に仏堂を建て始めたのだという[10]。海岸部における奇跡譚の流布や同地域における路傍の仏堂建造には、杉本のいう仏教の再呪術化（ここでは仏陀（その形象としての仏像）の有する呪力に関する信仰の浸透）が如実に表れているとみることができる。

同様の仏像の呪力に関する信仰が、海辺から100 km以上離れた中央高地の調査地に建造された路傍の仏堂にも垣間見えている。そしてこれが、仏堂建造が路傍に展開する理由を部分的に説明する。先の杉本の指摘に引いたように、また海岸部の幽霊譚にみる通り、三叉路（thunman handiya）は霊的な場所であり、そこは悪鬼（yakku）や幽霊の類（holman）と遭遇する場所として意味づけられてきた。かつては人気のない孤独な（tani, paarui）三叉路に夜ひとりで行ってはいけない、「黒犬」（kalu balla、何らかの邪悪な者の化身）に脅かされるぞ、などと語られたという。悪霊払いの儀礼トゥィル（tovil）において、彼らを祓うための供物が投げ捨てられるのも三叉路である。

調査地においても、ある仏堂建造（2010年建造）を主導したサミティーのリーダーの女性が、建造の経緯に関するインタヴューのなかでこんな風に語っている。「仏堂を建てる前は、そこは本当に寂しい場所でした。トゥィルで供物を投げ捨てる場所もそこでした。村の人たちはよく黒犬をみかけたものです。でも仏堂を建てたあと、すべて治まりました。人の心のなかにあった怖れがなくなったんです」。

彼女の語りのなかでは、「仏像の呪力」、「場所の意味」、「仏堂建造」が直

接結びつき、わかりやすいひとつのストーリーを形づくっている。仏像の呪力については、別の仏堂（2011年建造）の次のような事例もある。仏堂の塗装の手伝いのため土足で台座に上がっていた若者が地面に飛び降りた途端、脛の辺りに長さ10 cmほどの裂傷を負い鮮血が噴出した。鋭利な刃物で切ったような傷にもかかわらず、原因が全くわからなかった、というものだ。これも何らかの呪力を前提とした奇跡譚として筆者に語られたものだ。

　簡単にまとめよう。津波をめぐる奇跡譚の流布は、ポスト・プロテスタント仏教以降の再呪術化傾向の延長上に現象したものであると同時に、この傾向を再帰的に賦活する効果を及ぼしたとみてまず間違いはない。路傍の仏堂の増殖は、こと南海岸部に関していえば、直接的に仏教再呪術化の文脈上に展開したとみることができる。また、海岸部の奇跡譚は全島的に知られた話であるから、調査地における路傍の仏堂の増殖にも大きな影響を及ぼしたとみてよい。仏堂の増殖は、仏教の再呪術化の文脈のなかにまず捉えておくことができるのである。

　とはいえ、この第一の文脈が調査地における仏堂建造第2波をすべて説明しきるものでないことは明白である。理由を並べよう。調査地では、第一に、建造ブーム第2波は大津波発生以前から既に始まっている。第二に、災害から約10年経過したにもかかわらず、内陸部の中央高地で仏堂建造はなお続いている。第三に、すべての路傍の仏堂が三叉路に建造されるわけではない。関連して第四に、三叉路の霊性に関する今日の人々の感受性もさほど高いわけではない。先の語りの女性は、筆者にとっても整合的に感じられる一つのストーリーを示してくれた。とはいえ、このことと、今日の人々にとって、「三叉路が怖い」かどうかは別のことだ。近年、悪霊払いのトゥイルはほとんど催されなくなっており、三叉路で「黒犬」に遭遇したといった話題が日常会話で出る場面など、筆者は一度も経験したことがない。

　そして第五に、仏像の呪力をめぐる問題がある。この五点目は、本稿末尾の議論に関わるものである。プロテスタント仏教が排斥を企図し、ポスト・プロテスタント仏教以降の仏教再呪術化で前景に顕れてきた「呪術的要素」というものは、その実、「現世利益」の希求と不可分である。菩提樹供養でいえば、具体的には病治しや学業成就がその中身であり、こうした希求自体、ひとつひとつ人々の生活と不可分なものだ。この点で、仏像の呪力はじ

つに曖昧な領域を形成しているようにみえるのである。というのも、今日一般に仏教徒が現世利益を祈願するのはヒンドゥー神に対してであり、カタラガマ神（ムルガン）などは商売繁盛からある種反社会的な願いに至るまですべて引き受けるため、20世紀後半以降絶大な人気を獲得している。対照的に、人々は仏陀（その形象としての仏像）に対して現世利益を願うということをまるでしない。何らかの邪悪なものからの防護が現世利益かどうかは今おくとしても、先述の海岸部の事例のような呪物としての使用といった特定的な用いられ方はむしろ例外的である。すなわち仏教の再呪術化は、菩提樹や護呪経典ピリットといった派生的な要素において十全に具現してきたといえるが、観念的な意味でもその具現形態においても、「仏陀本体＝仏像」を担ぎ出すまでに至っていない。

　筆者の指摘したい仏像の呪力の問題とは次のことである。人々の実践的に（あるいは心情的にも）仏像と現世利益は結びついていないようにみえる。だとすれば、人々が感受するある種の呪力のようなものは、何に応えようとしているのか。換言すれば、路傍の仏堂を建て続ける人々は何を願うのか。この問題は、本節で記した第一の文脈と、次節にみる第二の文脈との交点において論じられるべき問題である。先取り的にいえば、私たちは「現世利益」というものを、矮小化し過ぎている。ここには病気治癒や商売繁盛を越えたもっと根源的なものが含まれてしかるべきなのである。路傍の仏堂に願われているのは、「より良く生きる」ことである（この「良い」は既出である。路傍の仏堂建造の目的を問うたとき返ってくるお決まりの言葉を想起）。それは仏堂建造ブーム第2波が位置づく第二の文脈のなかで理解できるものとなる。第二の文脈は、グローバリゼーションとネオリベラリズム的資本主義の席捲が引き起こしている生活の場の変容である。

4　変容する生活の場——第二の文脈

4-1　福祉国家主義からネオリベラリズム的資本主義の浸透へ

　1948年の独立以降、スリランカ政治の金看板は「福祉国家主義」（welfarism）であった。二大政党 SLFP（スリランカ自由党）と UNP（統一国民党）共に、食糧給付、医療・教育サービスの無償提供、土地なし層への土地分配、農薬や

肥料の分配、公共交通サービスの廉価な提供など多岐に及ぶ社会福祉政策の充実に注力してきたことはよく知られている（Jayasuriya et. al., 1985）。こうした諸政策の財源は、イギリス植民地期に形成されたプランテーション部門であり、同部門に課せられた輸出税と特別税が社会福祉政策に充当されていた。

だが、福祉国家主義的スタンスは1977年に転換点を迎える。閉鎖経済的な輸入代替工業化政策が国内経済の停滞を招き、医療・教育の充実の成果としての、増大する教育ある若年層人口を国内労働市場が吸収しきれなくなっていった。またプランテーション部門の生産性の低下も相俟って、社会福祉予算は財政を大きく圧迫するようになった。1977年に政権に就いたUNP政府は、輸出志向型の経済自由化路線へと大きく舵を切ったのである（cf. 絵所 1999：平島 1989）。

長期スパンでみた場合、1970年代末の開放経済への転換をもって「福祉国家主義的モデル」から「ネオリベラリズム的成長モデル」への移行と捉える向きもあるが（cf. Hennayake 2006：3）、1983年コロンボ暴動に端を発する内戦状況突入を念頭におくと、混沌の80年代における経済路線転換のエフェクトの評価は一筋縄ではいかない面がある（例えばラクシリ・ジャヤスーリヤはこの時期を「福祉から軍事へ」（'welfare to warfare'）というタームで捉えている（Jayasuriya 2005）。だが視線を人々の暮らし向きの方に転ずれば、戦闘が北・東部の

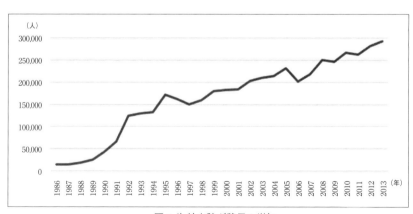

図4 海外出稼ぎ移民の増加

Annual Stastical Report of Foreign Employment 2013 (SFFBE 2014) および Anuual Report 2012 (CBS 2013a) のデータを元に筆者作成。

局地戦へと収斂していく1990年代にひとつの転機を認めることができる。1970年代、80年代と15％台で推移していた失業率が低下を始めるのが90年代である（1997年に10％を割った後は一桁台で推移し、2008年以降は3～5％台に収斂していく[11]）。また、おそらく人々の暮らし向きにより直接的な影響を及ぼしたと考えられる事象がこの時期生じている。海外出稼ぎ労働移民の急増である。

外貨稼得をマクロ経済政策の重要課題のひとつに位置付けたスリランカ政府は、1985年に創設した所管の部局を通じて、海外出稼ぎ移民の創出のための制度的枠組み整備に意欲的に取り組んだ[12]。政府の奨励策を通じて、登録や渡航の具体的手続きも含めた情報が地方末端にまで浸透し、海外出稼ぎは瞬く間に就業選択肢のひとつとして定着していったのである（cf. 鹿毛 2014）。

図4に見る通り、1990年代以降、海外出稼ぎ移民は増加の一途をたどっている。2013年の暫定値を取れば、出稼ぎのための年間の延べ出国者数は約29万人（うち約7割は男性の非熟練労働者と女性のハウスメイド）であり、大半がサウジアラビア等の中東産油国への出稼ぎ労働者だ。また2010年の数値だが、海外在留就業者のストック数値では約190万人が見積もられており、この数字は全島の就業者人口のじつに23.8％にも上る（CBS 2013b）。

ミクロレベルでみれば、労働力の流動化は個々の世帯にとっての経済的成功の機会の増加をもたらしてきたことは確かである。間近な者の経済的成功を目の当たりにした人々にとって、「家屋を新築し、できることなら「トヨタ」か「ニッサン」の自動車を保有する」といった定番の夢がまったくの夢物語ではない程度には夢想できる状況が現出した、といえばよいだろうか。海外出稼ぎに加え国内でもより高い賃金を求める人々が最寄りの都市へ、そしてコロンボへと向かっている（田舎の農村でも村内経済構造の空洞化は2000年代初めには進行している（cf. 鈴木 2013：107-118））。失業率の低下をもたらしているのは主として都市部における雇用創出である。調査地でも毎朝、通勤客をぎゅうぎゅうに詰め込んだバスが市街地へと走る。容易に想像される通り、こうした人口の流動性の高まりは、個々の生活の場の断片化を引き起こしてきた。

4-2　生活の場の断片化──アンビバレントな慨嘆

　生活の場の断片化とは、個別のささやかな事象の集積がもたらしているものであり、ある種の慨嘆と共に語られるところの、「いまの暮らし」の質的変容である。ささやかな事象とは次のようなものだ。調査地では 2001 年から 2012 年の間に水道普及率が 59 % から 85 % へと増加した。この事態の裏返しは、村でのコミュニケーション機会の漸次的減少である。早朝の女性たちによる水汲みや、夕刻の水浴びで毎日人々が集っていた井戸や小さな浴場（*pihilla*）からは人気が徐々に失われていく。あるいは、村に必ず 1 軒はある雑貨屋（*kade*）の前には「バンクワ」（*benkuva*）と呼ばれる木製ベンチが置かれており、人々のたむろする場所だった。それも村外通勤が当たり前となるにつれ、静かになった。

　村の暮らしでおそらく典型的な形でこの断片化を示すのは、葬式（*mara gedara*）のやり方の変化である。慣習的に、葬式は村の住人の「つながり」（*sambandakam*）が最も顕在化する場面だったといってよい。葬式は死者を出した家でなされるのが普通で、村中に告知される。小道に白い小旗を飾り、弔問客のための簡易テント設置を手伝うのは村人たちだった。死者の出た家では調理してはならないというタブーが存在し、一定期間の食事は隣近所の者が提供した。また各戸から必ず一人は弔問に訪れるのが作法であり、宗教・民族の別を問わず、人々は集った。弔問客をもてなすビスケットや茶葉もまた隣近所が持ち寄るものだった（cf. 杉本 1984）。思いつく限り、村で「全戸が何らかの形で参与する」という意味で特別な場となるのが葬式だった。

　この特別な場も、近年ほころびを見せ始めている。葬式時のケータリング・サービスの普及や葬儀社による葬儀パッケージの利用が始まったのである。調査地では葬式時のケータリングを行う店舗が 1990 年代以降増加している。ある葬儀社は 2009 年、その名も「The VIP コース」というパッケージ・サービスを開始、葬式を自宅ではなく葬儀社に付設されたセレモニーホールで行う者も増加しつつある[13]。

　「人は、お金持ちになると、近所のひとと付き合わなくなっていくのよ」。あるケータリング・サービスの女性店員の言葉だ。限られた紙幅に個別事象を連ねるには限度があるが、毎朝の通勤バスに詰め込まれる個々バラバラの通勤者と、ひっそり静まりかえった雑貨屋の軒先の風景をこうした断片化の

象徴的な表現として筆者が採るとすれば、この質的変容に対する人々の慨嘆は、次のような定番の、そして直截な言語表現をもって示される。曰く、「「つながり」が失われていく」(*sambandakam neti vennna yanava!*) である。この言い回しは、ほとんどセットであるかのように、「いまはみんな自己中心的になった」(*okkoma aatmatakami una*)、「昔みたいじゃなくなっている」(*issara wage nemei*) といったフレーズを伴って繰り返し調査者の前に示される。

　こうした言明が客観的な状況描写でないことは言うまでもないし、かといってノスタルジーで片づけてはナイーブに過ぎる。端的に、「トヨタやニッサンのある生活」と人々の思う「良い生活」とがズレてしまっているという事実をここに認めるべきだろう。このズレがある種アンビバレントな心性を形づくる二つの磁場をなしている。すなわち、どのように在りたいか、どんな風に暮らしたいか、という素朴ながら切要な（誰しもふと浮かべるに違いない）自問に対する答えが、生活の場の断片化の進行に「自ずと巻き込まれつづける」ことで引き裂かれていく。定番の慨嘆を素直に受け止めれば、それは言語表現の形をとったこのアンビバレントな心性の発露として了解されるはずである。

　路傍の仏堂が建造されているのは、この断片化の進行する生活の場においてである。建造ブーム第2波をめぐる「なぜ」、「この時期に」、「路傍なのか」を、生活の場の変容という第二の文脈のなかで捉えたい。

4-3　路傍の仏堂——つながりの表現としての

　ひとつのエピソードを挙げ、「道」というものを議論のとりかかりにしよう。調査地64ワサマの中に、いくつか高級住宅地として知られる場所がある。仏堂を探して走り回っていたときのことだ。オート三輪運転手の若者が大声で話し始めた（オート三輪はエンジン音がひどい）。「このあたりは「Hi-Fi ミニス」しか住んでいないんだ！」。Hi-Fiとは高級オーディオ機器に由来し、要するに「高級な連中」という俗語だ。「連中は歩き回らないのさ！」。私たちの走る道の両側は高い塀で囲われた邸宅が続いていて、時折窓を閉め切った高級車がすれ違う。道行く人の姿はみえない。「連中は車でフードシティ（市街地にある高級スーパーマーケットの名称）に買い物に行って、車で帰ってくる！」。ときどき聞き取れないから言い直してもらうと、若者はさらに声を

張り上げて続けた。「近所付き合いも全くしないんだ。連中は俺たちとは違う。ここには仏堂はないぞ！」。

建造ブーム第 2 波における「道」は、生活の場の変容という第二の文脈のなかで、先の霊性とは別の水準で意味の平面を形成している。道はひとが歩き回り、たむろし、おしゃべりする（むろん悪口もいえば諍いもある）場だった。そこはいささかも意識化される必要のないほどに、ただ素朴に「つながり」（sambandakam）の実践場だったといえるだろう。運転手の若者は、高級住宅地の住人と自分たちは違うと言ったが、つながりが減少していく生活実感と変わりゆく道の風景は、どこの村でも感受されている。生活の場の断片化に並行して、道は「国際空港のロビー」や「高速道路のジャンクション」に典型をみるような、社会的関係や歴史を持たぬ空間としての、マルク・オジェのいう non-place へと変容を遂げつつある（Augé 1995）。

仏堂が屹立するのは、その路傍においてである。路傍に仏堂が建造されることの意味は、先の三叉路の場合のような目的論的な仕方（「悪霊からの防護のために」）で答えられるものではなく、事実をそのまま充当すべきである。すなわち、non-place へと転じていくつながりの実践場に、人々は再度、つながりを実践的に挿し込んでいるのである。ここから私たちは、仏堂のある道の風景を、挿し込まれたオブジェ＝路傍の仏堂が意味の中心をなすところの、つながりの空間的インデックスとみることもできるかもしれない。それが non-place の真っ只中を切り拓いて打ち立てられた、と。実際、「仏堂は親密さ（ekamuthukam）のない村には建たないよ」といった言葉を筆者は何度も聞いているし、運転手の若者が「ここには仏堂はないぞ」と語ったのは、仏堂がこのインデックス性を獲得しつつあることを示している。ただこの見方は、私たちにせよ、彼らにせよ、産出物を事後的に意味づけ、外在的に語る視点に依拠するものである。仏堂をめぐる「なぜ」に、このインデックス性の獲得を転倒させた形、たとえば「つながりを構築するために仏堂を建造した」と答えるわけにはいくまい（これでは「煙を起こすために火をつけた」と語るようなものだ）。この事象生成の、ぎりぎり内在的視点に転ずればどうか。ここでも彼らが次のように語るという事実をもって充当すべきである。それは「良いことだから」なのである。すなわち、せいぜいのところ「良いことだから」と語るしかないような、漠然とした心性に逢着せざるを得ないのであ

る。これが、先述の「慨嘆」と通じている。慨嘆を、いかに暮らしたいかをめぐるアンビバレントな心性の言語的表現とすれば、路傍の仏堂建造は同じ心性に発する慷慨の実践的表現に他ならない。

　「この時期」の問題については、言葉を尽くすまでもないかもしれない。ただ、ほとんどの仏堂に建造年が刻まれないという事実から、ひとつ述べておきたいことがある。村で、たとえばセメントで固めた井戸を共同事業として建造した場合、どこかに建造年を刻み込むのが常である。だが、仏堂にはこれが施されない（追悼の場合でも、プレートに刻まれるのはあくまで故人の生没年であり、仏堂自体の建造年は記されない）。この事実が、ここまでの記述と結んで、次のことを導くように思える。すなわち、路傍の仏堂の建造される「この時期」とは、1990年代とか、20××年といった、外在的な、空間化された等質的時間では語ることができない。それは、質的変容を内在的に生きる、人々にとっての「いまの暮らし」の「いま」を指しているのである（cf. ベルクソン 2001（1889）: 121-126；檜垣 2000；金森 2003）。

　本節最後に、調査地のひとつの事例を添えておきたい。キャンディ市中心部から 5 km ほど離れた村の事例だ。2011 年、村の見晴らしの良い道沿いに仏堂が建造された。建造の中心となったのは 20 代の若者たち 10 名ほどだった。他所の村の仏堂を見た者が、うちでも作ろうと仲間内に切り出したのがきっかけである。若者たちは村のサミティーとも連携して寄付金を募った。寄付に応じた者のなかには、村のキリスト教徒の家族もあった。

　完成後の 2013 年、仏堂の前で法要（*pinkama*）を行おうというアイデアを若者の一人が思い立った。筆者が立ち会ったのは、2014 年 2 月の満月の日（*poya*）にここで行われた 2 度目のピンカマ（ある若者の亡くなった両親の年忌法要）だった。仏堂前のちょっとしたスペースには、村の者が提供したテントが設営され、ピンカマの始まる夕刻には 80 名近い者が集った。僧侶が到着し、三宝帰依、八戒の受戒、読経、説教と定式化された式次第がつづき、全て済むとお茶とビスケットがふるまわれた（これらは村人たちの持ち寄りであった）。このピンカマの最中、筆者がそれとなく意識していたのは、参加したキリスト教徒家族のふるまいだった。彼らは三宝帰依と八戒の受戒だけはしなかったが、他の村人とともに最後まで残っていた。

　特別なことは何一つ起きていない。葬式やピンカマに村の異教徒の者が集

うことはふつうのことであるし、事例のキリスト教徒のふるまいも自然なものである[14]。ただ一点、通常と異なるのは、このイベントが路傍の仏堂において執り行われたことだった。「良い暮らし」をアンビバレントに引き裂かれながら希求する心性が仏堂建造という実践的表現を産出し、その産出物がnon-place へと変貌を遂げていく村の路傍に「良い暮らし」の実践場を拓いていた。かくして生きられる路傍の仏堂にプレートが添えられないのも合点がいくものであろう。それは如何ようにせよ、人々の生に外在する記念碑の類ではないからである。

5　おわりに——より良き現世、祈りの宛先

　路傍の仏堂の増殖は、仏教再呪術化と 1990 年代以降のネオリベラリズム・グローバリズムの浸透に起因する生活の場の急速な変容という二つの文脈の交点に生起した事象である。後者の文脈で捉えれば、仏堂建造は失われゆく「つながり」(*sambandakam*) を、断片化する生活の場に再挿入するひとつの表現となっている。この地点から、本稿 3 節末尾に提示した「仏像の呪力の問題」に立ち返って結びとしたい。

　出家から涅槃を志向する教義仏教と現世利益を希求する在家の民衆仏教という二分法は、スリランカ上座部仏教社会を理解する基本枠組みを提供してきた。たとえば前田惠学は簡明に記している。教義仏教が「いかに高遠な教えであっても、かれらの現実の悩み、例えば悪霊払いや病気直しに直接効果がなければ、魅力がない。しかも欲望追求に終始する人間に対して教義仏教は厳しい判定を下す。信者民衆にとって望み得る、というより望ましいのは、豊かで住みよい次の世界である」(前田 1986：12)。良き来世は功徳積みによって期待され、他方、現世利益は旧来ヒンドゥー神らが所轄であってその呪術性が仏陀一仏的な集約に傾いてきたというのが仏教再呪術化の議論である。この議論に照らしたとき、路傍の仏堂が提起する問題は次の一点、すなわちネオリベラリズム的な欲望追求に対するアンビバレントな慷慨とその先に望まれる「豊かで住みよい現世」に対する漠とした希求の宛先が欠落することだ。この欠落を、増殖する路傍の仏堂が埋めにかかっているとみることはできないか。金儲けや病気治癒だけが現世利益とは限るま

い。より良く生きられる場が拓かれること。本文でふれた慨嘆の直截な言語表現がその背面にこの願いを浮かび上がらせている。

　福祉国家主義からの転換を経てネオリベラリズム・グローバリズムの急速な流動化のいまを生きる人々にとって、種々の局面に顕在し感受される生活の断片化は、己のつながりの喪失という形の排除的状況、すなわち相互排他的な個へと自らの生が縮減させられていく未来を予見させている。この抗し難い潮流の只中に陸続と増殖する小さな仏堂は、こうした「いま」に対する、人々の素朴な慷慨に発する実践的介入として、そして「より良き現世」の希求の宛先として、路傍に屹立する。排除に抗し、より良く生きられる場を切り拓かんとする祈りと実践が、生活の場のボトムから発せられているのである。

[注]
1　ある日本人旅行者は「道端のお釈迦様」と題するブログ記事をアップし（2013年8月）次のように記している。「スリランカの道を走って気づくのは、街や村の交差点や道端にお釈迦様の像があちこち鎮座していることだ（中略）さすがに仏教徒の国と旅情をかみしめるのだが」云々。今日こうした記事をネット上に多くみることができる。

2　ただし寺院境内にある仏像を安置する建屋（屋内に入って礼拝するようなもの）は *Budu ge* と呼ぶのが一般的である。

3　行政上の区分名称は、Gangawata Korale Divisional Secretariat Division である。キャンディ市の市街地と周辺の村々を含む一帯である。

4　調査地の宗教別人口比率はほぼ全島平均に近似する。

5　1999年末より2年ばかり長期滞在していた筆者には、じつは、当時こうした仏堂が存在していたという記憶が皆無に近い。筆者とほぼ同時期にスリランカを訪れたある研究者は、そこかしこに散在するヒンドゥー神の祠を日本の路傍でみられる地蔵や道祖神になぞらえて言及しているが、仏堂に関しては全くふれていない（cf. 嵩 2004）。確かに、15年ほど前にはこうした仏堂を目にすることはほとんどなかったのである。

6　オベイセーカラは在家信徒が家屋に仏像を安置するようになった時期に言及していないが、筆者の聞き取りによれば概ね1940年代のようである（当初は仏陀の絵画を額に入れて祀るのが一般的であり、後に安価な大量生産品の流通により仏像が安置されるようになったようだ）（cf. Obeyesekere 1972：65-66）。

7　64のワサマごとの仏教徒人口比率は27.1％〜99.2％とバラつきがある。ガマごとの

宗教別人口比率データは把握していないが、調査地では仏教徒のみが暮らすガマの数は少ないように思われる。
8　朝のプージャーは午前6時半より前、昼は12時より前、夕は午後6時になされる。調理した米やおかず、水、茶、花が供えられ、灯明をあげて香を焚き、偈文を唱える（夕のプージャーには食物は供えない）。
9　例えば Daily News 紙は、被災後早くも6日目の12月31日付で、'No Buddha statues damaged in tsunami' と題する記事を掲載している。
10　南・南西海岸部の仏堂はみな海の方を向いている（津波を食い止める）と語る者もいた。すべてがそうではないが、確かに同地域の路傍の仏堂にはそうした傾向がみられるように思う。
11　Department of Census and Statistics, Sri Lanka（参照 URL http://www.statistics.gov.lk/）。
12　受け入れ相手国とのネゴシエーション、国民への情報提供や登録システムの整備など制度の枠組みづくりは Sri Lanka Bureau of Foreign Employment（SLBFE）を通じて整備された（cf. 鹿毛 2014）。
13　「The VIP コース」の価格は、棺桶から装飾に至るまで種々のオプションがついて15万ルピー程度。これは非熟練労働者のおよそ半年分の給与に相当するため、むろん利用者は限られる。だがセレモニーホール等の利用が恒常的となっている今日の日本ではなく、本文で示したようないわば「社会に埋め込まれた葬式」に接していた筆者にとってこうしたサービスの登場は衝撃的だった。
14　一般にこうした場ではキリスト教徒とムスリムは八戒や五戒の受戒などはしない。ヒンドゥー教徒については、筆者の知る限り、シンハラ仏教徒と日常に交流のある者の場合、仏教徒と同じふるまいをすることが多いようにみえる。

[文献]
絵所秀紀（1999）「「スリランカ・モデル」の再検討」『アジア経済』XL-9・10、38-58頁。
鹿毛理恵（2014）『国際労働移動の経済的便益と社会的費用——スリランカの出稼ぎ女性家事労働者の実態調査』日本評論社。
金森修（2003）『ベルクソン——人は過去の奴隷なのだろうか』NHK出版。
杉本良男（1984）「「開かれた」葬式——スリランカ中央高地の葬送儀礼」『季刊民族学』8（4）、44-50頁。
杉本良男（1990）「裏表護呪経儀礼——スリランカ・ウダラタのピリット」『アカデミア（人文・社会学編）』51、215-335頁。
杉本良男（2003）「儀礼の受難——楞伽島綺談」『国立民族学博物館研究報告』27（4）、615-681頁。
鈴木晋介（2013）『つながりのジャーティヤ——スリランカの民族とカースト』法藏館。
高桑史子（2008）「津波被災住民と仏教寺院——スリランカ南岸海村の事例から」『パーリ

学仏教文化学』22、117-122 頁。
高桑史子（2012）「浜の仏陀像とカーリー女神像——インド洋津波後のスリランカ南岸村の変化」『人文学報』第 453 号、1-18 頁。
嵩満也（2004）「「スリランカにおける宗教の受容と変容」に関する研究ノート——シンハラ仏教と神霊信仰との関係を中心にして」『龍谷大学国際社会文化研究所紀要』6、173-178 頁。
にしゃんた（J.A.T.D.）（2006）「「TSUNAMI 現場から日本へことづけ」——在日の被災地出身者の走り書き記録」『山口県立大学国際文化学部紀要』第 12 号、87-90 頁。
檜垣立哉（2000）『ベルクソンの哲学——生成する実在の肯定』勁草書房。
平島成望 編（1989）『一次産品問題の新展開——情報化と需要変化への対応』アジア経済研究所。
ベルクソン、アンリ（2001）『時間と自由』岩波文庫。
前田惠學（1986）「現代スリランカにおける仏と神々——仏教の 2 重構造（仏教と神祇）」『日本仏教学会年報』52、1-14 頁。
Augé, Marc (1992=1995) *Non-Places: Introduction to an Anthropology of Supermodernity,* London, New York: Verso.
Bond, G. D. (1988) *The Buddhist Revival in Sri Lanka: Religious Tradition, Reinterpretation and Response*, Columbia: University of South Carolina Press.
de Silva, P.（2006）"Anthropology of 'SINHALA BUDDHISM'," *Contemporary Buddhism*, Vol.7, No.2, pp. 165-170.
Gombrich, R. and Obeyesekere, G. (1988) *Buddhism Transformed: Religious Change in Sri Lanka,* Princeton: Princeton University Press.
Hennayake, Nalani (2006) *Culture, Politics and Development in Postcolonial Sri Lanka*, Lanham: Lexington Books.
Jayasuriya, Laksiri, et. al. (1985) "Sri Lanka," in John Dixon & Hyung Shik Kim eds., *Social Welfare in Asia*, London: Croom Helm.
Jayasuriya, Laksiri (2005) *The changing face of electoral politics in Sri Lanka (1994-2004),* Singapore: Marshall Cavendish Academic.
Obeyesekere, G. (1972) "Religious Symbolism and Political Change in Ceylon," in Smith, B. L. ed., *Two Wheel of Dhamma*, Chambersburg: American Academy of Religion.
Simpson, E. and De Alwis, M. (2008) "Remembering natural disaster: Politics and culture of memorials in Gujarat and Sri Lanka", *Anthropology Today*, vol. 24, No.4, pp. 6-12.
Spencer, J. (1990) "Tradition and Transformation: Recent Writing on the Anthropoloogy of Buddhism in Sri Lanka," *Journal of the Anthropological Society of Oxford*, Vol xxl (2), pp. 129-140.
Central Bank of Sri Lanka (CBS) (2013a) *Annual Report 2012*, (http://www.cbsl.gov.lk/pics_n_docs/10_pub/_docs/efr/annual_report/AR2012/English/content.htm) downloaded on 14 March

2014.

Central Bank of Sri Lanka (CBS) (2013b) *Economic and Social Statistics of Sri Lanka 2013*, (http://www.cbsl.gov.lk/pics_n_docs/10_pub/_docs/statistics/other/econ_&_ss_2013_e.pdf#search=' Economic+and+Social+Statistics+of+Sri+Lanka'), downloaded on 10 April 2014.

Department of Census and Statistics Sri Lanka (2013), *Population & Housing Data 2012 (Provisional)*, (http://www.statistics.gov.lk/PopHouSat/CPH2011/index.php?fileName=Activities/TentativelistofPublications), downloaded on 10 April 2014.

Sri Lanka Bureau of Foreign Employment (SLFBE) (2012) *Annual Statistical Report of Foreign Employment 2011*, (http://www.slbfe.lk/article.php?article=106), downloaded on 17 March 2014.

第7章

下からの創発的連結としての歩道寺院
―― インドの路上でネオリベラリズムを生き抜く

関根康正

1　はじめに

　本章の目的は、社会的排除にあっているという人々の現実の描写にある。南インドの大都市チェンナイにおいて、断続的ながらこの20年間あまりフィールドワークを続けてきた。そのフィールドワークを通じて排除された人々の社会的底辺での生活闘争の現実を目の当たりにしてきた。そこでの他者との遭遇の醍醐味は、それまでの自分が想像できない事態に出会い、その時にはまず腰を抜かすほど驚くことのなかにある。結果的に、その一種の痛みを伴う経験は、確実に自分の想像力を拡張してくれる。それまでの自分の想像の域を超えた人間の底力、人間としての可能世界の深さと広がりに感嘆するのである。それは、社会的に排除されて無産で放り出されてもなお、その境遇をともかく生き抜いていく人間の存在に希望を見出す時である。これほど底堅い普遍的な希望はない。

　1985年以来ほとんど毎年のように通っている南インドのタミルナードゥ州であるが、特に州都チェンナイ市については、この20年あまり経年的な変化を見てきた。

　最近の訪問の体験から始めよう。2016年3月3日の夜遅く、チェンナイ空港到着。安心なプリペイド・タクシーに乗りこむ。都心のホテルまで片道700ルピーの定額だ。いつものように運転手と雑談する。40代のくらいの彼はチェンナイの西方70kmほどにあるカンチープラムの近くの村からの出稼

ぎで、このタクシーの所有者から月1万ルピーのサラリーをもらっているそうである（一日5000ルピーくらい稼ぐというから、オーナーはずいぶんと取り分が多い）。6年前からこの出稼ぎ仕事に従っているが、それまでは村で農業をやっていた。妻と子供二人は今も村にいる。彼は間借り代も節約して仕送りを増やすため、車で寝泊まりしているという。村では食えなくなってここに来て働いているのだろうが、これだけの情報でも、彼と彼の家族の貧しさが伝わってくるが、この家族の場合はどうにか村の家を拠点に最低限であろうが仕送りで暮らしていることがわかる。この運転手の事例は、現代インドに急増している村と都市を往復する「貧者（the poor）」の群れの一ケースである。

　その二日後、チェンナイの大通りを歩いていると、大きな袋を担いだ全身垢まみれの青年が近づいてきて私の前に黙って立った。何をしているの、と私が聞くと、紙屑拾いをしているという。担いでいる大きな袋はそのためであった。言わずもがなだが、どこに住んでいるのという問いには、歩道で寝ているという。チェンナイの人口の30％近くはスラムに住むが、この青年はそこにさえも居場所がないのだ。彼は私をじっと見て何も食べてないと訴える。私は黙って昼飯代をあげた。この青年は家もなく、日々の飢えをしのぐのもやっとであろう。生き残れるだろうか。彼は貧者でさえもない。州や国の統計にもまともにカウントされない「貧窮者（paupers）」（衣食にも事を欠くほどに貧窮した貧困者たち）であろう。長くグジャラート州で研究を続けてきたジャン・ブレマン（Jan Breman）は、インドの人口の25％が、その「貧窮者」の範疇に入ると推定している（Breman 2016）。

歩道に腰掛ける屑拾いの「貧窮者」

歩道の隅に座り込む、細った足の「貧窮者」

ここでのタクシー運転手と紙屑拾いとの差異を見極めることが、重要であり、深刻な事実を私たちに突きつける。この二人の差異に自覚的になると、つまり、まさにブレマンの言う、〈どうにかやっている「貧者（the poor）」〉と〈無産で衣食にも困る「貧窮者（paupers）」〉との差異をはっきり意識すると、国連諸機関やインド政府が示す「貧困線（poverty threshold /poverty line）」というものの虚構性と隠蔽性が明らかになろう。「貧困線」が示されることで、国家の関心は「貧困線」をいかに下げるかに向かい、つまり「貧困線」あたりの「貧者」を減らすことに向かう施策は、貧困線以下の人々の全体を課題対象にしたものにならない（格差社会という安易な表現も同様な問題を有する）。むしろ貧困線以下というくくりで中身はブラックボックス化して、結果的に生存限界を漂う「貧窮者」やホームレスなどに届くような施策が適切に検討されることがない。それは、世界標準の指標に従う形での国家の確信犯的隠蔽でありネグレクトであり、ネオリベ経済の棄民傾向がそこに露呈している。このような社会的排除の記録簿にも残らない底辺の人々の状況把握に「社会的排除と包摂」理論が適切に対応できるとは到底思えない。以下の記述では、「貧者」と「貧窮者」とは、意識的に区別して表現することにする。この「貧者」と「貧窮者」の区別によって、貧困線という粗い見方を脱して、貧困者内部の深みに向かって正確な認識を進めるためである。

2　歩道に生きる

　先の紙屑拾いの青年は日々歩道に寝ているという。チェンナイの気候が彼の寝袋である。ここでは凍死は起きない。1990 年代以降、つまりインドの経済自由化への転換以降、確実に大都市の路上に寝る人は増えている。チェンナイ市もタミルナードゥ州の村から、インドの他州から、隣国から、出稼ぎにくる人であふれてきている。そのとき、歩道空間がこうした「貧窮者」の受け皿になっている。2011 年の統計では、行政的定義（したがって狭義）のスラム生活者（少なくとも何らかの住まいがある人々）はチェンナイ市の人口の約 29 ％となっている。しかし、そこにカウントされていない流浪の路上生活者（ホームレスが約 17,000 人とカウントされているが、この数は言うまでもなく流動的である）と、市内のスラムを減らすために市外に追い立てられたスラ

ムの人々の還流を加えると、実際の広義のスラム人口はチェンナイ市の人口465万人（2011年）の30％を優に超えると推定できる（Dorairaj 2009, Citizen Consumer and Civic Action Group 2015, Johnson 2013, 2011 Census of India）。

　この20年間、私は大通りの歩道に注目し、その多彩で「豊かな」歩道上の活動を観察し描写してきた。歩道は、言うまでもなく公共空間であるが、車道ではないから人はそこに留まれるし、活動できる。インドの大都市ではそれが許されてきた（現実的に行政も許さざるを得ない）。インドの大都市の歩道も21世紀に入るころから、つまりこの15年ほどでだいぶ規制が強まってきてはいるが、日本の都市の歩道のように行政の厳しい管理下にはまだない。そこに留まり何かの活動をする人々を特に問題視することは稀で、おしなべて寛容である。というよりそれが当たり前のように、行う側も見る側もふるまっているのは、路上活動や路上生活をする者をそこから追い出しても行くところがないことは明らかで、行政の方にも解決の手立てもないことなどをとうに知っているからである。それがいまのところ大方の市民の自然な共存感覚である。たまにそういう活動や滞留は邪魔だから歩道を開けろという「市民」が出てきたりはするが、それは一般的ではない。歩道上で様々な店が構えられる、様々な活動が行われる。衣類・下着売り、スナック屋台、各種ジュースの屋台、ココナツ売り、たばこ・嗜好品の屋台、小物雑貨売り、ライター・鍵・器械部品などの小物売り、靴修理・靴磨き、雑本売り、花輪売りなど……。そして、ストリートで生業をたてるオートリキシャ引きの休憩地（オートスタンド）、後で詳述される「歩道寺院」、さらに歩道を家にする路上生活者の家族たちの日常生活の場などである。その多彩さ・「豊かさ」をよく伝えたいので、別の場所に記したもの（関根 2002）を少し加筆して再録しておきたい。

　　チェンナイでの調査助手をしてもらっていたマドラス大学の院生に、「歩道寺院」以外の歩道空間を用いた諸活動にどんなものがあるかを改めて尋ねてみた。彼は、もうチェンナイに住んで長いのだが、以下のような活動を挙げてくれた。花輪売り、朝食・昼食・夕食の屋台、小物売り、ホームレス家族の居所、果物売り、生ジュース売り、古本売り、牛・水牛の飼育と搾乳、公衆トイレの設置、トイレ無しだがトイレ

第7章　下からの創発的連結としての歩道寺院

機能を満たす場所、ゴミ集めのジプシーの居場所、政党による政治集会、オートリキシャ・スタンド、茶店、キンマ売り、下水流しやゴミ捨て場、飲料用給水タンク設置、井戸ポンプ設置、配電盤設置、社交場（座っておしゃべり）、壁にさまざまなポスター（映画、政治、カースト団体、商業広告、死亡・結婚・社会問題・新築披露・文化活動などに関する広告、寺院関係宗教行事）、広告看板設置場所（特に映画と商業広告が歩道に脚を立てた大看板を作らせる）など。加えて、面白いことを教えてくれた。1990年以降のことだが（特にタミルナードゥ南部でより盛んだそうだが）、若者の間で自己宣伝ポスターの作成が流行っていて、そのために印刷会社は最近景気がいいそうである。そういうポスターも歩道沿いの壁に貼られる。

　筆者自身、市内各所の歩道状況を今日まで見てきた者として、その雑多な機能の場を提供している模様に驚かされると共に、それゆえに、上からの都市計画の意図をずらして利用、活用されている「ヘテロトピア」（Foucault 1984）的な場として、すなわち権力の空間の縁辺の場所として歩道空間を活写したい気持ちに駆られた。受動の主体性が産み出す「流用 appropriation」の現場を描写しようというのである。この歩道利用一覧記述はまだまだ付加できる。傘直し、ライターオイル詰め替え、靴修理と靴磨き、雑貨小物売り、エロ本隠し売りなどなどと言った具合いに。屋根付きのバス停も歩道に作られるが、そこが出店に占拠される場合もある。数少ない公衆トイレが家畜飼育場になっているのも眼にした。舗装が不十分な歩道ではすかさず果実のなる有用樹の植樹が勝手に行われて収穫されるのも見た。オートリキシャの運転手の某氏は、得意げにこれが自分の木だと言って成長を見守っている。商業地区の街路の歩道は出店の列（上の列記では書き尽くせないあらゆる物が扱われるが、安物の衣類を扱う店は非常に多い）が続き、しばしばそれが二列になって車道の方にまで出っ張る形になる。したがって、人が歩く場所は、障害物と諸活動の展開する歩道ではなく、一般的に車道の両端ということになる。そこを歩くのが多少危険でももっとも速い。車道にはさすがに障害物がないからまっすぐ歩ける。私自身、車を恐れて最初はなるべく歩道を歩こうとしたが、その不可能性を体験するうちに、だんだん車道の端を地元の人と同じように歩くようになった。歩道が人の歩く場所ではないこと

は、地元の人には自明の事実のようであり、それを物証的に確認できる光景があった。サーライの車道上に描かれた横断歩道を渡りきると、どういうわけか歩道を守る鉄柵にぶつかって歩道に上がれない。しばらく車道の端を歩いて初めて歩道に入れる場所があったのである（片側のみが歩道に開かれた横断歩道だった）。

歩道の物売り

歩道と車道の端で暮らす家族

　以上みてきたようにこの多彩な様子を示す歩道空間であるが、しかし、その中でも、最も異彩を放つのがやはり「歩道寺院」の存在である（これ以降は歩道寺院の括弧を外す）。この歩道寺院現象に関して私はすでに多くの場で発表してきた（Sekine 2006, 2011b；関根 2002, 2004, 2006, 2007, 2009）。歩道上に不法占拠の形で小祠を作り、やがて成長して寺院と言えるまでの発達を遂げる。神の在所ゆえに、行政も撤去が難しく、多くの歩道寺院が生き延びてきた。2000年時点での私たちのチェンナイ市全体をカバーした調査では推計で1,600あまりの歩道寺院があることは判明した（関根 2002）。しかも市域全体に万遍なくあるのである。これは、インドの4大都市の中でもチェンナイに特異な現象である。とにかくここチェンナイ市では北インドの3大都市の状況に比して歩道寺院の存在数が桁違いなのである。神のいないところに人間は住めないというタミル人の世界にしてもいかにもユニークな現象である。しかも、私たちの調査で、この歩道寺院の増殖が、1990年代以降の経済自由化の下で急増してきた事実を突き止めている。50年を超える歴史を言い伝える歩道寺院もあるが、推計では2000年時点の三分の一が1990～2000年の10年間で建設されたことが判明し、これは経済自由化の進展と歩

第7章　下からの創発的連結としての歩道寺院

道寺院建設活動の拡大が有意な関係にあることを推定させる。本来ブラーマンの家庭祭祀であるヴィナーヤガ・チャトゥルティ（誕生祭）が、1990年代にチェンナイでの大都市祭礼としてRSS（「民族義勇団」と訳されるヒンドゥー・ナショナリスト団体）の画策で突然に出現し拡大した模様と、この歩道寺院の増殖とが、まさに時期を同じくして発現していることがわかる（関根 2006）。この都市祭礼はRSSが上からシナリオを描き大金を投資するというテコ入れで始まったが、その時に同時に草の根の宗教化現象と言ってもいい歩道寺院の急増が起こったのである。北インドの大都市では歩道寺院にもRSSがテコ入れしているという報告がある。チェンナイでも、最近では、一種の北インド化の流れの中でRSSに繋がるタミル地域のヒンドゥー・ムンナニ（Hindu Munnani = Hindu Front）が、歩道寺院にも触手を伸ばしている事例は幾つか知っているが、まだそういうケースは限られている。2016年に壊されたマドラス高等裁判所前の通称「ハイコート歩道寺院」がその一例であった。このようなある程度有名になった歩道寺院の撤去は珍しく、RSSの管理下で政治化しすぎたことへの不都合があったことがうかがえる、きわめて稀なケースである。こうした宗教をめぐる諸活動はまさにインドのネオリベラリズムの時代に相当する現象なのであり、ネオリベと宗教復興の親和性が感知できる。ヴィナーヤガ・チャトゥルティと歩道寺院は社会のトップとボトムという両端での宗教復興運動の表出なのである。この時期から、反イスラームを標榜してヒンドゥトヴァ Hindutva（ヒンドゥー性）を主張する「RSS家族」（RSS・VHP・BJPの3団体の総称）が勢力を急速に拡大し、現在ではネオリベラリズムかつヒンドゥー至上主義を標榜するBJP（インド人民党）のナレンドラ・モディ首相率いる中央政権が今日のインド国家に君臨している。民族ナショナリズムあるいは宗教ナショナリズムとネオリベラリズムとは論理的には相反するはずであるが、現実には動員力を求める政治家と市場を拡大する大資本家との癒着を介して政治権力を増しているのである。というのも、寺院と政治の密着は、インド社会では誰もが知るオープン・シークレットであり、献金による税負担回避と資金洗浄は、大なり小なり寺院の影の部分の社会的役割である。こうした事実は、いくら行使主体がそのことを表向き否定しても疑いようのない事実である。宗教ナショナリズムはもちろんネオリベ経済を標榜する政治的支配中心の動員の手段であることも明確に確認して

おきたい。

3 「歩道寺院」の誕生のメカニズム

　歩道に陣取る人たちつまり「貧者」や「貧窮者」の大地に近い生活目線と路傍の大地から生えてきたような小さな「歩道寺院」の存在とは自然な形で近しい。「歩道寺院」の誕生は、基本的には歩道に生きる人々とともにあったと言っていい。よくある寺院誕生の起源譚に、街頭に暮らすリキシャ引きが、早朝の仕事始めの祈りのために道端に祠を作ったというのがある。人力のリキシャがサイクルリキシャに変わり、そしてオートリキシャへと移って今日に至る。今も、「歩道寺院」はしばしばオートリキシャの運転手たちの仕事始めの起点であり、溜まり場、休憩所として「Auto Stand」なる看板が彼らの管理する「歩道寺院」の前に立てられているのを認める。もちろん、「歩道寺院」を造るのは彼らだけに限らないが、ブラーマンなどの社会的に高位カーストとされる人々よりは中位、低位カースト、言い換えれば非ブラーマンが始めることが一般的である（やがて、ブラーマン司祭が雇われたりするのだが）。この意味でも脱中心化傾向ないし社会的弱者の側と親和的な実践である。

　起源の有り様はその他にもいろいろあるが、基本的にある個人が、それぞれの動機で祠を作る。夢のお告げと占星術師の助言がよくある動機である。夢枕に神が立って、自ら祀るように要請したというのが、よく聞かれる建設動機の一つである。夢見のリアリティを信じるこの社会では、それは突飛でもなんでもない説明である。このように一応動機説明を尋ねてはみるが、でも実は本当のところはわからない。その個人の「真の動機」は誰にもわからない（隠して語らないことはあろうが、本人自身の自覚的説明は後付けである可能性も高く、実は本人にも「真の動機」となるとよくわからない場合も少なくないだろう）。動機の一部にあって、実際には重要な理由だが、金儲けのために祠を造ったとは誰も答えない。ここの文化的風土では、余程強欲の者でも金儲けというそれだけの理由では自分の動機をすべて説明し尽くした気にはならないだろうから。ということで、個人の動機説明は何かあるとしても、結局はそのさまざまな表層の動機、欲望を強く支持して肯定しているのは、ベルクソンの言

第 7 章　下からの創発的連結としての歩道寺院

歩道寺院誕生の兆候ないし萌芽状態

しっかり発達した歩道を半分占拠した歩道寺院

歩道の9割を占拠した歩道寺院

チェンナイ市で一番の大きな歩道寺院

う「仮構機能」(前田 2001：4) を果たす宗教文化的装置ないし土壌の存在であろう。つまり、それが浅い自覚のレベルでは金儲けという俗な動機で作られたとしても、できた祠が宗教施設である限り、この宗教の浸透した文化的土壌に接続されて安定的に作動し始める。逆に、初めは純粋に宗教的信仰心から作った場合でも、そこに生じた経済効果が所有者の考えに俗なる欲望を後に喚起してしまうこともないとは言えないが、それも仮構機能で覆い隠せる。ことがらは神をめぐる話であるから、どんなことでも創造可能、行使可能であり、それを正当化できる。その同じ土壌が、自称グルと名乗る聖者 Godman (杉本 2000：250-252) をあまた輩出するこの地のメカニズムでもあるのだから。

　神と共にあることが人々のハビトゥスになっているから、歩道上の菩提樹、バニヤンなどの大木の根元には、神意を感じて「歩道寺院」誕生への歩みが始まることもよくある (その兆候として、その大木の根元に梅檀の木を植えるこ

とで聖地化への方向づけがなされる)。個人の内的意志と社会文化の外的環境の接点で宗教的ハビトゥスが「歩道寺院」というプラクティスを引き出すと言えよう。上述したように 2000 年時点で市内に推計で 1,600 余あると推計される「歩道寺院」の存在自体が、すでに、「歩道寺院」建設というものが一つのパッケージ化した宗教実践として下層の人々の間で定着、流通し、反復されていることを実証していよう。しかも近年増殖する力を強めている。この現象は、大規模なハイウェイ建設やそこで展開する都市祭礼ヴィナーヤガ・チャトゥルティの大行列のような、上からの「大きい都市スペクタクル」ではないが、力強く大地から生える雑草のような確かさで起こっている「小さな都市スペクタクル」と呼んで構わない (参考に、Subbiah 2006, 2015)。

　私はここで二層の都市スペクタクルがそれぞれ別々にあると言いたいのではない。「大きい都市スペクタクル」の方を中心に置く厳然とした権力空間の中で、両者が関係づけられていること、その権力の浸透とその縁辺で生じる抵抗、逸脱との関係性、言い換えれば、中心化と脱中心化との微妙な関係性が問題になる。中心化の排除する力が作った周辺を、もってまわって今度は包摂するという二元論では解き明かせない、「小さな都市スペクタクル」としての歩道寺院の活動の独自性、独自の脱中心的という内在的視点を活写しなければならない。それは、大小のスペクタクルの関係性そのものを、中心からの二元論ではなく、脱中心的な視点転換の後にしか見えない現実性として描くことになろう。そこが本章自体の要点でもある。

　先のプレ・サーベイに次いで、これまでにデータの偏りをなるべく減らすように地域特性の異なる市内 15 カ所の地区を選定し、総数で 177 の「歩道寺院」に関する詳細に渡るアンケートとインタヴューを実施した (詳しくは、関根 2002 参照)。

　まず、今手元にデータのある 177 歩道寺院の祭神の内訳は、ヒンドゥー教の神々であるヴィナーヤガ Vinayaga 神 (シヴァの息子とされる始まりの神) が約 60 %、シヴァ教の体系に組み込まれる地方女神アンマン (例えば、Muttumariamman) が約 30 % となっていることは、基本的にきわめて重要な事実である。ヴィナーヤガと地方女神を除くと、その他の歩道寺院のヒンドゥー神としては、ムルガン Murugan (シヴァのもう 1 人の息子)、ムニースワラ Muniswar (シヴァに習合する地方男神)、シヴァ Siva、パールヴァティ

Parvathi（シヴァの妃）、ペルマール Perumal（ヴィシュヌ）、クリシュナ Krishna（ヴィシュヌの化身）、アンジャネヤール Anjaneyar（ハヌマン）などで 10 ％弱を占めている。わかることは、歩道寺院の祭神として採用される神の多くは、シヴァ系の人気の神であるヴィナーヤガとムルガンと一人神の地方女神とシヴァに習合される地方男神が一般的である（ヴィナーヤガが突出するのは始まりの神で寺院では最初にお参りする神であり、新しい企てを成功に導く神であるので、朝出がけに祈ると吉祥であることに理由がある）。シヴァ、パールヴァティ、ペルマール、クリシュナなどの主宰神は歩道寺院に祀るには畏れおおい存在のために一般的には見られない。ヴァイシュヌ系の人気の神アンジャネヤールの登場は北インド化の表れで新しい。また、ヴェーランカンニ Velankanni つまりマリアがキリスト教の「歩道寺院」として 177 の内で 4 カ所において祀られている事実も注目できるし、更にイスラーム教ではダルガーそのものやそれを象徴する旗が路傍に、歩道寺院に類比できる宗教施設になっているのも興味深い。各宗教が歩道に繰り出す「小さなスペクタクル」を実践している。（この段落は、一部修正したが基本的に関根（2006）からの再録であることをお断りする）

さて、私自身は多くの歩道寺院の事例データを持っているが、ここではその中から、ボトムアップに独特な歩道空間での実践を構築してきた歩道寺院の特徴と強度を明瞭に示す事例を二例だけ取り出して本章の考察の対象に置きたい。本章にとっては、特に事例 1 が中心的なものになる。

4　事例 1：歩道寺院　その 1

この 20 年、私は多くの歩道寺院を訪ねたが、その中でも最も衝撃を受けた事例がこの歩道寺院である。ロヤペッタ州立病院という大病院に近い交差点の角に造られた東向きのヨーガ・ムニスワル Yoga Muniswar 神（悪霊の首領 Muni がローカルの神となり、シヴァ神に同定されている）を祀る歩道寺院である。この歩道寺院の正式名称は、Sri Yoga Muniswar Alayam である。この寺院が建つ T. T. K. Road 沿いの歩道は幅が 5 m を超えるほど広く、そこに歩道寺院を建設した家族が寺院の境内とする歩道部分を不法占拠して、少なくとも 4 世代の時を刻んできた。2001 年に私がこの寺院に遭遇して以来すでに 15 年間あまりの間、どうなることかと見守ってきた。

この歩道寺院に遭遇した最初の光景は、私にとって吐き気とめまいがするほど悲惨なものだった。それはもちろん私の主観的感情でのことであるが。小型ながら立派な歩道寺院のほかには、占拠した歩道空間には青いビニールシートのテントがあるだけだった。そのとき、テントの中では、この寺院を経営する60歳くらいの女性Pさんのアル中の長男（姿は見えなかったが）が、今日も飲みすぎて吐いているというのだ。この長男の嫁は二人の娘と一人の息子を残して、「夫のアル中に絶望して」半年ほど前に自殺してしまったという話もそこで聞いた。2001年8月の炎天下でのことだった。歩道上の青いビニールシート掛けの小屋部分は市当局の圧力で以前より縮小させられたという。寺院の後ろの庇の下に最低限の家財が隠されるように置かれている。ちょうど居合わせたPさんの孫の高校生は学校の教科書をそこに置いている。行政は、Pさんの家族に不法占拠であるとして歩道からの退去を求めており、それに対してPさんはこの場所は寺院の境内であると主張して抵抗しているというのだ（訴訟を起こしていると語ったが真偽はわからない）。「歩道寺院」としてはすでに十分発達し定着して人々の信仰を集めているこの寺院の存在こそが、闘争の支えであり、武器である。ここチェンナイの宗教文化風土では、人は追い出せても定着してしまった神はなかなか追い出せない。この時点では、3世代の拡大家族が、行政の追い立てや貧しさからの悲惨を抱えながらも肩を寄せ合って生きていた。その点では、ハウスレスではあるがホームレスとは言えないという表現も可能だろう。ハウスは空間であるが、ホームは再生産という時間の経過の中で展開する家族の存在である。ここで

Yoga Muniswar 寺院の境内として不法占拠した歩道に暮らす

二つの大通りの交差点に建つ Sri Yoga Muniswar Alayam

第 7 章 下からの創発的連結としての歩道寺院

見ているホームは、Ｐさんの再生産力と豊饒性が構築したものである。ここで出会った女性Ｐさんはこのホームの生産者であり中心軸である。まるで、シヴァリンガ（リンガとヨーニの女性上位の合体を子宮の内部から形象化したシンボル）を祭神にするシヴァ教の実践のようである。

　2001 年の時点では、この歩道での路上生活の家族は 10 人であった。内訳は、Ｐさんの夫は亡くなっていたので、Ｐ、Ｐの長男（妻は死亡）、その長男の娘二人と息子一人、Ｐの次男Ｓとその妻、その次男の息子二人と娘一人（もう一人の娘は幼少で死亡）である。Ｐさんは 10 人の子供を産んだが、6 人が小さいうちに亡くなり、息子二人と娘二人の 4 人が成人して結婚した結果が上のような 2001 年の家族構成を作った。まさにＰさんの産む力によるわけである。Ｐさんは父親については、この寺院を作ったのは父親だという形で語るのだが、母親のことは語らない。兄弟姉妹はいないという。母親が早く亡くなったのか、本当に一人っ子なのか、兄弟姉妹は早世してしまったのか、そうしたことはわからない。

　それ以来今日まで何度も寺院を守る彼女を訪ね、少しずつ話を聞いてきた。最新の訪問は 2016 年の 3 月である。以下はその時点での話である。この 15 年余りの間に、2001 年には高校生だったＰの長男の長女は結婚して、もう 5 歳になる男の子を授かってここに住んでいる。3 年前（2013 年）に会ったとき幸せそうにその子（まだ 2 歳だったが）を抱っこしていたのが印象深い。次女も結婚して、5 カ月の赤ちゃんを抱いていた（2016 年 3 月当時）。Ｐの長男の次女の家族はここではなく市内の別の場所に住んでいる。この長女も次女も夫はオートリキシャ運転手で主に生計を立てている。すでに述べたように、この娘たちの父親つまりＰさんの長男はアル中の果てに亡くなった。この長男の息子は未婚であるが、遺体搬送の救急車の運転手をしている。アル中で自分の家族に負担をかけた長男に代わって長男の子供たちを守ったのは、ＰさんとＰさんの次男Ｓである。Ｓさんは 50 代で今もオートリキシャ運転手を主にしながら、他にいろいろ仕事をして自分の家族とこの大家族の面倒を見ている、今やこの拡大家族の大黒柱である。Ｐさんも老齢（70 代半ば）で病気がち（高血圧で薬を飲んでいる）になってきたので、Ｓさんが私にとっても中心的なインフォーマントへと変わってきている。Ｓさんはすでに述べたように 4 人の子供をもうけたが娘の一人は小さい時に亡くなったので、現在

では未婚の成人の息子二人と結婚した娘一人とその子供がＳさんの家族である。Ｓさんはしばしば母親のＰさんのいるこの歩道の家に来ているが、自宅はチェンナイ市の南の郊外アダヤールの近くにあって、そこで娘夫婦と同居している。娘の夫は会社員（詳細不明）である。しかし、Ｓさんの息子二人は、22歳と20歳で、兄は病院で、弟は印刷会社で、それぞれ下働きをしているが、通勤に便利なので市の中心にあるこの歩道の家に住んでいる。Ｓさんの子供たちは病院や会社で働いて定収入を得ており、Ｓさん家族は全体的に経済的安定を少しではあるが得ている。現在ここには、夫を亡くしたＳの姉たち二人が舞い戻って住んでいる。二人とも結婚して2001年時には婚出してここにいなかったが、二人とも夫を亡くし、生活困窮でここに戻ってきた。彼女たちの子供の有無や消息については聞いていない。Ｓさんの一人の姉は警察署で掃除婦をしてわずかな収入を得ているが、もう一人の姉は精神を病んで何もできないでいるという。Ｓさんはオートリキシャの運転手の仕事で一日にフルに働けば500ルピーくらいの利益を上げるという（オート所有者に1日に50ルピー払い、ガソリン代の自己負担でこの利益であると私に説明した。所有者への支払いが少ないと思われるが）。こうなると、今この場所に住んでいるのは、Ｐ、Ｐさんの娘二人、Ｐさんの長男の息子、Ｐさんの長男の娘夫婦とその子供、Ｓさんの二人の息子、ということで、計9人である。2001年から変わらずここにいる人は5人である。Ｐ、Ｐさんの長男の息子と娘、Ｓさんの二人の息子である。とはいえ、この人たちは拡大家族としてふたつの別の世帯（Ｓさん夫婦と娘夫婦の世帯とＳさんの亡くなった兄の次女の世帯）と協力し合っている姿がよくわかった。ここには、狭くはタミル文化、広くは南アジア文化の親族関係重視の生活様式という文化的支持基盤がある。さらに、興味深いのはこの家族の中心の仕事がオートリキシャの運転手であることだ。運転さえできればオートを借りればすぐに日銭が稼げる。やがて仲間もできる、人間関係のネットワークができる。ささやかにせよ、経済資本と社会資本を生み出す。社会資本は、仕事の紹介や、婚姻相手の紹介などに働くし、一定のアイデンティティ構築に効果がある。

　ここで描いてきたことのポイントは、この歩道寺院とそこでの生活を可能にしている文化ハビトゥスについてである。特に、自分たちもそこに埋め込まれているところの関わりを持つ社会（行政サイドの人々、近隣の商店主た

ちなどいろいろ）が共有する宗教ハビトゥスと親族関係ハビトゥスがＰさんの家族のような人々のサバイバルには大きな土台になっている。Ｐさんの父親が宗教的にニーズが高い場所として判断してここに歩道寺院を設置したこと、そのような場所で娘のＰさんが自身の再生産力を最大限使って家族を作ったことが重要である。こうして、半世紀あまりの時間経過の中で歩道寺院ホームが構築され、結局は住所を持った歩道寺院ハウスを産みだしたのである。ネオリベ資本主義以前から始まったこのサバイバルの小さな歴史は、ネオリベの到来で、宗教は不穏に再活性化し、表層の経済も活性化したことで、流用の環境が変化した。それに賢明に懸命に対応対処したＰさんとその家族たちの努力で、今では自力で「貧窮者」から最下層「貧者」くらいにはなり、来年のパンはわからないが少なくとも明日のパンがない状態からはとにかく脱した。この事例の創発性・創造性は、無から社会の文化ハビトゥスを活用することで有を産出したことにある。しかもその活用は、賢明でなければ決して成功しない。父親の賢さは彼の選んだロケーションである。ロヤペッタ州立病院（西洋近代医学）という大病院の入口の近くという立地が、宗教ハビトゥスを引き出す決定的な好条件を準備した。それがなければＰさんの再生産力も実を結ばないどころか悲惨を増すだけで不可能であったろう。ネオリベ到来はこの好条件をますます強化し、テナント貸しからミネラルウォーター売りまで、特にこの10年でこの歩道寺院ホームは急速に発展した。オートリキシャ運転手は決して安定した仕事ではないが、メーターを使わないので敏感に物価上昇を値段交渉の中で反映できるので、才覚力量があれば儲けも多くなる。しかし、ネオリベ化する社会は、チェンナイのような大都市を他州も含めた村からの移民の流入先になっており、急速に肥大しているので、ボトムの仕事も自ずと過当競争になるから現実状況は過酷である。その点で拡大家族によって、一人一人の収入が減っても寄せ集めてどうにか生き抜くしかないのである。特にわかりやすいのは、配給カードないし家族カード ration card（family card）の発行は世帯ごとになっているので、彼らの場合は3世帯、しかもＰさんの二人の娘はかつて婚出していたので別に配給カードをもっている可能性もある（これは確認できていない）。配給カードには以下のような三種がある。

1. 全品目（グリーン）カード：米を含む全可能品目の配給

2. 砂糖カード：米を除く砂糖などの品目の配給
3. ホワイト・カード（ホワイト）：配給品無し

したがって、グリーンの配給カードを取得できれば基本的な食料を行政から支給される。彼らはそれを持っている。生存権の保証である。2001年にこの寺院に遭遇したときには私は勝手にこう思った。住所もないだろう、そういう福祉的なカードももっていないだろう、生きていけるのだろうか、とその「悲惨」さに一人ショックを受けていた。インタビューを重ねるうちにその認識が不正確であったと気づく。先ほど自力で無から有を産んだと述べたが、正確には完全な無ではない。こうした行政の下支えは確かにあって、それをいかに有利に利用して生き延びるかが自力の部分である。Ｐさんの父親がここに居を構えて以来、出生・死亡証明書 birth&death certificate、配給カード ration card、選挙者カード voter card、鉄道旅券 train passport、運転免許証 driver license 等を取得するために、住所を創出した。いつの時点かは明確にならなかったが、それは歩道寺院が作られ定着した時期以降のある段階で住所の発生があったと考えるのが蓋然的に妥当である。2001年当時にはＰさんの長男の子供たちはこの歩道のホームから学校に通っていた。学校に行くためには、出生証明書が必要であり、その出生届には住所が必要だ。事実として彼らが配給カードなどを取得するために使っている住所がある。その住所には番号などはなく、この歩道寺院名が記されているだけである。歩道寺院の存在の卓抜な有用性が再び再確認できる。2001年のハウスがない見かけとは違って、住所を持つことで、家族と一緒にいるという意味だけでなく、その意味でもすでにホームレスではなかったのだ。

私が観察できた期間（2001〜2016年）だけであるが、Ｐさんたちが常に工夫してきたことを証明する意味でも、また、この2010年以降の変化が急であることを明らかにするためにも、経年的に変化してきた様子を見てみよう。最初の頃はもう追い出されてしまって、いないかもしれないという思いで毎年行くたびに見ていた。しかし2010年ころから、外から見ていてももう撤去はないなと確信し、むしろどう発展していくのか楽しみで見に行くようになった。さて、どんな工夫がなされてきたのか。

2001年の状況は、すでに書いたように、表面的には、寺院とビニールシートのテントしかないという光景で殺風景であったが、2016年の姿はそれと

はまったく異なり、賑やかな歩道の家になっていた。ただ、その殺風景のときから、その生活基盤にいつも寺院があり続けた。寺院は宗教施設であるが、それは明らかに彼らを支える強力な経済的基盤になっていた。込み合った街角のこの寺院には、明らかに病院への行き帰りの人と思われる人から綺麗に着飾ったお嬢さんたちまで通りがかるいろいろな人がお参りして賽銭を置いていく。日常的に入る賽銭と年祭の時に近隣から集める献金は、寺院が産み出す収入である。寺院をずっと管理してきたPさんの頭の中には常に寺院の年祭のカレンダーが詰まっている。そこが稼ぎ時だからである。祭礼が近づけば近隣の商店に献金を募って回る。そうした献金はもちろん祭礼の挙行、寺院の維持管理に使われるが、それだけでなく生活の糧にもなってきた。寺院は軌道に乗って評判が良くなれば、実際かなりの安定した収入を産むことになるので、大きな財産価値をもつようになる（そのため何かの事情で所有者が維持できないことになった場合などは、小さい「歩道寺院」でもそれなりの値段で新しい管理者へと売買されることになる）。こう書いたのは、この歩道寺院が以下に記す経年変化の定常点として常にあったことを指摘しておきたかったからである。

　時系列的に変化を記してみよう。
① 占拠した歩道空間の領域を行政の撤去執行から防ぐために、廻りの壁を紅白のストライプに塗ることで寺院空間＝聖域であることを明示する。
② 様子を見ながら、まずヤシの葉葺きの小屋掛けを作るが、取り壊しを命ぜられ撤去。しかし、また様子を見て再建するといういたちごっこがしばらく続く。
③ 2010 年代に入ると、トタン屋根の小屋を建てる。これは簡単には撤去できない、しっかりした構造物である。これは行政側が撤去要求をあきらめた形で不法占拠を放置している状況と対応する。その後、再び、15 平米ほどの規模は変わらないがトタン屋根ではなく、ヤシの葉葺きの屋根に変わった。これはトタン屋根は丈夫なのだが室内が暑くなるし、雨音がうるさいのでやめた。そのため、今は雨除けに屋根に着脱自由のビニールシートをかけている。
④ 2011 年ころ、コンクリートを仕入れてきて、申しわけ程度だが、80 cm くらいの幅の歩道を、不法占拠する歩道の前に少し車道にはみ出す形で

トタン屋根の小屋が建つ（2011年）　　歩道の際にさらに歩道をつける（2011年）

付けた。この大胆な試みには、私は非常にびっくりした。その新歩道は2016年の今では幅も1mほどになって本当に歩道らしくなり、さらには、本来の歩道と新歩道の間に垣根を一部立て始めた。そうすることで、今では小屋の建っている本来の歩道部分が家屋敷のようになってきたのである。

⑤この新歩道の設置と拡充と同時に、Pさんは小屋と車道の間の2mくらいの隙間部分をコーナーショップ的な売店に貸して賃料を取り始めた。この売店はちょうど小屋を車道側から見て隠すような形になり目隠し機能とそこが本来は歩道であったことを少しでも忘れされる効果がある。この売店も現在ますます発展しているので賃料収入は安定している。

⑥2015年には、ミネラルウォーターの販売を本来の歩道の端で始めた。20ℓ入り容器のミネラルウォーターを20ルピーで買い、それを1ℓ3ルピーで売る。それで利益が40ルピーは出る。暑い気候なので、病院に行く人帰る人、通行人が結構利用している。

⑦2016年には、もうひとつの小さなテナントが寺院の前の部分の歩道の端で、軽食になる雑穀粥とバターミルクを売る商売を始めた。ここからの賃料も入る。

⑧ごく最近のことだが、次の事例2として紹介するボディガード・ムニスワラル Bodyguard Muniswarar 寺院のあまりの繁栄ぶりにヒントを得たのは明らかだが、Sri Yoga Muniswar Alayam という元の名前の前に「ボディガード」を付加した。住所の寺院名をこのように変えたというのである。つまり、今は、Bodyguard Yoga Muniswar が寺院名であると言う

第 7 章 下からの創発的連結としての歩道寺院

本来の歩道と新しい歩道の間に
柵を立てる（2016 年）

雑穀粥売りのテナント（2016 年）

椰子の葉葺きの小屋（2016 年）

中庭のようになった歩道とミネラル
ウォーター販売（2016 年）

柵と新しい歩道（2016 年）

コーナーショップ・テナント（2016 年）

のである。今も寺院そのものの上にかかっている看板名称はもとのままなのであるが。この流用には、さすがに驚いたが、同じムニスワル（ムニスワラルは複数形による丁寧形）が祭神であるから、流用しやすかったのであり、後述の通り、自動車の需要が急増しているので同じ歩道寺院を

経営する者として、その市場の需要を利用しない手はないと思ったのであろう。まだ改名が定着しているようには見えないが。

　以上述べたような細かい工夫が、歩道寺院を核にした空間において多面的に様子見をしながら少しずつ行われて、今では、最初 2001 年に見た歩道の光景とは、およそ違う様相になった。とはいえ、最近のこのような賑やかな歩道の「家屋敷」化と収入増加も、再度確認するが、それを成しえる基盤として歩道寺院が存在してきたからである。そうでなければ、とうに追い出されて話は始まらなかった。
　この寺院と私のかかわりの中での一つの重要な視点転換の体験があった。この経験はそのまま本章が問題にする〈「排除と包摂」二元論からの脱却〉という理論的視点転換のエッセンスの体現であったことが今はわかる。
　それは、P さん家族の生活空間の歩道の中へと私自身が入っていくという、ベンヤミンの言う意味での「敷居」を超える経験であった。この敷居は現代資本主義社会のインドというボディ（社会的身体）の横溢の中でその皮膚に臨界点として現れた境界現象である。その皮膚の異常現象と映る事態が敷居への招待なのである。私がそこに参入しようという決意ができたのは、トタン屋根の小屋が出現してからは、歩道占拠が安定化した感じがしてきたためだった。そのことが私にある意味で安心を呼び起こしたからではないかと自己分析している。2010 年をまわっていた。それまでは、私の中に、人間として、研究者として、そこに足を踏み入れることへの大きな躊躇があり、長い間考えあぐねていた。だからそれまでは、その歩道寺院の前の車道の端か、歩道の際に立って、まさに立ち話の形でごく短時間話を聞いていた。別れ際に寺院にお参りして賽銭を置いた。経済的困窮の中で一生を歩道で暮らす人たちに対して自分が直接何かできるわけでもないのに、そういう人たちを自分の研究対象にすることへの罪悪感が払拭できないのだ。だから、通りすがりの人間として外から眺めて、それでわかる範囲で理解するしかないなと半分あきらめてもいた。見始めてから、短い立ち話を除けば 10 年近くそのようにして過ぎた。しかし、やはり見ているだけではわからないことがある、どうしてももう少し詳しく聞いていたいという思いは募ってきた。歩道生活の外観が落ち着いてきたことに勇気づけられて、ついに、歩道の中に

踏み込むことにした。そういう言い方は、普通の狭い歩道のイメージでは奇妙に聞こえるであろうから、ここの歩道は幅が 5m 以上もあることを言い添えなければならない。そのため、トタン屋根（今はヤシの葉葺き）の小屋と歩道寺院の間が、ちょうど中庭のような感じのスペースとなるのである。2013 年の経験を書こう。その「中庭」に入り込んで、P さんに挨拶した。すでに顔みしりであったから、まあ座ってと椅子を出してくれ、茣蓙に座る P さんと初めて落ち着いて座って対面した。周りには次男 S、長男の娘とその赤ん坊などが一緒だ。ソフトドリンク（ペプシコーラ）を買ってきてくれた。私は「中庭」の椅子に座って、目線が下がって、私の見る風景が歩道の内側からのものに変わった。これが私には衝撃的であった。ものすごい雑踏の大通りの際の歩道であることには変わりないのに、なぜか静かなのである。まさに家の中にいる落ち着きが漂う。外側からの立ち見の光景と、内側からのこの風景との間にあまりに大きな落差があることに本当に驚いた。あー、ここは生活空間（住まい）になっていると感じた。こうして、P さんの家族に囲まれ、二歳の子が昼寝する中でのインタビューは、私の既成概念を見事に打ち破り、穏やかな空気のなかでゆっくり進んだ。ものすごい騒音の大通りに面しているわけだが、なぜか騒音が遠く感じられる不思議体験であった。自分を他者に預けた体験である。自己の他者化と言っても良い。私のこの歩道寺院調査が往路から復路に折り返した、その一歩を踏み出したということであろう（後述、（関根 刊行中）参照）。

　歩道の外部から歩道の内部に入った、それが私にとって敷居を踏み超える経験の始まりであった。この私にとっての敷居は、P さんにとっては敷居でも何でもない。私がこの寺院の存在を知ってからでも 15 年を超える歳月であるが、P さん自身はここに生まれて 70 年を超える時を刻みながら、家族を生産し、自他の協働の力を繰り込んでこのような生きられる空間を構築してきた。この 7〜8 年の変化が表向きは大きいが、そのことが起こるために長い歳月の経験蓄積があってのことにちがいない。その歩みの中に不法占拠の空間を我が家にするという P さんの敷居を超える経験であったに相違ない。別のところ（関根 刊行中）で私が論じたことであるが、こうした敷居を超える過程（それを私は記号過程ととらえているが）は、〈無を有ならしめる欲望〉の往路ベクトルだけの状態が終わり、その往路と〈有を無化する〉復路とい

う二つの相反するベクトルが並走する事態に入る起点すなわち折り返し地点から始まる。このＰさんの歩道の「家屋敷」化の場合であれば、行政が追放をあきらめた時点がその顕在的な起点になろう。それが2010年ころに起こった。まさに「他者の場所」を生きる無産のＰさんであるから、潜在的な往路が顕在化したときには、自力だけでの努力はすぐに限界に達して折り返し地点を回ることになる。つまり、自力でできることはほとんどないから、すぐに往路と復路の二重奏に入る。他力を自力化する協働しかない。自己化する往路と他者化する復路の二重奏である。そこから急激に歩道空間は家屋敷のようになっていく。見てきたとおり、自他の協働によって増殖したのである。これが社会的弱者のボトムアップの自立性獲得のやり方である。

　こうしてみてくると、ある現実があっても、それが一体どういう意味であるかは、それぞれの主体によって異なる。すなわち、生きるための課題になる敷居が異なるのであって、社会中心からの視点を客観的真実のように固定的に分析概念に用いることが、どれほど生きられている実態とかけ離れていて、学問的に乱暴なものであるか、もう想像できよう。こうして、「排除と包摂」二元論が社会空間管理側のトップダウンな政治行政言語であり、研究者としてそれを無批判に分析概念として用いるならば、御用学者のそしりを免れないであろう。なぜなら、現実に生きている人々の主体的な生の機微に全く寄り添うことがないからである。それを研究者の行う自立した研究として認めることは到底不可能である。

　もう明らかである。生きる主体から見たそれぞれのその時々の敷居の発見と乗り越えこそ重要なのだ。それこそが、それぞれの主体にとっての新たな世界を開く創発であり、生きているということである。私たちは、それぞれにひたすら生きるために、それぞれの視点からの敷居を通過する。意識的あるいは無意識的に敷居を超え抜く経験を積み重ねていく。

　私にとってはＰさんの歩道の家に飛び込むことがそのときの敷居であった。そこで思わぬ歓待を受け、インタビューさせてもらい、それを終えてそこを去る私は、予想しなかった自己変容（と他者了解）を遂げた。困窮の中にあると見える人間を歪んだものと自己中心的に勝手に思い描いてしまっていた（相手を特殊化していた）私は、彼らの「普通さ」に驚きの安堵を感じたし、自分の想像力の貧困さに嫌というほど気づかされ反省を迫られた。歩道

で一生を過ごすためのストリートワイズのしたたかさとともにマナーとホスピタリティを失わない人間がここにいる（その近傍にあるアル中と精神病も人間的であることの別の現れである）。別れ際に「今度はいつ来ますか」とも聞かれる。アーディ月（8月頃）にまた来ますよと答えた。そのときまでには、この歩道はもはやそこを超える前の私が抱いた敷居ではなくなっていた。私は変容したのだった。

　この事例の重要性を改めてまとめると、完全に無産の「貧窮者」にあった者が、この半世紀以上の時間経過の中で、後半はネオリベラリズムの進行下で、すでに人々の間に共有されてその地にある宗教ハビトゥスを中心にした文化ハビトゥスを巧みに活用・流用することで、そして、その上で家族を作るという自前の悲喜こもごもの再生産力を用いることで、地域のつながりと親族のつながりの網の目（小さな社会資本）のうちに社会的連結を創発しつつ、そこから利得を産みだし、自力でぎりぎり「貧者」にまでのし上がったところにある。もちろん闘いは終わらないし、予断は許さないのだが。そのことがどうにかうまくいったのは、もう一度言うと、第一に、歩道寺院のロケーションの卓抜さとその宗教性による不法占拠の正当化、それを前面に出して数々の厳しい試練を乗り越えて結果的に歩道のホーム化を勝ち取ったこと（ちなみに、大都市の都心であるから彼らの占拠している空間の広さ約70m²は2010年代の半ばで地価2クロール（2,000万ルピー）に匹敵する、もちろん売買できるわけではないが）。第二に、そうした闘争の主体を、多産によって増殖したこと。凍死はしない環境にも依存しているが、Pさんは子供たちとともに作りあげてきた拡大家族の協同性によってサバイバルしてきたのである。これは、神を中軸にして、近隣地域と家族・親族めぐる小さなしかし下からの確かな社会的結束の創発に相違ない。

5　事例2：歩道寺院　その2

　二つ目の事例ボディガード・ムニスワラル Bodyguard Muniswarar 寺院に移る。この後に述べるように、同じ歩道寺院でありながら、かなり対照的な性格を示すので、事例1の独特の位置を際立たせるために紹介する。共通性と差異を見てもらうことで、一口に歩道寺院と言っても、それぞれの文脈的

広く歩道を占拠するボディガード・ムニスワラル寺院

メトロポリタン交通公社ゲート前

状況で多様に展開する様子を見てもらいたいからである。

　その歩道寺院は、チェンナイ市の北部に位置し、市の中枢機能が集中しているところで、チェンナイ中央駅に向かうパッラヴァン・サーライ Pallavan Sarai という名の、トラックがよく通る大通りの歩道に位置する。メトロポリタン交通公社 Metropolitan Transport Cooperation Limited（元は中央政府の陸軍基地施設）の敷地の正門の際に造られている。事例 1 が知る人ぞ知るといった近隣に溶け込んだもの、病院通いの人たちの間では有名なものとすると、事例 2 のこの歩道寺院はチェンナイ全体さらに広域に知れわたっており、すでに寺院として大きな信者の後背地を有する。トラック、普通車、バイクなど車を購入した際には、ここでお祓いしてもらい安全祈願をすると交通事故などの不幸が起きないという霊験への信仰が定着しているのだ。

　事例 1 の歩道寺院はその横に管理する人たちが住むという寺院の生産機能と生活の場が一体化しているのが特徴である。事例 1 のようなものは多くないので貴重な事例を提供してくれている。これに対して、事例 2 は歩道寺院の存在機能が突出した生活より生産に傾いたケースを提供している。この寺院のように管理者が寺院の横に住まないケースの方が一般的であるが、この寺院の固有の特徴は地域信者集団の共同管理である点で、この点は個人管理・個人所有が多い中では一般的ではない。下の対照表にも示すように、この事例 2 は自動車のお祓いの霊験に専門化する形で、驚くべき発展ぶりを示す歩道寺院なのである。そしてその発展がまた深くネオリベ資本主義のインドでの展開に相即して加速しているのである。先取り的に、二つの事例の対

照表を作ってみるとこうなろう。この下線を付した対照点が、数ある事例の中で絞り込んでこの二事例を取り上げる理由にもなっている。事例2については順に説明していく。

事例1：管理者は<u>1家族</u>で寺院の横に住んで寺院経営；州立病院の門の近く；<u>病気平癒</u>＋全般信仰；<u>非ブラーマン</u>の家族がプージャー（礼拝）；歩道寺院からの<u>収入は限定的</u>；多様な細かい周辺化された他者をつなぐ<u>ヘテロトピア的ヘテロトピア</u>の傾向

事例2：管理者は地域集団で運営委員会を設けて<u>組織的</u>に寺院経営；メトロポリタン交通公社（以前は中央政府陸軍）のような大組織の入口の横；<u>交通安全に特化した信仰</u>＋全般信仰；雇われた<u>ブラーマン</u>司祭がプージャー；歩道寺院からの<u>収入でビジネスが成立</u>；ネオリベで急速に進む車社会化というメイン・ストリームで発展する<u>ユートピア的ヘテロトピア</u>の傾向

　それはオートバイや自動車やトラックの普及がチェンナイにおいてもニューデリーやムンバイからは遅れをとるが、この20年右肩上がりで増えており、特にこの10年はより高い伸びを示す。ここに紹介する歩道寺院は、トラックにせよ、自動車にせよ、オートバイにせよ、新車を購入した人が事故を起こさないように交通安全を求めて訪れ、お祓いをしてもらうのである。このための霊験ありと、完全に評判は定着しチェンナイを超えて遠くからも人々がやってくるそうである。この寺院の道沿いには、お祓いを待つたくさんの車両が列をなしている状態だ。特に週末は長蛇の列ができる。2012年3月の新聞 The Times of India はこの10年でタミルナードゥ州の自動車保有者が倍増したと伝えている（Sivakumar 2012）。2010年代半ばで、いまだチェンナイではオートバイが多く、自動車はまだ保有率が15％程度で今後の伸び代が大きい（国際エネルギー機関（IEA）は報告書「世界エネルギー展望（WEO）2016」で、インド全体で2040年までに8.8倍の伸び率が期待できるとしている）ので、この寺院はインドのネオリベ的経済成長が続く限りますます隆盛に向かうことは間違いがないだろう。

ボディガード・ムニスワラル寺院正面

ボディガード・ムニスワラル寺院主神殿

お祓いの儀礼用品、毛髪の魔除けが重要

新車のお祓いの儀礼

　この歩道寺院の主神は、ボディガード・ムニスワラルである。歩道を完全に占拠して小屋掛けされているが、ご本尊の祠は実に小さいものである。小さき神に大きな信仰が発生している様子が見て取れる。その横にシヴァ系の独立女神が祭られている。どのようにこの歩道に位置することになったのかを、ここで雇われて働く従業員の一人が次のように説明してくれた。今は歩道に位置するムニスワラル神であるが、もともとは中央政府の陸軍の敷地の中に130年位前からあった（現在の交通公社の正門を入ったすぐ右手の菩提樹の下にあった）、そこにあったときはパール・ムニスワラル（牛乳・ムニスワラルと言われていた）が、近隣の人が多く敷地内に入ってきてお参りするので、陸軍サイドは困って、その神を外に出して正門向って左手の歩道上の今の位置に移動することで信者たちと決着したという。その交渉の過程で、この寺院の運営委員会に陸軍のメンバーも加わることが了承された。この妥協的な決着は、この地に見られる神の取り扱いには慎重な文化ハビトゥスに基づくものであるが、同時に陸軍のお墨付きをもらったことも同然であり、歩道寺院が

今日まで安定的に存続し繁栄する基礎を与えるものになった。すなわち、公道の歩道を民間寺院がいわば占拠しても半ば公的に中央機関が許諾した形になったのであるから、州や市による歩道からの撤去は難しいことになり、永続が保証される度合いが高まったということである。しかも、40年ほど前に起こったこの移動で歩道に出てきたムニスワラルは、交通安全の祈願の霊験を有名ならしめて、特にオートバイや自動車やトラックを買った人が、この小さな歩道寺院にお祓いを求めて押し寄せている。この歩道寺院の看板にはタミル語で Paatikaato Muniswarar と英語で Bodyguard Muniswarar と併記されている。明らかに植民地時代の英語支配の中で、今のパッラヴァン・サーライ Pallavan Sarai 大通りは、ボディガード・ロード Bodyguard Road と呼ばれていた。現在の交通公社のところでインド陸軍のトラックの木製車体ボディ・フレームを作っていたために、その前の大通りがそう呼ばれていたという。その通りの名前が取られて、ボディガード・ムニスワラル Bodyguard Muniswarar が誕生したのだ。その後は言葉のメタファーの作用と流用によって、その名称に誘われて、人々がお参りをはじめ、やがて新車をお祓いして車の安全を守る霊験あらたかな神として市中のあるいはそれを超えた地域の人々から信仰を集めることになり、極めて繁盛した歩道寺院になっていった。この寺院の現在の運営委員会は、ブラーマン司祭からスタッフまで入れて35人の従業員を雇っているという。新車の前でココナツを割りレモンを切りドライバーと車とをお祓いして、魔除けの毛髪や呪物を新車の前に取り付ける。こういう境界的事象に対応するのは正統ヒンドゥー教の大神ではなく、

アンガーラ・パラメースワリ女神寺院

アンガーラ・パラメースワリ女神寺院にも用意された魔よけの毛髪

土着の香りを残した庶民ヒンドゥー教を担う両義的な神がふさわしい。ムニスワラルはシヴァに習合されてはいるが、ムニ Muni という悪霊の大将が神格化したタミル地域での地域神で、きわめてパワフルな両義的な神であり、それゆえに信奉すれば大きな恩恵をもたらすと考えられている。供物に煙草があるのもそうしたローカル性、両義性の現れである。もともとは血の供犠を受けていたのであるが、それは抑圧されサンスクリット化している。この独特の力が特にここでは自動車に乗る者の護衛ボディーガードの権能の強さとして評判を呼んでいる。とりわけ責任の重い仕事を担う大型車やトラックは必ずここでお祓いを受けるという。この神の横に祭られているローカル女神は主神の移動後に据えられたものであるということで、信者層を広げるために女性信者へのアピールが目指された。

　メトノミーがメタファーへ、メタファーがメトノミーに、意識的に無意識的に変換されながらミクロ空間は発展していく、その模様が確認できる。「……に因んで」の持つ転換力の創発性を見ることができる。陸軍のトラックのボディフレームを作っていた場所があった。それに因んで、その前の大通りはボディガード・ロードと呼ばれた。ここにすでに一つの思考のジャンプがあり、ボディフレームがボディーガードに転じている。ボディフレームは車を守り乗っている人を守るからボディーガードである。そのボディガード・ロードの歩道に位置することになったパール・ムニスワラルは名前を変えて、ボディガード・ムニスワラルとなった。そこでこのムニスワラル神の両義的力がボディガードとなってトラックや自動車など乗り物一般を護衛するものとして喧伝されるようになった。両義的な神の移設と陸軍の関与の文脈と、ボディフレーム製作とボディガード・ロードという道路名の文脈とが、この大通りの歩道で出会い、そこに創発的な意味をまとった歩道寺院が誕生したという具合である。幾重にもメトノミーとメタファーが連なっている。この現象は、この場所のトポスにも確かに支えられている。この場所の通奏低音は陸軍という force と guard の意味合いを合わせ持った空間性であろう。というのは、ボディガードという形容詞の伝搬力は陸軍の存在に支えられている証拠に、近くにはこのヒンドゥー歩道寺院だけでなく、ムスリムのためにはボディガード・パッリヴァーサム Bodyguard Pallivasam（モスク）がある。またクリスチャン向けにもボディガードの教会がある。陸軍の隊員にはいろ

第 7 章　下からの創発的連結としての歩道寺院

いろな宗教の信仰者がいるから、均等な対応の結果であるようだ（インドのセキュラリズムの形である）。国を守る、自分を守る、双方が、関係者のイメージの中で結合するのであろう。そういうイメージ連合が共通基盤になっているのである。ブリコラージュはこのような関係者を下支えするイメージ共有がないとうまくはいかないのだろう。こうして幾つもの文脈の結合と連鎖がそれまで無かったものを生じさせる。歩道寺院の神には、地域的な両義的な小さき神が多い。ブラーマニズム的な大きな神はその主体性が強いので、他者の文脈を受け入れにくいが、それに比して、小さき神はその意味での主体性が無に近い分だけ融通無碍に他者の文脈と結合して創発的な力を産みだせる。小さき神の繁栄はそこにこそ由来する。下からエネルギーがわいてくる。自他を繋ぐ力としての宗教の核心の真骨頂がむしろこういう小さき神で見えやすいのである。新たな関係づけを得ることが、何かを生み出す元手であり過程である。それはまさにパースの言う意味での記号過程と同じである。

　いずれにせよ、こうした創発の積み重ね、記号過程の積み重ねによって生み出された言説は、ボディガード・ムニスワラル神の霊験としてヒンドゥー社会の宗教ハビトゥスに到達して独り歩きを始める。今日も、そしてこれからも多くの新車がこの歩道寺院の前で列をなして待つことになるだろう。

　このように、一つの歩道寺院（法的には不法占拠の聖地）が発達して多くの信者を集めれば、そこに大量の仕事が生まれ、この寺院のように 35 人という信じられない数の人間の職場になる。さらには大通りの向かいには、これまた両義的でパワフルなアンガーラ・パラメースワリ Ankaala Parameeswari という独立女神（地方女神のドゥルガーという大女神への習合形態）の歩道寺院が 30 年前頃に作られ、ボディガード・ムニスワラル寺院に来た信者はついでにその女神にお参りすることになり、その寺院もまた盛況である。もちろん、女神目当てに来て、ボディガード・ムニスワラルにも参るという人もいよう。アンガーラ・パラメースワリ歩道寺院の管理者はすでに 54 周年であると主張している。もともとの村の神の一つだった可能性が高いからいつの時点から数えるかによって変わる年数である。ボディガード・ムニスワラル側の関係者の意見も入れると、歩道に据えられたのは、30 年くらい前なのだろうという予想が妥当である。最近では、道路の反対側のこの女神の方の売店にも新車の前に着ける呪物としての毛髪などが売られているのは、おこぼれに

預かっているわけであるが、それはまた参拝者側の庶民信仰の緩さをも物語っていよう。

　ここに述べてきたようにこの地のボディガード・ムニスワラルの霊験とその繁盛ぶりはチェンナイでは誰もが知るほどに有名になってきている。すでに述べたように、その影響に違いないが、事例1のロヤペッタのヨーガ・ムニスワル歩道寺院を管理するPさんの次男Sさん（ヒンドゥーの神を祀るSさんの名前が実にクリスチャン名であることはまた興味深いが）は、2016年のインタビューで自分たちの歩道寺院をボディガード・ヨーガ・ムニスワラルだと答え、それを住所に使っていると述べた。ここにもおこぼれを預かる歩道寺院がある。機を見るに敏というのであろうか、ムニスワル（＝ムニスワラル）神の寺院の形容詞はこうして変転してきたのではないかと予想された。この事例2自体でも、もとはパール・ムニスワラルで、それは牛のミルクを流して祈る蟻塚とそこに棲むコブラへのローカルな信仰を思わせる名称であったが、移動で形容詞は新しい文脈を生きるために取り換えられてしまった。興味深いことである。

6　結び

　本章では、創発という概念を、パース記号学の中心的推論であるアブダクション abduction の意味で記号過程を体現したものとして用いていることを改めて明確にしておく。一応ここでは emergence を創発と訳出する議論から距離をとっておく。とはいえ、両者には共通の価値生成的という質的方向性があることは確かである。その点で、安冨歩が emergence をめぐって書いたことは、共有できるものであるし、ここでの排除と包摂二元論を批判的に検討し貨幣的価値のみに偏した残忍なユートピア思想としてのネオリベラリズムを批判する本章の目的とも合致するので、参考に引用させてもらう。

　安冨はこうまとめる。「生命が生き延びるための暗黙の力の発揮を「創発」と呼ぶ。この創発が実現されることにより価値が生まれる。有効な経済活動の本質は、創発を呼び起こすために必要なものを、必要な場所に届けることである。この「もの」には情報が含まれる。一方、市場というシステムは、人々が納得する水準に貨幣的価値＝価格を定める。この水準に従って利益の

出る活動が促進されることで、間接的に創発的価値の生成を助長するのが市場の機能である。ところが、創発的価値と貨幣的価値とは常に乖離する。この乖離を乗り越えて、創発的価値と貨幣的価値とを結びつけること、つまり、意味があって利益の出る仕事を見出して実現するのが企業の使命である。創発的価値と貨幣的価値との乖離は、社会を崩壊に導く危険性を帯びており、この乖離をいかに小さくするかが、経済制度や政策の目的であるはずだが、財政は往々にして放漫となり、この乖離を拡大してしまう」(安冨 2010)。その通りである。創発的価値に立ち返れるか否かの岐路に私たちは立っている。そこに向けて本章も本書も書かれている。再度言うが、私はここで、パースの記号過程におけるアブダクションという創発に託して議論している。詳しくは、(関根 刊行中)を参照願いたい。

　ネオリベラリズムが跋扈し、無用な流動と不安にあおられる現代社会に生きる人々は、上位階層にいようが下位階層にいようが押しなべて、この液状化状況に対処して生きなければならない。不安の増大は、必ず安易に捏造された仮想的敵の排斥という様々な次元のナショナリズムをもって搾取される。事実そういう現象が世界各国で起きている。しかし、それがすべてではない。上からのそうした社会分断的な扇動に影響されてしまうことも事実であるが、けしてそれがすべてではない。なぜそう言えるか。それはそうした上からの扇動に乗っているだけでは衣食住を賄えない人々がいるからである。インドの社会的底辺の人々は、物量作戦で来るヒンドゥー至上主義集団 RSS に思想信条よりも生活のためにすり寄ることがよくある。それでもそれだけで生活が成り立つかというとそうふうにはならないから、どうしても自力の生活構築が求められる。RSS は、自らの勢力をのばすために「排除と包摂」二元論を巧みに使う。排除状況をメディアも最大限に用いて意図的に作り出しておいては、次に包摂の手を差し伸べるから自分たちの政党 BJP に投票しろ、異教徒には改宗しろ、再改宗しろと迫るのである。そこまで露骨でなくとも現実の政党政治による代表制の「民主主義」(?) 国家は、同じような傾向を持つ。そのような包摂的救済策に貧民はもちろんすがりつくが、それだけで間に合うはずがない。自前の努力なしには底辺の人々は生きていけない。とりわけ「貧窮者」を誰も顧ない、救済の手もとどかない。だから死ぬまでは、身体と心が動くうちは、乞食をし、紙くずを拾う。そこにはとてつ

もない矛盾がある。そもそもネオリベ資本主義が「貧窮者」を生み出す構造を推進しているのだから、そういう資本主義を推進する政府が言う包摂がいかに欺瞞的なものであり、腰が引けているか、容易に想像できるだろう。このように排除と包摂二元論は、トップダウンだが真に福祉国家的なスタンスからのものから、矛盾解消どころか矛盾を広げることを実際には画策している本気ではない隠れ蓑の包摂策まで、多様に流用されてしまうという決定的な弱点を持っている。それは、排除の論理に基づくユートピア的思考による施策の陥穽と言っておきたい。そのような施策に属する排除と包摂二元論には、生身の人間がそれぞれの具体的な文脈においてコミットメントをして現実構築しているという事実が、つまり当事者性の理論がすっぽり抜けている。

　それでは、どのように思考の方向転換を図ったらいいのか。中心からの排除的思考は、実はミクロな現実生活の実態を正確に言い当てていないことを知るべきなのである。現実を知ることが肝要だ。現実を知るとは何か。生活者という主体が直面し含みこまれている述語的世界、言い換えれば具体的に生きられている文脈を知ることである。何にコミットメントしているかである。

　そのために、本章では事例1を中心にしながら、二つの歩道寺院の事例を描写してきた。普通に都市を見る目では、どちらも小さな祠であるから、歩道の一角の取るに足らない些末な周辺現象に見えるだろうが、そうした歩道寺院の現象にも生活／親族的からビジネス／組織的まで、創発的価値寄りから貨幣的価値寄りまで、振幅があることを示せたと思う。とは言え、両者ともに、自己の資産を投資して自力で生きてきたというより、様々な環境の偶然を文脈にして他力を組み込む創発の連鎖で構築されていることでは共通している。そこに、排除と包摂二元論を乗り越えるために学ぶべき貴重な、別種の思考様式が認められる。それは他者が次々組み込まれるという意味でヘテロトピア的思考である。ところが、それは気づいてみれば当たり前に誰もがしていることなのだが、自己裁量力のある有産階層の人々には先取り計画ができるというユートピア思考の幻想の前で見えにくくなっている事態なのである。その意味で、無産の人々のサバイバルの日常には、中産階層市民の中ではある意味で抑圧されている思考を目撃できる。その意味で貴重な現実開示の教師である。それを素直に自らの抑圧を解放するための教師であると

第7章　下からの創発的連結としての歩道寺院

認める人は稀で、大方の市民は心外なものを見せられたとその存在をむしろ嫌悪し敵視することになる。ホルクハイマーとアドルノが言ったとおりである。

　それが敵ではなくまさに自分であると学べるならば、広々とした世界を手にできる。人が生きるという事態の実相に接近できる。それは一言で言うならば、歩道寺院をめぐる生活実践が、まさにパースが説いた連続主義（synechism）という教えを体現していることが学べるからである。その原理になる理論構造は、一次性、二次性、三次性あるいは表意体の根底、対象、解釈項によって構成されるアブダクションを中心にした推論を通じた記号過程として把握できる。そこでは、根底が対象と解釈項を見出す時間こそ恩寵であり、財産である。なぜなら、その時間経過の中で創発 abduction が起こるからである。新しいことが生まれる出来事の時間であり、他者を繰り込んで自己変容を経験する生きられた時である。人はしばしばそのことが生きることそのものだということを忘れ、既存のカテゴリーに自分を割りあてて、それが自分であると固定化してよしとする。そのような自己規定・自己限定は、生きることとは真逆の生きるための呼吸を止める行為である。それは自分を息苦しくするだけでなく、別カテゴリーの他者を異なるものとして排除する形で社会全体を息苦しくし貧しくすることなのである。生身の実際の私たち人間は、そのようなスタテュックなアイデンティティを生きているのではない。それは実態とはずれた幻の観念の所産であって、現実にはアイデンティフィケーションという根底が対象とつながり新たな解釈項を生み出す「自己が他者になる」動詞的様態を生きている。それはある意味で当たり前のことを言っている。生きているということは呼吸しているということであるからだ。順番は明らかだ。まず吐いて、それから吸うのである。説明的にいえば、自己を出し切って、その限界から吸うことつまり他者を繰り込むことが始まる。自己計画・管理のユートピア的文脈（往路）が途切れた限界で、新たな他者とつながる文脈が到来し、それを繰り込む協働を通じて創発が起き始める（復路）。このような時間をかけた創発の積み重ね、他者を取り込む自己変容の積み重ねは、自己が常にヘテロ化しながら変容・成長していくことである。このような生き方を、私はヘテロトピア的デザインの生と呼んでいる（関根 刊行中）。前もって計画できない生の生々しいそして生き生きした在

189

り方である。自己が自力で計画して何かを成すことは、大いなる資産がある者しかできない。無産の者は、自己ができることの限界がすぐに来てしまうので、後は他者に身を開き、それと出会って生かす以外に道はない。他者の力を受容して自己の生存に生かす以外に道がないということである。その際に、無産でも有産でも共通して持っている基盤的資産がある。それが広義の文化である。文化的ハビトゥスである。それを媒介項にしながら、創発的に他者を取り込んでいく（もちろん今日では異文化の中に置かれた無産の人々もいるが、それでも人間が他の人間を人間と認める限りの人間文化の共有性があろうから、正確には基盤的資産が皆無とは言えない）。

　二つの歩道寺院をめぐる活動の事例を見てきた。第一は大病院の近くつまり病に寄り添う歩道寺院であり、第二は交通安全という不測の事故に寄り添う歩道寺院であった。とはいえ、これらの歩道寺院は公空間の不法占拠である。法令順守が正しいと思い込む市民意識からは不法行為と糾弾されそこからの追放が望まれる。撤去のために訴訟も起こされる。そういう排除に晒された人たちが生きる場を、そこでの生活実践をなぞるように見てきた。特に事例1は一家族だけで並大抵の風当たりではない状況を切り抜けてきた。そういう場所に生きるということは、上からの包摂の施策をただ待っているわけではもちろんない。何もしなければ何も起こらない。生きていけない。だから、歩道寺院をまず作った。どうにかそれは守れそうな見通しが立った。そこで、それを拠点に住所を作って上からの包摂施策を利用する道を開く。それでも暮らしは不十分であるから、それらも含めて、オートリキシャドライバーのような無産の者が取りつきやすい仕事や、世の中の潮流を観ながらどういう信仰需要があるかを見極めて歩道寺院を強化していく。こうして、どうにかやっていく世界を自前で構築しているのである。それは細かく知れば知るほど見事な、大胆で細やかなブリコラージュである。この現実実態は、排除と包摂の二元論での弱者対策、貧困対策ではすっぽりと抜けている。誰が生きる主体なのかという当たり前の問い、人が生きるという現実にはコミットメントという能動・受動の区別を超えた主体的実践が常に働いているという当然の事実認識が、そういう上からの平均的に薄められた空中飛行的な理論からは抜け落ちてしまうということである。

[文献]

新茂之（2011）『パース「プラグマティズム」の研究——関係と進化と立論のカテゴリー論的整序の試み』晃洋書房。

有馬道子（2001）『パースの思想——記号論と認知言語学』岩波書店。

伊藤邦武（1985）『パースのプラグマティズム——可謬主義的知識論の展開』勁草書房。

伊藤邦武（2006）『パースの宇宙論』岩波書店。

伊藤邦武（2016）『プラグマティズム入門』ちくま新書。

岩田慶治（1982）『創造人類学入門——知の折り返し地点』小学館。

岩田慶治（1988）『自分からの自由』講談社現代新書。

上田閑照編（1996）『西田哲学への問い』岩波書店。

上山春平責任編集（1968）「パース論文集」上山春平・山下正男訳『世界の名著48：パース・ジェイムズ・デューイ』中央公論社。

内田種臣 編訳（1986）『パース著作集2　記号学』勁草書房。

岡田雅勝（1998）『パース』清水書院。

柄谷行人（2010）『トランスクリティーク——カントとマルクス』岩波現代文庫。

川喜田二郎（1967）『発想法：創造性開発のために』中公新書。

ギブソン、J.J.（古崎敬訳 1986）『生態学的視覚論——ヒトの知覚世界を探る』サイエンス社。

ギブソン、J.J.（エドワード・リード、レベッカ・ジョーンズ共編 2004）『直接知覚論の根拠——ギブソン心理学論集』勁草書房。

ギブソン、J.J.（2011）『生態学的知覚システム——感性をとらえなおす』東京大学出版会。

ギブソン、J.J.（東山篤規・竹澤智美（翻訳）（2011）『視覚ワールドの知覚』新曜社。

小林康夫、石田英敬、松浦寿輝 共編（2006）『フーコー・コレクション　全6巻別巻1』ちくま学芸文庫。

佐伯啓思（2014）『西田幾太郎——無私の思想と日本人論』新潮新書。

佐々木正人（1994）『アフォーダンス』岩波書店。

シービオク、T.A.（池上嘉彦訳 1985）『自然と文化の記号論』勁草書房。

杉本良男 2000「インドの聖者と政治——社会学・人類学的考察」島岩・坂田貞二（編）『聖者たちのインド』春秋社、246-264頁。

関根康正（2002）「「宗教空間」としての歩道空間——チェンナイ市1999年～2001年の「歩道寺院」の盛衰から見える宗教景観」関根康正編『南アジア地域における経済自由化と『宗教空間』の変容に関する人類学的研究——生活宗教に探る「宗教対立」解消の方途』（1999～2001年度科学研究費補助金基盤研究（A）（2）研究成果報告書）、日本女子大学、111-138頁。

関根康正（2004）「ケガレから都市の歩道へ、あるいは、現代人類学事始め——『〈都市的なるもの〉の現在——文化人類学的考察』刊行を編んだ後で」『UP』No. 384、14-19頁。

関根康正（2004）「都市のヘテロトポロジー――南インド・チェンナイ（マドラス）市の歩道空間から」関根康正編『〈都市的なるもの〉の現在――文化人類学的考察』東京大学出版会、472-512 頁。

関根康正編（2004）『〈都市的なるもの〉の現在』東京大学出版会。

関根康正（2006）『宗教紛争と差別の人類学』世界思想社。

関根康正（2007）「ストリートという縁辺で人類学する――『ストリートの人類学』の提唱」『民博通信』No.116（特集・ストリートの人類学　関根康正責任編集）。

関根康正（2008）「「ストリートの人類学」という構想」『都市文化理論の構築に向けて』（大阪市立大学都市文化研究センター編）清文堂。

関根康正（2009）『ストリートの人類学・上巻』国立民族学博物館。

関根康正（2009）『ストリートの人類学・下巻』国立民族学博物館。

関根康正（2009）「パッケージ化と脱パッケージ化との間での生きる場の創造、あるいは「組み換えのローカリティ」」関根康正編著『ストリートの人類学・下巻』（SER81）大阪：国立民族学博物館。

関根康正（2012）「発想法（KJ 法）と人類学的フィールドワーク」川喜田二郎記念編集委員会編『悠然の探検――フィールドサイエンスの思潮と可能性』清水弘文堂書房、322-330 頁。

関根康正編（刊行中）『ストリート人類学』風響社。

近森高明（2007）『ベンヤミンの迷宮都市――都市のモダニティと陶酔経験』世界思想社。

ディーリー、ジョン（大熊昭信訳 1998）『記号学の基礎理論』法政大学出版局。

デイヴィス、ウイリアム H.（赤木昭夫訳 1990）『パースの認識論』産業図書。

ドゥルーズ、ジル＋フェリクス・ガタリ（宇野邦一ほか訳 1994）『千のプラトー――資本主義と分裂症』河出書房新社。

西田幾多郎（1970）『日本の名著 西田幾多郎』（編集 上山春平）中央公論社。

パース、S. チャールズ（米盛裕二・内田種臣・遠藤弘共訳 1985 ～ 1989）『パース著作集』全 3 冊　勁草書房 (Charles Sanders Peirce, Collected Papers of Charles Sanders Peirce 1935, Science and Philosophy 1958).

パース、S. チャールズ（伊藤邦武訳 2001）『連続性の哲学』岩波書店。

バーンシュタイン、R. J. 編（岡田雅勝訳 1978）『パースの世界』木鐸社。

平山洋（1997）『西田哲学の再構築』ミネルヴァ書房。

フーコー、ミッシェル（1998 ～ 2002）『ミシェル・フーコー思考集成』全 10 巻、筑摩書房。

ブレント、ジョゼフ（有馬道子訳 2004）『パースの生涯』新書館。

ベンヤミン、W.（今村仁司・三島憲一 訳他 1993）『パサージュ論』全 5 巻、岩波書店 (Walter Benjamin 1982 Das Passagen-Werk)。

ベンヤミン、W.（1995 ～ 2014）『ベンヤミン・コレクション』1 ～ 7、ちくま学芸文庫。

ベンヤミン、W.（1997）「歴史の概念について」、『ベンヤミン・コレクション 1』ちくま学芸文庫。

第 7 章　下からの創発的連結としての歩道寺院

メニングハウス、ヴィンフリート（伊藤秀一訳 2000）『敷居学　ベンヤミンの神話のパサージュ』現代思潮新社。
安冨歩（2010）『経済学の船出――創発の海へ』エヌティティ出版。
山口裕之（2003）『ベンヤミンのアレゴリー的思考』人文書院。
米盛裕二（1981）『パースの記号学』勁草書房。
米盛裕二（2007）『アブダクション――仮説と発見の論理』勁草書房。
リンギス、アルフォンソ（小林徹訳 2015）『変形する身体』水声社。
(2006)『大航海』60 号、特集 パース 21 世紀の思想、新書館。

Ananthamurthy, U. R. (2016) *Hindutva or Hind Swaraj*, Harper Collins India.
Augé, Marc (2009) *Non-Places: An Introduction to Supermodernity*, translated by John Howe, London: Verso.
Breman, Jan (2016) "Only Gandhi wrote about paupers" (G. Sampath's interview article with Jan Breman), *The Hindu*, February 21, 2016
Brent, Joseph (1998) *Charles Sanders Peirce: A Life. Revised and enlarged edition*, Bloomington: Indiana University Press .
Bunsha, Dionne (2006) *Scarred : experiments with violence in Gujarat,* New Delhi: Penguin Books
Daniel, E. Valentine (1984) *Fluid Signs: Being a Person the Tamil Way,* Berkeley: University of California Press.
Dasgupta, Sudeep (2006) Gods in the Sacred Marketplace: Hindu Nationalism and the Return of the Aura in the Public Sphere, in Birgit Meyer and Annelies Moors eds., *Religion, Media and the Public Sphere*, Indianpolis: Indiana University Press.
Dorairaj, S. (2009) On the Margins, *Frontline*, Volume 26 - Issue 10.
Dwyer Rachel (2006) The Saffron Screen? Hindu Nationalism and the Hindi Film, in Birgit Meyer and Annelies Moors eds., *Religion, Media and the Public Sphere*, Indianpolis: Indiana University Press.
Engineer, Asghar Ali; Dalwai, Shama.; Mhatre, Sandhya (2002) *Sowing hate and reaping violence : the case of Gujarat communal carnage*, Mumbai : Centre for Study of Society and Secularism.
Foucault, Michel (1984) Of Other Spaces: Utopias and Heterotopias, *Architecture /Mouvement/ Continuité* October, Translated by Jay Miskowiec (based on the Lecture "Des Espace Autres," March 1967) pp.46-49.
Gibson, J.J. (1977) The Theory of Affordances (pp. 67-82). in R. Shaw & J. Bransford (eds.). *Perceiving, Acting, and Knowing: Toward an Ecological Psychology*. Hillsdale, NJ: Lawrence Erlbaum, pp.67-82.
Hartshorne, Charles and Paul Weiss eds. (1931-1935) *Collected Papers of Charles Sanders Peirce*, vols. 1-6; Arthur W. Burks ed. (1958) *Collected Papers of Charles Sanders Peirce*, vols. 7 & 8. Cambridge: Harvard University Press.

Lingis, Alphonso (2005) *Body Transformations: Evolutions and Atavisms in Culture*, London: Routledge.

Marks, Robert B. (2007) *The Origins of the Modern World: A Global and Ecological Narrative from the Fifteenth to the Twenty-first Century, second edition*, London: Rowman & Littlefield Publishers.

Menninghaus, Winfried (1986) *Schwellenkunde. Walter Benjamins Passage des Mythos*. Frankfurt am Main: Suhrkamp Number of families owning a car doubles in 10 years in TN, *The Times of India*, Mar 20, 2012

Moore, E., and Robin, R.S., eds. (1964) *Studies in the Philosophy of C.S. Peirce*, Second Series, MA: University of Massachusetts Press, Amherst.

Nesbitt, Eleanor (2006) "Issues in Locating Hindus' Sacred Space". *Contemporary South Asia* 15 (2).

Peirce Edition Project ed. (1992-1998) *The Essential Peirce: Selected Philosophical Writings*, 2 vols., Bloomington & Indianapolis:Indiana University Press.

Peirce Edition Project ed. (1982) *Writings of Charles S. Peirce: A Chronological Edition*, Bloomington & Indianapolis: Indiana University Press.

Sekine, Yasumasa (2006a) "Contemporary Popular Remaking of Hindu Traditional Knowledge: Beyond Globalisation and the Invention of Packaged Knowledge", in Christian Daniels ed. *Remaking Traditional Knowledge: Knowledge as a Resource, Research Institute for Languages and Cultures of Asia and Africa*, Tokyo University of Foreign Studies, pp.163-193.

Sekine, Yasumasa (2006b) "Sacralisation of the Urban Footpath, with Special Reference to Pavement Shrines in Chennai City, South India", *Temenos: Nordic Journal of Comparative Religion*, Vol.42 No.2, pp79-92. Suomen Uskontotieteellinen Seura [Finnish Society for the Study of Religion]

Sekine, Yaumasa (2011b) *From Community to Commonality*, Monika Saltzbrunn, Seijyo university.

Sekine, Yasumasa (2012) "Transnationality, Hope and 'Recombinant Locality': Knowledge as Capital and Resource" *South Asia Research* 32 (1), pp.1-20

Shani, Ornit (2007) *Communalism, caste and Hindu nationalism: the violence in Gujarat, Cambridge*: Cambridge University Press.

Sivakumar, B. (2012) Appadurai, Arjun (1996) *Modernity at Large: Cultural Dimensions of Globalization,* Minneapolis: University of Minnesota Press.

Subbiah, Shanmugam Pillai (2006) Religious Expressions of Urban Poor on Pavements and Religious Continuity of Overseas Indians: Some Observations from Chennai, India and San Francisco, USA in Christian Daniels ed. *Remaking Traditional Knowledge: Knowledge as a Resource*, Research Institute for Languages and Cultures of Asia and Africa, Tokyo University of Foreign Studies, pp.75-

Subbiah, Shanmugam Pillai. (2015) Location of Temples: Exploring the Ecology of Place and Space

Minpaku Athropology Newsletter No.41

Visvanathan, Shiv (2016) "'Straydom' is perhaps the metaphor for democracy: where there is vulnerability there is solidarity", *The Hindu*, March 30, 2016.

Wood, Martin (2010) *Annakūt/Govardhan Pūjā: Identity and Pilgrimage in the Gujarātī Hindu Diaspora*, DISKUS Vol. 11

Citizen consumer and civic Action Group, Slums and Informal Settlements. Retrieved May 10, 2016
  https://www.cag.org.in/our-work/slums-and-informal-settlements

Kay, Johnson, (22 March 2013). "Census: 1 in 6 India city residents lives in slums". Retrieved May 10, 2016
  https://www.bostonglobe.com/news/world/2013/03/22/census-india-city-residents-lives-slums/F5TiBTI4Pw6JE12a91npeP/story.html

2011 Census of India. Retrieved May 8 2016
  http://www.censusindia.gov.in/

The New York Times, August 19, 2015, "Timeline of the Riots in Modi's Gujarat". Retrieved June 3, 2016
  http://www.nytimes.com/interactive/2014/04/06/world/asia/modi-gujarat-riots-timeline.html

結　章

「社会的排除と包摂」論批判
――ネオリベラリズムの終焉にむけて

関根康正

1　問題の所在――〈社会的排除と包摂〉論の政治性

　序章で述べたとおり、「社会的排除」とその「包摂」問題は、1990年代以降のネオリベラリズムの世界的浸透と蔓延と並行して起きた経済的社会的不安定性 uncertainty を抱えた人々の増大を「社会的排除」現象と名付け、それによる社会的結束の崩壊をつなぎ止めるための方策を「包摂」として概念化したものである（バラ&ラペール 2005（1999）、福原・中村・柳原 2015、福原 2007、岩田 2009、亀山 2007、リスター 2011（2004）、European Commission 1992, Sen 2000）。その意味で、社会中心からの救済的眼差しが、その概念には自ずと内包されている。

　結論部にあたる本章では、「社会的排除」とその「包摂」という概念を無防備に使うことの陥穽ないし危険性を批判的に検討し、今私たちが取るべきは、如何なる立場に立った如何なる理論的パースペクティヴであるかを考察していきたい。

　〈社会的排除と包摂〉論とは、言葉だけ見ればルノワールの先駆的仕事（Lenoir 1974）はあるが、今日的意味合いでの使用は、1980年代後半に強まってくるネオリベ的経済メカニズムへの転換以降のものである。その変化の中で行政用語と学術用語とが行き来して一般化した。したがってその概念の歴史は浅く、主として1990年代以降に使用が増えたのであり、明らかにイデオロギーとしてのネオリベラリズムの世界席巻と並行している。その意味で、

それを研究用語として使うなら、表の概念と裏の現実との巧妙なずれに自覚的でなければならない。すなわち研究者はこの概念自体が持っている、強固に貫徹しながらそのことを曖昧化する力を同時に持つイデオロギー性を見破っておく必要がある。その上で、結章となる本章の目標は、＜社会的排除と包摂＞論の理論的問題性と限界を明らかにすることにあり、それを超える視座の提示にある。

2　ネオリベ資本主義がもたらす「分裂社会」化

　ネオリベ社会がもたらす「世界の悲惨 La misère du monde」(Bourdieu 1993) の現場は、ブルデューの見た「世界の悲惨」の社会的弱者（まだ社会内部の周辺であった）をさらに外部化・棄民化して過酷化の度を増している。ここに認められる差違、すなわち、一つの統合された社会での周辺化された者 the poor の悲惨（乞食の悲惨）と、その統合社会から排除され外部化・棄民化された者 paupers の悲惨とが区別されなければならない。すなわち、乞食ではなくホームレスのいる「分裂社会」（筆者の造語、中間層が没落して階層の連続性が失われた社会）への移行、この過酷な転換が 1980 年代の後半以降加速度的に起こったのである。

　経済学者水野和夫はこう指摘する。「日本の金融資産ゼロ世帯を見ると、七〇年代半ばから八〇年代後半にかけての十数年はおおむね 3〜5％で推移していたんです。ところが、いまや三世帯に一世帯が金融資産ゼロという状況になってしまった。彼らにとってはなんのための国家なのかという話になるんです」(水野 2013)。さらに白井は次のように分裂社会の現出を描写する。「ブラック国家化する現代」の描写である。

>　「確かに、80 年代までは、同じ国民の中では経済的な同質性を実現させようという、フォーディズム的な資本主義の発展の歴史があったわけです。その同質性をもとに議会制民主主義も機能してきた。20 世紀後半の先進諸国は、国民国家の最も成熟した形態にまで達した社会だったと言えます。
>　ところが、資本主義が行き詰まり、国内の同質性の追求は放棄され

てしまった。となると、それは国家のあり方そのものの変質につながると議論されている。この議論はギデンズやライシュの提唱した「第三の道」の破綻を論証するものです。彼らは、生産様式が変化した中で中間層を再建する方策を考案し、政府に採用されましたが、上手くいかなかった。水野さんのご本の中で「国家が資本の足手まといになっている」という記述がありましたが、これをより踏み込んで言うと、足手まといになっているのは国家というよりも、国民なのではないかと。

　かつてマルクスは近代国家とは全ブルジョア階級の共同事務を処理する委員会だと言いましたが、まさにそのような状態が出現している。その国家にとって最大のお荷物はなんですかといったら、国民です。だから、国民国家の黄昏とは何かというと、国民と国家が分離する状態だと思うのです。つまり「国民なき国家」という状況になってきているんじゃないでしょうか」

　「いまや国民は債務奴隷なのです」

　「株価は上昇しても、賃金が上がらず、労働時間も減らない。しかも不安定な非正規雇用だけが増えている。これは、完全にブラック国家ですよ。非常に皮肉な話ですけども、資本主義というのは奴隷制や身分制を否定して、自由な主体として人々が労働や生産をするところから始まったのに、なんと資本主義の完成は、奴隷制の完成に帰結しつつある。現代はそういう状況にあるんじゃないかと見ているのです」(白井 2013)

　この現代資本主義のもたらした世界の悲惨を語るには、「格差社会」という言葉では全く行き届かない。この言葉がメディアでまた学会で昨今頻繁に不用意に使われるが、それはポスト・フォーディズムへの転換以降の棄民的現実を何も正しく語っていないどころか、あたかも依然として統合社会が存続しているかのような隠蔽効果だけを持つ危険な概念に堕している。現実を子細に見ると、「新奴隷制社会」という方がリアリティを持ってきている。すでに福祉をミニマイズする「小さい政府」の下での富裕層の gated community の形成が示すように、私的安全空間とそれ以外の公的荒廃（不法）空間が分離してそれがメディア管理下にあるというドゥルーズの言う「管理社会 society of control」(Deleuze 1990 = ドゥルーズ 1992)、カステルの言う、ハ

イパー競争能力を有するセクターが富を独占し、シェルターに繋がれた新奴隷セクターが分離的に共在する「二つの速度の社会 two-speed society」（R. カステル）の様相をすでに呈している。それは、単に格差社会という一つの社会を前提にした rich − poor といった量的な相対的差違による概念では到底把握できない、〈構造的な差別〉（後述する三者関係の差別構造）の露骨な顕現としての棄民社会＝「分裂社会」なのである。

　繰り返すが、格差社会という物言いをあえて問題にするのは、その言葉が、後述する階級内の「二級市民・下層階級（ロー・クラス）」と階級にも入らない「被搾取の非市民・アンダークラス underclass / ghetto poor」との範疇的に重大な差異を看過してシステム支配の冷酷な構造的問題を曖昧化するからである。つまり、それは、社会的底辺での構造的差違を相対的な量の差異に安易に還元してしまう危険を持った隠蔽言語として作用しているからだ。一部の研究者とジャーナリズムが広める格差社会という概念使用の隠蔽性を暴露しその負の効果を腑分けしていくことが、ここでの研究では不可欠な関心事になる。その意味で、政治性を持った概念としての「社会的排除と包摂」や「格差社会」といった括り方には明確な批判を差し向けなければならない。

　格差の単なる下層集団 lower class では表現しきれない、様々な経済的・社会的機会にアクセスできない最縁辺・最底辺に放置された人々を範疇化するためアンダークラス underclass（たとえば Auletta 1982）というポレミックな概念が生まれた（言葉自体は 1960 年代（Myrdal 1963）からあるが、ここでのネオリベ的文脈では様々に検討が加えられて代替案なども提示されている、たとえば Wilson（1987）は ghetto poor を、Wacquant（2008）は outcasts などという言い換えがある）。ここで私は、現実を構造的に把握するためにも、その概念を lower class よりも下層の人々という相対的な差違で underclass をとらえるべきではない。ここで私は、階級社会のヒエラルヒーにも組み込まれない統合社会の外部に放置される人々を呼ぶ概念として、いわば例外状態に宙づりにされた存在という質的差違を示す概念として定義して用いていきたい。現実記述に、正当な市民 にも入らない「非市民」としてのアンダークラスという宙づり的な社会範疇を用意しなければならないこと自体が、現代が露骨な構造的差別を持った分裂社会であることの証左である。

　今論じてきたような、この最近 30 年の現代社会状況におけるとりわけ過

酷な意味を担った用語という文脈限定は理解したものとして、それをいったんはずして、社会的排除と包摂という語のただ一般的意味に立ち返ってすこし長波の人類史の中に現代を位置づけ直してみよう。研究視野の遠近を調整しておくためである。人類社会史の中で培われてきた共同体というものは、その共同体が生き延びるための内外を区別して交流する実践的性質を不可避に有した。人間は何らかの共同体に属し、その内部の視点から中心と周辺を有し、何らかの排除と包摂を実践してきた。その実践が水平的ならば平等的区別であり、垂直的ならば不平等的差別となったであろう。人類史の文明化は共同体の在り方つまり中心と周辺の在り方を変容させながら、近代国家制度に行き着いた近代文明化はハードな境界を持った共同体を創出させた。そして現代のグローバル資本主義ないしネオリベラリズムは、その近代国家をブラック化させ、グローバル・エリート支配の「新奴隷制社会」と呼ばれる過酷な不平等的差別を拡大している。国家単位で見ても「小さな政府」化が進み分裂社会へと加速している。

3 「管理社会」という分裂社会の貧困

　ここは人類社会の社会編成の歴史的考察をする場ではないので、再度一挙に現代社会に舞い戻ることにする。すなわち、すでに述べたように、1980年代までの福祉国家型の差別と貧困は国家社会の内部の差別構造としての問題であり、少なくとも一つの統合された社会の中での話であると前提が意味を持っていた。しかし、1990年代以降になると、多国籍のあるいは超国家的なグローバル権力のヘゲモニー下での「管理社会」の差別と貧困へと明瞭に変質した。国家を超えた巨大な軍産複合体を構成するグローバル・エリートすなわちごく少数の超富裕層が富の大半を独占する一方で、他方には膨大な数の貧困層と貧困線以下のアンダークラスが生まれるというグローバルな差別構造問題が生じている。しかも、グローバル権力のエージェントに格下げされた国家は、構造的にこの過酷な差別と貧困に対処できない（する気もない）。これが現代の姿である。このポスト近代状況の悲惨を、近代の南北問題に対して採ったような国家単位での議論の仕方に引きずられて国際格差に矮小化したり、階級社会の枠組みで国内格差として理解したりしていると、

真の問題は隠されてしまう。

　社会的排除と包摂という起点の問題に立ち返って再整理して、本章の理論的位置づけをしておこう。上に述べてきたように、「社会的排除と包摂」概念をめぐって考察するとき重要な点は、福祉型社会での周辺的貧困問題ではなく、貧困・剥奪・排除が棄民的に作動する「管理社会」、「二つの速度の社会」あるいは「分裂社会」が新たにもたらす未踏の貧困と排除の問題なのであることを明確に意識化することである。すなわち、少なくとも国家レベルで一つであることを前提にできていた社会のあり方が、上下に大きく乖離した、もはや一つの社会とは言えない分裂社会へと質的・構造的に転換した事態を注視しなければならない。Barnes（2005）のように、貧困・剥奪・社会的排除を並列して相対的差違のように比較議論するのは、そのような質的転換を曖昧化している点で害がある。なぜなら、貧困の質が変わったことが明示できないからである。〈一統合社会の枠内の福祉型貧困 → 周辺化〉と、〈分裂社会化へ向かうネオリベ的管理型貧困 → 社会的排除〉とを、はっきり質的に区別することが枢要である。そうすれば、「包摂」という概念が社会分裂への危機感からの支配中心からの政策的願望の言葉であって、その概念の有効性の限界と不可能性がわかるであろう。その包摂政策に期待・希望を持つ者もいようが、その対症療法的な施策の効果は限定的で、すでにそういう希望の待機から〈退出〉せざるをえない人々（新奴隷）が世界中に蔓延してきている。

　このような認識に立つ本章は、上からの包摂政策に資する研究の延長上に置かれるようなものではなく、その分裂社会という新たな様相の社会（？）の下方世界に押し込められ、そういう境遇の中でさえ「人間として生きよう」とする人々に資する研究であることを明言しておきたい。

　本章での検討考察の方向性の要点は、こうである。「社会的排除と包摂」論は、扱う研究対象が周辺化された人々なので社会の支配中心の視点を大きくずらしたように見えるのだが、その実は中心的視点を手放してはいない。対象の周辺化と視点の周辺化は同じではない。この両者が一致しない議論の仕方には決定的な限界があるだけでなく、隠蔽作用を有することになる。そのことを見定め、それを乗り越える視座を提供することが、周辺に排除されて生きる人々の生に資する研究である。

結　章　「社会的排除と包摂」論批判

4　修正主義批判

　良心的な想いで国家の政策にコミットしようとして「社会的排除」問題に取り組んでいる研究者の実践に意味がないと言っているのではない。その一定の社会的貢献を認めた上で、良心的貢献と見えるが故の問題性、すなわち真の問題原因の隠蔽作用に荷担してしまう可能性を批判しなければならないのである。直截に言えば、そういう研究が、分裂社会を創っている支配中心の根っこの構造的原因にまっすぐ向かわず、それがもたらす悲惨の対症療法的政策に荷担することで、真の問題原因への取り組みを遅延してしまうことを憂えるのである。それは支配中心に対して意図せざる補完的効果を有する。このように言う私は、当然ながらギデンズの言うようなメディア革命とグローバル化を必然として市場主義を根本的に問い直すことはせず、そういう事態に修正主義的に対処する機会の平等を求めるとする「第三の道」（ギデンズ 1999（1998）、2001（1999）、2003（2000））の提唱には深い違和感と懐疑を持っている。彼らが言っていることが施策を通じて実現するとは到底思えないし、機会の平等は根本治療の遅延の口実と疑われても仕方がない。事実、ギデンズ理論を支えにしたブレア政権の（名ばかりの）社会民主主義の実践も全く不十分にしか現実の悲惨に対処できなかった。英国でも「社会的排除」はその理論のようには消失していないし、それどころか、深刻化ないし定常化している。ネオリベラリズムに対して、受け身の社会民主主義的修正主義は、結果的にその延命に寄与しているとしか言い様がない。

　その理論的限界とその中心への荷担を、排除される立場に立った内在的視点にできるだけ寄り添って指摘する必要がある。その彼らの現実からの眼差しに近づけば、「社会的排除に対処する包摂」論において想定される社会的弱者（enpowerment 施策の対象とされる人々）に完全には還元されえない、分裂社会の下方世界でそれなりに創発的に生きる人々の生き様が見えてくる。それを模索するところに本書の意義がある。

　このような研究姿勢を、あえて強く、誤解を怖れずに、ここで表現しておきたい。文化人類学の研究者である私には当然すぎるこの視点の取り方が、「社会的排除と包摂」論者には徹底していないとの印象を拭えないからである。分裂社会のもたらす現実の悲惨さと深刻さをそうした論者自身の研究で

指摘していながら、そのような悲惨を産み出すネオリベ資本主義の構造問題をえぐり出すことへは必ずしも向かわない。それよりも、結果的に現れている窮状現象への善処という良心的な政策立案への貢献へと向かう。この「社会的排除と包摂」論者による良心の名の下で行われる研究実践における目標のずらし（意識的、無意識的に現実の核心的問題にメスを入れることの回避）に対して、違和感と懐疑を覚えるのである。それでは、分裂社会の下方世界の人々に真に寄り添っているとは思われないからである。

　当面の社会政策の改良に与する研究者がいることがそれなりに大事であることは承知した上で、その限界を今はあえて批判的に述べている。改良者としての研究者自身が、自己の研究実践が目の前の悲惨を作り出している元凶の支配中心を補完してしまっていることに、気づかないか、気づかないふりか、気づいていてもそれしかできないという諦念からか、意識の幅はあろうが、いずれにせよ多少なりとも意識化（自覚）を妨げる無意識の欺瞞が働いてしまっている。その種の研究は、すでに社会的結束は決定的に失われてきている現実（分裂社会）があるのに、分断された排除現象を前にしているのに、それをすぐに結束の回復の名の下に一つの社会であるはずだという社会的統合の幻想（思い込み）に沿って行うことで、そういう支配中心の視点と同じ統合幻想を知的に重ね書きすることで、事態の改善を遅延する政治に与してしまう。そこに、研究者の良心とその意図せざる発想の欺瞞とが入り混じる陥穽があるのだ。

5　「グローバル資本主義の終焉」の前に立って

　すなわち、多くの論者がすでに論じ尽くしていることであるが、現代のグローバル資本主義は資本主義の末期症状を呈している（水野 2007, 2014、ベロー 2004、Graeber 2011）。たとえば、水野は率直にこう述べる。「国債利回り 2 ％以下が 16 年続く日本を筆頭に、先進国で超低金利状態が続いています。金利はほぼ利潤率に一致しますから、超低金利というのは、資本を投下しても利潤を得ることができない、という状況です。資本を自己増殖させることが資本主義の本質ですから、つまり、この超低金利状態から抜け出せないということは、資本主義の終焉を意味するのです」（水野／白井 2013）。対談相手

結　章　「社会的排除と包摂」論批判

の白井も、「近代そのものの終わりという世界史上の巨大な転換期にいるのではないかと私も感じています」(水野／白井 2013) と応じる。二人の対談のやりとりの以下の部分で、「分裂社会」の構造的様相が簡潔に指摘されている。

　　白井：水野さんは近刊『資本主義の終焉と歴史の危機』(集英社新書) をこう始めていらっしゃいますね。資本主義にはどうしても、フロンティアが必要である。中心がフロンティアを広げながら利潤率を高め、資本の自己増殖を推進していくものだと。しかし、グローバル化が進んで地理的な意味でのフロンティアは消滅し、バーチャルな「電子・金融空間」でも利潤を上げることはできなくなった。もう外部に利潤を上げるフロンティアはなく、そうなると、内側でフロンティアを作るしかない。つまり、国内の国民から巻き上げていくしかない。
　　水野：そうです。アメリカでいえばサブプライム層への収奪的貸付であったり、日本でいえば低賃金で働かされる非正規社員であったり。日本でもアメリカでも、景気が回復しても労働者の賃金は増えず、中間層の没落ということが明らかになってきました。そして、中間層が没落すると、国民の同質性が失われるので、民主主義が成り立たなくなるのではないかと思うのです。(水野／白井 2013)

　この過酷な資本主義と心中する破滅 (ハードランディング) を選びたくないならば、その飛行を減速し方向転換しなければならない。軍産複合体というグローバル権力が牽引するネオリベラリズム＝グローバリズムに抗して根本的かつ構造の原因にメスを入れなければならない。そこに研究目標を向けないことの欺瞞はもはや看過できない。この欺瞞を孕んだ良心的努力では、分裂社会化の現実を明確に認知していることにならないからである。棄民救済の改革の名を借りた努力は、結局は棄民の抵抗を懐柔することに手を貸すことで問題を遅延する。
　現代資本主義の疾走は止められないけれど、それは自壊して止まり変質するだろうという論者もいる。そうなる可能性が高いと私も思うし、そうかも知れないが、その結末はすぐにではない。当分 (？) は分裂社会の呻吟と悲

惨は過酷さを増すだろう。自壊となれば、世界は地獄の荒野である。

　　水野：同質性のない人々を束ねるためには、ファシズムが台頭してこざるをえないと。

　　白井：はい。誰かを排除する身振りによって同質性を捏造するのです。ナチスが台頭したときというのは、まさに没落する中産階級が一番の支持基盤となって、ナチズムのイデオロギーが受け入れられていったという流れでした。翻って最近の日本を見ると、同様の構図が見て取れます。在特会（在日特権を許さない会）の跋扈など、「モッブの支配」（ハンナ・アレント）そのものでしょう。彼らは自分たちの活動が為政者から暗に推奨されていることを知っている。アベノミクスならぬアベノクラシーについて考えなきゃいけません。（水野／白井 2013）

　だから自壊の先を見据えて、今から転換を開始しなければならない。無為のうちに、棄民される人々（大方の人々には自分だけは棄民にならないといった例外はない）の惨状を眺めているのではなく、今を生きる私たちとしてはこの時代に拘束されながらも、止める努力・転換の努力を重ねたい。そこでは、このままグローバル資本主義を突き進むことでの巨大な犠牲の質と、転換にともなう犠牲の質を正確に区別しなければならない。このことが正確に理解できないと、たとえば、ギリシャの首相に急進左派連合の Alexis Tsipras が 2015 年に選ばれたこと、そのギリシャ国民の選択の深い意味もわからないであろう。後者の犠牲の質を前者の犠牲の質とわざと同一視して、次の選挙ではネオリベ派が復権を試みているようだから、この点を強調しなければならない。2016 年は、同じことが英国で、同じ傾向のことがアメリカ合衆国で起きている。この現代社会においてネオリベ資本主義の道をとらないという選択は、この各国の大メディアの政治性が誘導する意図的な犠牲の質の曖昧化によって、途方もなく難しくさせられている。

　この辛うじて統合されていた社会的結束を破壊し分裂社会を生産する異様なる資本主義が止まらない現在としては、分裂社会の中で散在し潜在する空隙的な可能社会を生きる術を開発し磨かなければならないだろう。他に道があるだろうか。ネオリベラリズムを堅持する上からの改良に部分的救済効果

結　章　「社会的排除と包摂」論批判

以外は期待できないし、そんなことに本当の希望を託することはすでにできない世界に私たちは生きている。絶望の向こう側を探索しなければならない。少なくとも私は、アナーキスト人類学のわずか手前に自らの研究を位置取り、思考していかなければならないとすでに判断して研究を行ってきた。それが〈ケガレの人類学〉（関根 1995、Sekine 2011）を土台にしながら、〈ストリート人類学〉（関根 2009　関根 刊行中）を標榜している所以である。中心社会から排除され、その結果その社会からの〈退出〉を余儀なくされ、存在価値を問うこともできずに「敗北」したままの生を生きる者たちが、まず単純に人口数という量として増大して中心社会から切り離された下方社会（社会の態はなしていないが）を形成している。これが、分裂社会化である。さらには、支配的な中心社会の方の成員であると自己認識する人々の生活の質も「勝利」の価値観だけにとらわれて急激に貧困化している。この新たな未踏の貧困化（経済的不自由だけでなく生き方の価値全般への不自由の浸食）こそが、本研究の対象課題である。

　例えば私の研究対象である英国における南アジア系ヒンドゥー教徒は、社会文化的マイノリティであるが必ずしも貧困層ばかりではない。ホスト社会に適応し社会経済的に上昇を果たした人たちを少なからず含んでいる。そうした富裕な人々はホームレス的な〈退出〉は無用であるから、一見「社会的排除」問題とは無縁のように見える、しかしそういう人々も実は、生活の質としての分裂社会化による生活の不自由（競争に打ち勝つことが善であるような強迫性の強い生き方）の浸食を大いに受けているのであり、そのような強迫的価値の圧迫が一見勝ち組に見える人々をも襲っている。それゆえに、その浸食に対応する不断の対処と努力が要求されているのである。それに適切に対応できなければ彼らも一挙に〈退出〉を余儀なくされる。このような中心と下方の両社会の〈退出〉の危機を描出することがここでは真に肝要なのである。カステル（R. Castel）の言葉を借りれば、この不自由とは、グローバル基準に沿って「超競争能力 hyper-competitive ability」を示せない者は生き残れないことを当然視し、その競争に敗北した者は自己責任の名の下に社会から廃棄されるか、良くてシェルター送りとなる、狭隘で抑圧的な現実のことである。これは、もはや言うまでもないが、国内に閉じた福祉的救済を前提にした貧富の差別ではもちろんなく、グローバル・スケールの少数の勝者と大

多数の敗者の国境を越えた巨大な一義的で固定的な息苦しい分裂社会の差別と貧困として現象している。

6　「規律訓練的三者関係の差別」から「管理的三者関係の差別」へ

　ポスト近代も近代であるから、社会スケールは近代国家からグローバル世界へと拡大したが、基本的に近代社会の差別構造が貫徹していて、むしろそれが、小さい政府化や民営化で徹底したより露骨で冷酷な社会的差別へと向かっている。どの国家を見ても、一つの国家において分裂社会が現出しているのである。それがゆえに、この問題に対応するために皮肉にもそれぞれの国家において社会的排除と包摂が施策のために論じられ始めたのである。グローバルに同時的に同じ構造問題が起こっている。近代の福祉型国家段階までは例外状態が第三項排除のロジックで周辺かつ境界にシステムを裏書きする構造的機能を有して、排除されながらもシステム（統合社会ないし共同体）内部の成員のように見せかけられて表面上は隠されていたのだが、1990年代以降には差別する者と被差別の者との圧倒的な力の落差によってその例外状態すなわち被差別の者は救済の対象ではなく、暴発を防ぐために管理される対象だけに切り下げられた。主権在民という持って回った三者関係の建前はもはや不必要になって、グローバル・エリートの独裁という共犯者さえもいらない、共同体の境界線としての被差別者の裏書きも必要ない、そういう支配様式を現出させている。それは最も野蛮な二者関係の差別にむしろ回帰してきている。

　近代国家社会の差別構造は近代の思考によるハードな境界を持って行われる。それが、西欧型近代国家とそのディスコースの駆動する社会システムが生み出す〈三者関係の差別構造〉である（図1）。〈社会的排除と包摂〉論の中で、一級市民、二級市民、非市民を分ける議論があるが、それらを並列的に分類記述するだけでは理論的に不十分で、その三者は、差別者、共犯者、被差別者という構造的関係を作っていること、すなわち、〈三者関係の差別構造〉のディスコース空間として把握されて初めて妥当な理論になる。この理論的射程からは、二級市民とは共犯者にあたる「排除的包摂」（市民共同体の周辺的内部者）であり、非市民とは被差別者にあたる「包摂的排除」（市民共

結　章　「社会的排除と包摂」論批判

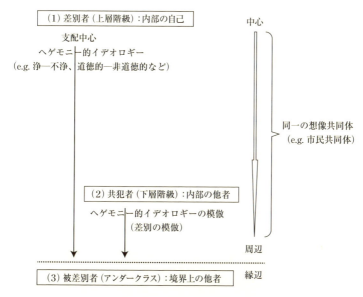

図1　近代社会の三者関係の差別構造

同体の縁辺に固定され逸脱性を表象し続け、市民共同体を裏書きしている者）と、立体的に理解できる。ここで注意すべきは、非市民すなわち被差別者とはけして市民共同体と切り放された外部者ではないことである。外部に切り離してしまっては関係構造は作れない。統合された社会空間の縁辺に据え置かれるものであり、精神病院の存在が「正常者共同体」（幻想的実体）を裏書きしている関係構造と同形である。こうして、差別者は共犯者を巻き込むことで自由・平等・友愛を建前にした市民意識を隠れ蓑にして差別的な共同体システムの間接支配を持続できることになる。

　このことが近代社会の問題把握の基底であるとしても、ポスト近代の現在では問題はさらに深刻化しており、このような三者関係の差別論ではもはや追いつかない事態に直面してきている。今説明した三者関係の差別は福祉型社会と明白に即応するが、メディア革命を前提にしたグローバル化の世界では「管理社会」という縦横に張り巡らされた監視メディアによるハイパー間接支配の差別空間になっており、原理的には依然として三者関係の差別なのだが、その外見は差別者と被差別者とによる「二者関係の差別」に逆戻りし

ているかのようで、三者関係はいっそう非常に見えにくいし、体感しにくい。つまり、その差別は監視メディアを介することで、非常に露骨で有り、かつ非常に隠されているという具合である。共犯的二級市民が分解し、差別者にほぼ合体していくような少数の疑似一級市民と大多数の三級市民（ワーキングプア、アンダークラス、ホームレスなど）に分解していくからである。差別者と被差別者は直接出会うことはもちろんなく、差別中心はますます見えない存在になっていく。メディア管理操作とシステム暴力装置の組み合わせで間接支配は徹底してきており、差別者が共犯者にいちいち踏み絵を踏ます最小限の人間性も消されて、グローバル基準という抑圧的競争基準を外からあてがい、しかもそれを自己測定させ自己規律化する、いわゆる監査文化 audit cultures に包囲されてきている。自立的自己再帰化能力を発揮する場面はできるだけ縮減して、グローバリズムが牽引する社会的再帰化への隷従に都合良くロボット化（非人間化）していく。被差別者としての三級市民（実は市民ではない）はグローバル基準からの外れ者、脱落者として自己責任（自業自得）で市民共同体の外部へ切り落とされ、非定型の下方社会に放置される。これが現代の独裁的な差別構造である。共犯者の存在が機械化・ロボット化できれば、差別は自動機械に近づくので、もはや被差別者を境界に封じ込めての見せしめ的な再生産構造という裏書き要求は重要でなくなってくる。その不必要性がアンダークラスの棄民となって現れている。支配中心は、近代差別構造では境界民であった人々を棄民に切り下げても一向に揺るがない。それ故に「三者関係の差別」は相変わらず貫徹しているが、その共犯者のロボット化は露骨で冷酷な「二者関係の差別」の相貌を呈してくるのである。したがって、ここでは、このネオリベラリズムがもたらしている非情にして過酷な差別状況すなわち棄民的差別状況を、「三者関係の差別」のロボット化と言い表して把握しておこう。「規律訓練型社会の三者関係の差別」が「管理型社会の三者関係の差別」に移行したことを、近代の連続面とポスト近代の非連続面の重層として概念的に明確に取り出しておきたい。

　このように把握される過酷な現代社会を、「社会的排除と包摂」概念で問題化することの甘さと限界と問題性が透けて見えよう。もう、すでに述べた批判は繰り返さない。

7　分裂社会の核心的問題としての棄民の極貧状態（pauperism）

　言うまでもなく、被差別状況、棄民状況を研究対象にする時、まずは被差別・被廃棄の人々の生存権と人権の侵害が直接的に顕在的な問題対象である。だが、それだけを対症療法的に解決することではことは済まない。被差別・被廃棄という抑圧と分裂からの解放は、その社会全体の抑圧と分裂の産出構造からの解放であるはずである。後者がなければ前者も達成できない。逆に言えば、前者の達成は後者の達成の形でなされる必要がある。

　ネオリベ化（効率優先の民営化と市場主義の際限のない拡大、つまり産業のみならず保険、年金、生活インフラから教育研究まで民営化の論理で改変すること）が社会全体の生活基盤の不安定化を急激に起こしている。身に迫る経済的貧困と精神的貧困によって、思考するゆとりの時間が奪われる形で自立した自己表現能力の発揮の基盤が剥奪され、心身ともに路頭に迷っている。ほとんど身動きとれない状態の下方世界の人々（アンダークラス）を大量に作り出し、ごく一部の超富裕なエリートを除く大多数の社会構成員の生活を下流化させ、「市民」社会からの脱落の恐怖と不安を抱えさせている。現代日本に関しては 2016 年 3 月 2 日の神戸新聞によると、生活保護以下の収入で暮らす貧困家庭が 1992 年では 5 ％であったが今や 15 〜 20 ％（県別で異なる）を超えるという悲惨な統計結果を示している。この日本で 6 分の 1 の家庭で子供たちがこの現代の貧困化の犠牲になっているのである。彼らの将来は明らかに障害が多い。たったの四半世紀でこの種の貧困家庭が 3 〜 4 倍に増えていることは異常ではないのか。これが自然現象か。そうではないだろう。ネオリベリズムというイデオロギーを推し進めるグローバル権力が存在していることは誰もが知る自明の事実である。米国から随時送られてくる報告書が日本の政策を規定している。たとえば、有名なところでは、2012 年 8 月、米戦略国際問題研究所（Center for Strategic and International Studies：CSIS）は、リチャード・アーミテージ元国務副長官、ジョセフ・ナイ・ハーバード大学教授（元国防次官補）を共同座長とし 10 名で構成する知日派有識者グループが作成した報告書「"The U.S.-Japan Alliance：Anchoring Stability in Asia"」11 を発表した。これは 2000 年と 2007 年に続く第 3 回目のアーミテージ・ナイ報告書である。その報告書の指示に従わないとサンクションがあるからその提言という名の

命令を履行しなければならない。このようにネオリベラリズムの浸透は明らかに政治的意図と操作の結果なのである。

　こうした現象は言うまでもなく日本を含めた世界の現象である。ちなみにインドでは、70％近くが貧困者 poor であり、そのうち25％の人口は、通常の貧困者とは区別されるべき、生存自体を危ぶまれる貧窮者ないし極貧者 paupers であると Jan Breman が概念化した。この棄民ないし新奴隷にあたるような層が、世銀と IMF に政策が握られているインドでは対策なきまま放置されている現代である（Sampath 2016, "Only Gandhi wrote about paupers" *The Hindu*, Feb. 21, 2016）（Breman 2016 *On Pauperism in Present and Past*）。このような下方社会に生まれ落ちた子供たちの社会に対する絶望感が想像されるが、実際はそういうことさえもはや思考しないかもしれない。まさに生まれの境遇が規定してしまう過酷で分裂的な極端な階層社会化が始まっている。そういう分裂社会への過渡期である現代は若年層にとってきわめて過酷・悲惨である。高等教育でのローン化した奨学金問題はその一つである。これもネオリベ以降にできた奨学金制度（？）である。私自身恩恵を受けたかつての国立大学のように学費の安い大学を公的に用意すべきであるのに、そういうこととは真逆のことをして国民を苦しめる。国立大学の民営化は、現代の貧困家庭の子供にとっては社会上昇の機会を根っこから奪っている。結果の平等どころか機会の平等さえも保障されない。国際的な競争に勝てないなどと言って大学にもランキングを付けるが、それが必然であり必須であるようになされていることに対しては、グローバル資本主義のお先棒担ぎに過ぎないと断じたい。そこにどんな高邁な思想と道徳があるというのか。事実は真逆である。この不安分裂社会は、非道徳的な社会になる。王様のように金によって何でもできる少数の富裕層は自己防衛を強めて上に退出し、新奴隷は下方へ下方へと棄民され、中心社会から退出を命じられる。自己表現なき生はやがて自立思考も止めて病に倒れ命が絶えるまで長時間の労働とわずかに手にできる食料を食べて身体を休めるために眠る、そういう生活を繰り返す。このような棄民たちが、同じ国家の中に2割近くいるような社会に、しかもそれが増えていくような社会に誰が安んじて生きられようか。各国の社会民主主義では、ネオリベ資本主義に太刀打ちできないどころか、悪化させていることが証明されている。根本原因に立ち向かわないからである。

結章 「社会的排除と包摂」論批判

　抑圧と分裂を産出するイデオロギーは、抑圧と分裂の不穏な精神を、その社会のすべての人の中に、つまり抑圧される者の中にも抑圧する者の中にも、醸成し宿らせる。分裂社会化は、社会の在り方の分裂だけでなく、それは同時に人々の精神の分裂である。それはどの人にとっても息(生き)苦しいことである。ネオリベラリズムがもたらす分裂社会化の息(生き)苦しさとはどんなものであろう。それは、人間と人間を取り巻くものの脱文脈的な上からの標準化／平準化による奥行きのない世界への封じ込めによってやってくる。強制的な自己監査を通じた社会的再帰性を強化することで、ゆとりの中で起こる自分なりの自己再帰性の余地を残さない。奥行きのない世界とは、他者を受容する(息する)こと、すなわち常に他者になる自己再帰的な表現としての生が剝奪されることによって生じる。そこでは、表象による腑分けばかりで、表現という創発性のない人間のロボット化が進行しよう。AIの発達でロボットが「人間」化しないとは限らないという想像力はないわけではないが、今のところでは、そういう完全にロボット化した人間と「人間」化したロボットが作る社会を前提に議論はできないので、少なくともここでは、ロボット化傾向を強める人間の問題に光を当てる。

　現代社会で最も早く表現活動を圧殺されるのは、棄民としてのアンダークラスの人々である。彼らこそ、窒息化する現代社会の敏感な前衛である。したがって、分裂社会の下方世界に焦点を結ぶことは、現代社会そのものの構造の解明を意味するのである。「人間として生きること」を強く制約された者すなわち棄民は、まず社会への絶望感を持つだろう、そしてやがてそういう社会には生きていく場所がないので退出していくしか道がないと悟るだろう(退出した場所で生まれた者はそれを当たり前にしていくであろうが)。こうして社会はその外形から内面に向けてますます分裂化を深めていく。結束の回復だと称して上から機会の平等の施策がささやかになされても、分裂化する強いベクトルの現実の中で統合社会への政策の提示は、まさに下方世界にいる者にはダブルバインドであり、その先には機会を生かせなかったほとんどの者に自己責任論(平等な機会を与えたのに生かせなかったのはお前の責任だ)が待っているだけである。結局持って回った棄民社会に相違ない。そうであるから、ネオリベ資本主義を所与の歴史の必然として受け入れる態度をやめ、根本的変革に向かう以外に棄民社会＝分裂社会を脱却する道はない。それは、下

方世界が悲惨をもって警鐘を鳴らしている課題である。この現代社会の人々の大多数が失いつつある生の表現の確保と奥行きある世界を維持し獲得し続けるという全体目標にまっすぐ向き合うことである。現代の貧困が経済的貧困の蔓延という事態であるとしても、そのもたらされ方が、分裂社会に向かう「管理社会」的な質を持っており、経済的貧困（量）が生の貧困化（質）に直結しているという事実認識（人間を人間でいられないほどに搾取し貧困化させることを厭わない「新奴隷制社会」であるとの謂れはここからくる）が、この全体目標の前提である。新奴隷制とは、もちろん顕在的現象である貧窮者＝極貧者paupersの増大の問題であるが、その本質はむしろ現代社会のすべての人々に棲みつく精神的な極貧状態pauperismという非自立的なロボット化した精神の問題であることを意味している。事実、中・上層階層の人々でさえ、この「平板な精神」問題を内面化して、自己表現能力を拘束されている。ネオリベラリズムは人々の精神の貧困化をもたらしている。人間を非人間化している。ひとえに、自由な自己表現の時空を剥奪していくことによる。経済還元的・効率還元的・自己責任還元的な標準化に誘導された自己監査（量的測定とランキング競争による主体化を促すパノプティコン効果）が蔓延し、自己が自分なりの時間をかけて作り出す内発的な価値尺度に沿った自己表現など認められない。大学生は教員に向かって「先生の授業は一時間4,000円（？）だ」と言ったり、少しでも怠惰を叱責すれば、パワーハラスメントであると訴えられかねない。顔と顔をあわせて信頼を築いていくはずの豊かな教育の場が、民営化の論理による貧困化の様相を呈してきている。日本の教育行政はそれをよしとして推進している。就活による大学教育の形骸化・貧困化も指摘できる。このように、今日の身辺の貧困化は切りがなく書けるだろう。いうなれば経済的極貧者paupersとなれば、量と質の二重の意味で生きられないように棄民されているのである。この極貧状態を自己責任などと言って容認してはならない。最低限でも福祉的救済政策の対象たる貧困者poorに戻さなければならない。

　したがって、私たちが取り組む被差別者の棄民状況を正すという取り組みは、そのままで、この社会全体に巣食う心身の極貧状態pauperism（グローバル競争是認の政府がその国民の中に増大する生存さえ危うい人々を救済しない非道徳的現実）に歯止めをかけていくという今日の世界の普遍的な課題なのである。す

なわち、〈独占的で独裁的な支配的ディスコースの中で自己表象能力という主体性を極端に奪われたままに飼いならされた「自己」の在り方に対して、どのように自律性・自立性を取り戻すか、あるいは再獲得するか〉という問題が、社会成員の全員にとっての急務の課題になっているのである。

したがって、このような社会全体への展望をもって、周辺化され、棄民された人々の生活実践の実相を内在的に描写することが急務となる。そうすることで、〈社会的排除と包摂〉論の限界を批判的に突破し、上記の課題へのより正しいアプローチを提示しようとしている。そのために二つの提言を結びとして述べておきたい。

8　結び——極貧状態からの創発を共有する

理想主義との誹りを受けようとも、ネオリベ資本主義のもたらした「分裂社会」という深刻な事態への対処として次のことを提言しなければならない。

その1。ネオリベに対して修正主義に留まる者は、貧困者と極貧者との明確な区別に自覚的にならねばならない。そのことの自覚とともに、修正主義者は「第三の道」の失敗に真摯に学び、「機会の平等」だけでなく「結果の平等」に応える救済福祉対策を講じなければならない。それはネオリベの常套句である自己責任論による棄民増大を国家的無責任として糾弾し、富の分配の公正性を図る施策を講ずるように国家に迫らなければならない。

その2。ネオリベ体制の根本的変革に向けて、その1という上からの取り組みに加えて、貧困者、そして特に極貧者の自立性に注目しなければならない。こうした無産者を社会的弱者として救済的なエンパワーメントの対象としてばかり見るのではなく、自立性を失った無産者の心身の極貧状態pauperismを社会全体の問題の警鐘として見てとる構えが求められる。ネオリベラリズムの浸透によって彼らも彼らを見る者も同じ心身の極貧状態すなわち自立的表現力を剥奪されている状況の中にいるという事実を曇りなく受け止めることである。事実、無産者もまた与えられた境遇の中で様々な資源を流用しながらのブリコラージュ的な生活闘争を繰り広げている。そこには自己資本が少ない分、より顕在的に草の根の創発的協働性が認められる。そこからは、むしろ社会の側が問題と同時に解決策への示唆も学ぶのである。

解決策において目指されている要諦は、人間が人間として生きる価値をいかにして創造しているかという点に尽きる。

　無産者も自前の表現者であることは、上からの救済的視線では見えてこない。そういう視線は、「人間が人間として価値あるように生きる」とは何かということを見すえていない。人間が、からだとこころとたましいからできていることを軽視している。からだには食べ物、こころには語り合う身近な他者、たましいには真・善・美がいる。それらの取り込みとやり取りの中で自己が生成・表現される。これが、人間が人間として生きられているということである。このことに気づくことを、下からの視線の獲得とすると、下からとは単に下層民の世界からものを見るということではなく、人間が人間として価値あるように生きている、そのことに寄り添うヒューリスティックでアブダクティブな生の構えに入ることを含意している。それは、階層の差違とは関係なく共有された、人間の人間としての根本的なあり方（表現者としての人間）である。この生の構えに入ることで、自他の生き様が共振し、常に新たな交流が始まる。そのつながりの創出こそ、小さいが確かな「社会」の誕生なのであり、分裂社会の解消に向けての第一歩なのである。このような棄民された人々の生活闘争から学ぶ人間の生の原理への立ち返りが、人間を追い詰めるグローバル資本主義の逆説的な教えであるとは、皮肉としか言いようがないが、そこに問題解決の核心があるに違いない。すなわち、それぞれの場所で、階層を超えて、小さいが確かな共振を通じたつながりを創発していくことが肝要だ。そしてそれがやがてより大きな強いつながりへと成長していく時、分裂社会は下からの力で新たに統合され始める。これこそがネオリベラリズムの「幻」よりも、比べるもなく底堅い確かな「夢」（「幻」ではなく）である。

〈付記〉
本章は、2011 年度〜 2015 年度の 5 年間の科学研究費補助金基盤研究（A）「ストリート・ウィズダムと新しいローカリティの創発に関する人類学的研究」（23242056）による研究成果の一部であることをお断りする。

[文献]

阿部彩（2011）『弱者の居場所がない社会――貧困・格差と社会的包摂』講談社現代新書、講談社。

岩田正美（2007）『現代の貧困――ワーキングプア／ホームレス／生活保護』ちくま新書、筑摩書房。

岩田正美（2008）『社会的排除――参加の欠如・不確かな帰属』有斐閣。

御旅屋達（2015）「排除――犯罪からの社会復帰をめぐって」本田由紀編『現代社会論――社会学で探る私たちの生き方』有斐閣。

小野塚知二編（2009）『自由と公共性――介入的自由主義とその思想的起点』日本経済評論社。

亀山俊朗（2007）「シティズンシップと社会的排除」福原宏幸編『社会的排除／包摂と社会政策』法律文化社。

ギデンズ、アンソニー（佐和隆光訳 1999）『第三の道――効率と公正の新たな同盟』日本経済新聞社。

ギデンズ、アンソニー（今枝法之・千川剛史訳 2003）『第三の道とその批判』晃洋書房。

関根康正（1995）『ケガレの人類学』東京大学出版会。

関根康正編（2009）『ストリートの人類学 上巻、下巻』国立民族学博物館。

関根康正編（刊行中）『ストリート人類学』風響社。

武川正吾（2011）『福祉社会――包摂の社会政策 新版』有斐閣。

田中拓道（2009）「社会の包摂と自由の系譜――フランスとイギリス」小野塚編『自由と公共性――介入的自由主義とその思想的起点』日本経済評論社。

ドゥルーズ、ジル（宮林寛訳 1992）『記号と事件――1972-1990年の対話』河出書房新社。

バラ、アジット・S／ラペール、フレデリック（2005）『グローバル化と社会的排除――貧困と社会問題への新しいアプローチ』昭和堂。

福原宏幸（2007）『社会的排除・包摂と社会政策』法律文化社。

福原宏幸／中村健吾／柳原剛司（2015）『ユーロ危機と欧州福祉レジームの変容――アクティベーションと社会的包摂』明石書店。

ベロー、ウォールデン（戸田清訳 2004）『脱グローバル化――新しい世界経済体制の構築へ向けて』明石書店。

水野和夫（2007）『人々はなぜグローバル経済の本質を見誤るのか』日本経済新聞出版社。

水野和夫（2012）『世界経済の大潮流』太田出版。

水野和夫（2014）『資本主義の終焉と歴史の危機』集英社。

水野和夫／白井聡「資本主義の死の時代を生き抜く」『kotoba』2015年9月15日
http://shinsho.shueisha.co.jp/kotoba/tachiyomi/140303.html#1

リスター、ルース（松本伊智朗 監訳・立木勝 訳 2011）『貧困とは何か――概念・言説・ポリティクス』明石書店。

Auletta, Ken (1982) *The Underclass*, New York: Random House.

Barnes, M. (2005) *Social exclusion in Great Britain: An empirical investigation and comparison with the EU*, Aldershot: Ashgate.

Bhalla, A. and Lapeyre, F. (2004) *Poverty and Exclusion in a Global World*, (2nd revised edition), New York: Palgrave.

Bourdieu, Pierre (1993) *La misère du monde*, Paris: Seuil.

Breman, Jan (2016) On Pauperism in Present and Past, T*he Hindu,* Feb.21,2016.

Castel, Robert (1991) "From Dangerousness to Risk" in Graham Burchell ; Colin Gordon ; Peter Miller (eds). *The Foucault Effect: Studies in Governmentality*. Chicago: The University of Chicago Press, pp.281-298.

Daly, Mary (2006) "Social Exclusion as Concept and Policy Template in the European Union" *CES Working Paper,* 135, Belfast: Queen's University.

Deleuze, G. (1990) *Pourparlers 1972-1990*, Paris : les Editions de Minuit.

European Commission (1992) "Towards a Europe of Solidarity: Intensifying the fight against social exclusion, fostering integration" *COM*, 542, Brussels.

Giddens, Anthony (1998) *The Third Way: The Renewal of Social Democracy*, Cambridge: Polity Press.

Giddens, Anthony (2000) *The Third Way and its Critics*, Cambridge: Polity Press.

Goodin, Robert E. (1996) "Inclusion and exclusion," *European Journal of Sociology*, 37, pp. 343-71.

Graeber, David (2011) *Debt: The First 5000 Years*. Brooklyn, N.Y.: Melville House.

Lenoir, René (1974) *Les Exclus: un francais sur dix*, Paris: Seuil.

Lister, Ruth (2004) *Poverty*. Cambridge: Polity Press.

Myrdal, Gunnar (1963) *Challenge to Affluence*, New York: Random House.

Sekine, Yasumasa (2011) *Pollution, Untouchability and Harijans*, Jaipur: Rawat Publications.

Sen, Amartya (2000) *Social Exclusion: Concept, Application, and Scrutiny (Social Development Papers No. 1)*, Office of Environment and Social Development, Asian Development Bank.

Wacquant, Loïc (2008) *Urban Outcasts: A Comparative Sociology of Advanced Marginality*, Malden, MA: Polity Press.

Wilson, William Julius (1987) *The Truly Disadvantaged: The Inner City, the Underclass, and Public Policy*, Chicago: University of Chicago Press.

あとがき

　本書は関西学院大学先端社会研究所が取り組んだ共同研究プロジェクト「「排除」と「包摂」の二元論を超える社会調査」（2012 年度―2015 年度）で組織された〈南アジア・インド班〉の研究成果をとりまとめたものである。幾度にもわたる海外フィールドワークの実施及び文献渉猟は同研究所の助成により可能となった。また一部論考（序章、第 6、7 章、結章）には、日本学術振興会科学研究費補助金によるプロジェクト「ストリート・ウィズダムと新しいローカリティの創発に関する人類学的研究」（基盤研究（A）課題番号 23242056、2011 年度―2015 年度）の成果も還元されている。

　本書の問題意識については序章で論じた通りである。これに発する各論考の射程は広く、本書構成自体も既存の学問分野を横断するものとなっている。その意味で、本書がより広範な読者諸兄の目にとまり忌憚なきご批判を賜わることを、執筆者一同切に願う次第である。

　ここでは『「排除と包摂」を超える社会理論』第三巻を担った〈南アジア・インド班〉の研究活動にふれておきたい。当班は 6 名の班員（班長・関根康正）を中心に研究計画策定の段階から 4 年間会合を重ねてきた。並行して学外の研究者を講師として招聘した公開定期研究会を計 8 回開催している。研究会での充実した討議は本書の欠くことのできない礎となった。記して謝意を表したい。班員の構成、及び各定期研究会の講師ならびに研究発表題目は次の通りである（講師の所属、肩書は研究会当時のものである）。

班員の構成

関根　康正（班長・関西学院大学社会学部教授）
鈴木慎一郎（班員・関西学院大学社会学部教授）

鳥羽　美鈴（班員・関西学院大学社会学部准教授）
鈴木　晋介（班員・関西学院大学先端社会研究所 専任研究員 2012-14 年度）
福内　千絵（班員・関西学院大学先端社会研究所 専任研究員 2015 年度）
中川加奈子（班員・関西学院大学先端社会研究所 リサーチアシスタント 2012-13 年度）

南アジア／インド班主催定期研究会

2012 年度

第 1 回 定期研究会

「イギリスにおける南アジア系移民の政治へのかかわり」、講師・若松邦弘氏（東京外国語大学・教授）、司会・鳥羽美鈴、2012 年 11 月 9 日、於：先端社会研究所セミナールーム

第 2 回 定期研究会

「エイジアン音楽という一体性（アイデンティティ）──在英南アジア系ポピュラー音楽の現在」、講師・栗田知宏氏（東京大学大学院）、司会・鈴木慎一郎、2012 年 12 月 14 日、於：先端社会研究所セミナールーム

第 3 回 定期研究会

「南アジア系音楽家のクラブミュージックにおける〈南アジア性〉と〈アンダーグラウンド性〉の変化」、講師・サラーム海上氏（音楽評論家／DJ）、司会・鈴木慎一郎、2013 年 1 月 30 日、於：関学会館 翼の間

2013 年度

第 4 回 定期研究会

「舞台の上の難民──芸能集団の実践から見るチベット難民社会の排除と包摂」、講師・山本達也氏（京都大学大学院アジア・アフリカ地域研究研究科、日本学術振興会特別研究員 PD）、司会・鈴木慎一郎、2013 年 6 月 21 日、於：先端社会研究所セミナールーム

あとがき

第 5 回 定期研究会
「英国におけるパキスタン系コミュニティの変容——第二世代の女性たちによるエスニック境界の交渉に着目して」、講師・工藤正子氏（京都女子大学現代社会学部・准教授）、司会・鈴木晋介、2014 年 1 月 24 日、於：先端社会研究所セミナールーム

2014 年度
第 6 回 定期研究会
「故郷のための寺院、故郷としての寺院——インド移動商人マールワーリーによるヒンドゥー寺院運営」、講師・田中鉄也氏（国立民族学博物館外来研究員、日本学術振興会特別研究員 PD）、司会・鈴木晋介、2014 年 7 月 4 日、於：先端社会研究所セミナールーム

第 7 回 定期研究会
「"再帰的グローカル化" と音楽伝統の再生産——インド・ラージャスターンにおける世襲音楽家一族の 100 年」、講師・田森雅一氏（東京大学大学院総合文化研究科・学術研究員、慶應義塾大学・埼玉大学・千葉大学兼任講師）、司会・鈴木晋介、2014 年 10 月 24 日、於：先端社会研究所セミナールーム

2015 年度
第 8 回 定期研究会
「British Subject at Bay ——「駒形丸事件」とイギリス帝国下の南アジア系移民」、講師・栢木清吾氏（神戸大学国際文化学研究科研究員）、司会・鈴木慎一郎、2015 年 6 月 24 日、於：先端社会研究所セミナールーム

上記研究会のコーディネートにあたっては、とくに班員の鈴木慎一郎氏（関西学院大学社会学部・教授）の研究ネットワークに恃むところが大きかった。記して、氏のご尽力に特に御礼申し上げたい。なお〈南アジア・インド班〉の活動記録は関西学院大学先端社会研究所ホームページ（http://www.kwansei.ac.jp/

i_asr/i_asr_007952.html）でも閲覧可能となっている。こちらも合わせてご参照いただければと思う。

　最後に、〈南アジア・インド班〉の取り組みは長期に渡り学内外の研究者を結ぶ形で展開したものである。先端社会研究所の歴代所長をはじめとするスタッフの皆さんには研究会の広報等、種々の手配に多大なご助力を賜った。研究所スタッフの献身的なバックアップによりプロジェクトの円滑な遂行が可能となったことは言うまでもない。編著者としてあらためて御礼申し上げる次第である。

　　2017年3月

編著者

索　引

【あ】

アーバン・デーシー……………………… 48
アーリヤ・サマージ……………………… 90
アイデンティティ・ポリティクス……… 107
アジア系票………………………… 20, 32, 34
アディバシ（先住民）運動…………… 128
アナーキスト…………………………… 207
アバニンドラナート・タゴール………… 96
アブダクション………………………… 186
アルンダティ・ロイ………………… 65, 80
アンジャネヤール……………………… 167
アンダークラス………………………… 200
アンマン………………………………… 166
イギリス国民党……………………… 34, 35
イスラム嫌い……………………………… 30
一神教………………………… 88, 89, 102
一神教的神観念…………………………… 91
イデオロギー性………………………… 198
イラク戦争…………………………… 32, 34
インド…………………………………… 157
インド近代美術史………………………… 87
インド系アメリカ人…… 67, 70, 72, 75, 76
インド人民党…………………………… 163
隠蔽……………………………………… 202
ヴァルマー・プリント…………………… 98
ヴィナーヤガ・チャトゥルティ… 163, 166
ヴェーダ…… 86, 87, 88, 89, 90, 91, 95, 97, 99, 102
ヴェーランカンニ……………………… 167
エイジアン・アンダーグラウンド……… 45
エイジアン・バンド………………… 47, 48
エリート………………………………… 211
エンパワーメント………………………… 11
縁辺……………………………………… 209
往路……………………………………… 177
オリエンタリズム………………………… 65

【か】

カースト・イメージ…………………… 111
カースト団体…………………………… 109
カースト表象…………………………… 111
階級投票…………………………… 30, 31
拡大家族………………………………… 168
家族カード……………………………… 171
貨幣的価値……………………………… 186
仮構機能………………………………… 165
監査文化………………………………… 210
管理型貧困……………………………… 202
管理社会 society of control ……… 199, 209
機会の平等……………………………… 215
記号過程…………………………… 177, 185
棄民……………………………… 11, 12, 15, 16, 198
棄民社会………………………………… 200
境界外部的視点………………………… 16
境界内部的視点………………………… 16
協働……………………………………… 178
共犯者…………………………………… 208
キリスト教………………… 88, 89, 90, 92, 95
規律訓練型社会の三者関係の差別…… 210
近代……………………………………… 205
偶像崇拝… 88, 89, 91, 94, 96, 97, 98, 99, 101, 102
グローバリズム…… 9, 135, 136, 140, 152, 153
グローバリゼーション………………… 145
グローバル化…………………………… 205
グローバル資本主義………… 11, 14, 201
経済自由化……………………………… 162
ケイパビリティ…………………… 14, 15
ケガレの人類学………………………… 207
結果の平等……………………………… 215
献金……………………………………… 173
現世利益……………… 141, 144, 145, 152
公共空間………………………………… 160
国勢調査………………………………… 39
極貧者……………………………… 15, 212

223

極貧状態	214	植民地主義	66
国家	198	新奴隷制	199, 214
コミットメント	190	新奴隷制社会	201
コロニアリズム	17	ストリート人類学	207
		ストリートワイズ	179
【さ】		スビダ	128
再生産力	171	スラム	159
サディク・カーン	20, 29	スリランカ	135, 140, 141, 142, 143, 145, 147, 153
サバイバル	171	スリランカ上座部仏教	135, 140, 141, 152
サバルタン	65	先住民	107
サブ・エスニシティ	40, 42, 43, 52, 53, 54	創発	186
差別者	208	創発的価値	187
サルマン・ラシュディ	66	創発的実践	12
三者関係の差別	15	息する	213
三者関係の差別構造	200		
三者関係の差別論	209	**【た】**	
時間	189	第三の道	199
敷居	176, 177	退出	13, 202
自己監査	214	他者	17, 67, 68, 69, 72, 76
自己再帰性	213	多神教	86, 88, 89, 91, 99
自己責任	210	タミルナードゥ	157
自己責任論	213	ダリット	107
自己表現	211	ダルガー	167
自己変容	178	ダルシャン	101
下からの社会的結束	12	タワーハムレッツ	20, 27, 32, 33
下からの創発的連結	157	小さな政府	201
資本主義の終焉	204	チェンナイ	157
市民共同体	209	地方語の縁起譚	86
自民党	27, 32, 33	中間層	205
ジャーティ	128	超競争能力	207
ジャート	119	つながり (sambandakam)	136, 148, 149, 150, 152, 153
社会的再帰化	210	帝国	66
社会的排除	197, 202	帝国主義	63
社会的排除と包摂	9, 13, 16	ディスコース	13, 17
宗教ナショナリズム	163	デーシー	52, 53
修正主義	203	デーシー・ビーツ	48, 54
宗派政治	28	テナント	174
出生証明書	172	トゥワ	118, 120
受動的能動	17	独立女神	185
ジュンパ・ラヒリ	63, 66, 69	都市スペクタクル	166
正面観	98, 101, 103		
ジョージ・ギャロウェー	32, 33		

索引

トップダウン································ 188

【な】

ナーラーヤン······························· 63
ニィアジマ································ 112
ナイポール································· 66
ナショナリズム···························· 187
ニスワル·································· 175
ネオ・コロニアリズム························ 17
ネオ・ヒンドゥーイズム······ 89, 90, 91, 95, 102
ネオリベ化································ 211
ネオリベ資本主義·························· 198
ネオリベラリズム·········· 9, 10, 11, 12, 15, 16,
　135, 136, 140, 145, 146, 152, 153, 157, 187, 205
ネパール・カドギ・セワ・サミティ（NKSS）··· 109
ネワデダブ································ 112

【は】

バーミンガム··························· 27, 32, 33
「排除と包摂」二元論················· 176, 178
ハウスレス································ 168
剝奪······································ 202
バリ bali（血の供犠）······················· 113
バングラー············ 40, 41, 42, 43, 44, 45, 46, 47,
　　　　　　　　　　　　　　　　　　50, 51, 53
パンチャーヤット時代······················ 125
被差別者······························ 208, 209
非市民···································· 209
美術学校································ 92, 93
ビニールシート···························· 172
表現······························· 13, 14, 15, 16
表現の自由····························· 14, 15
貧窮者······························ 158, 171, 179
貧困······················· 11, 12, 14, 15, 16, 202
貧困者·································· 15, 16
貧困線···································· 159
貧者······························ 158, 171, 179
ヒンドゥーイズム············· 85, 87, 89, 90, 91, 94,
　　　　　　　　　　　　　　　95, 98, 102, 103
ヒンドゥー至上主義··················· 163, 187
ヒンドゥトヴァ··························· 163
ヒンドゥー・ムンナニ····················· 163

ファシズム································ 206
不安定···································· 211
福祉型社会···························· 9, 11, 14
福祉型貧困································ 202
福祉国家·································· 188
福祉国家主義······················ 145, 146, 153
複製美術······························· 86, 102
復路······································ 177
プジャ···································· 122
二つの速度の社会 two-speed society········ 200
仏教（の）再呪術化······· 135, 140, 142, 143, 144,
　　　　　　　　　　　　　　　　145, 152
プラーナ········ 86, 87, 88, 89, 91, 92, 93, 94, 95,
　　　　　　　　97, 98, 99, 100, 101, 102, 103
ブラーマニズム···························· 185
ブラーマン································ 183
ブラッドフォード················· 27, 33, 34, 35
ブリコラージュ···························· 185
ブリティッシュ・エイジアン········ 39, 45, 52
ブリティッシュ・エイジアン音楽······· 39, 40
プロテスタント仏教················ 140, 141, 144
文化的ハビトゥス·························· 190
文化ハビトゥス···························· 170
分裂社会······················· 11, 13, 15, 198
分裂社会化···························· 9, 11, 14
ヘテロトピア························ 161, 181
ヘテロトピア的デザイン··················· 189
ベンガル派······················ 95, 96, 97, 102
ベンヤミン································ 176
包摂································ 197, 202
ホームレス································ 168
保守党······················· 27, 28, 29, 30, 31, 32
ポストコロニアル文学··················· 63, 66
ポスト・プロテスタント仏教······ 135, 140, 141,
　　　　　　　　　　　　　　　　　　144
ボディガード······························ 174
ボディガード・ムニスワラル··············· 174
歩道······································ 159
歩道空間·································· 159
歩道寺院······························ 157, 162
ボトムアップ······························ 167
ボリウッド音楽·········· 40, 41, 42, 45, 46, 51, 53

225

【ま】
ムニ ··· 184
ムニスワラル ···································· 175
ムニスワル ·· 175
ムルキアイン ···································· 107
メタファー ·· 184
メディア ····································· 199, 210
メディア管理 ······································· 15
メトノミー ·· 184
モデル・マイノリティ ························ 79

【や】
ユートピア ·· 181
ヨーガ・ムニスワル ·························· 167

【ら】
ラージャー・ラーオ ······················ 63, 64
ラーマクリシュナ・ミッション ········· 95
ラヴィ・ヴァルマー ··························· 93
ラヴィ・ヴァルマー美術石版印刷所 ··· 94
流用 ·· 161
両義性 ·· 184
レスペクト党 ···························· 32, 33, 34
連続主義 ·· 189
労働党 ········ 26, 27, 28, 29, 30, 31, 32, 33, 34, 35
ローカル神 ·································· 100, 101
路上 ·· 160
ロボット化 ·································· 210, 213

【アルファベット】
RSS ·· 163, 187

〈編著者紹介〉

関根康正（せきね やすまさ）
関西学院大学社会学部教授
専門は南アジア社会および南アジア系移民社会の文化人類学。著編書に『スリランカの祭』（共著、工作舎 1982 年）、*Theories of Pollution*（ILCAA 1989）、『ケガレの人類学』（東京大学出版会 1995 年）、『〈都市的なるもの〉の現在』（編著、東京大学出版会 2004 年）、『宗教紛争と差別の人類学』（世界思想社 2006 年）、『排除する社会・受容する社会』（編著、吉川弘文館 2007 年）、『ストリートの人類学 上巻、下巻』（編著、国立民族学博物館 2009 年）、*Pollution, Untouchability and Harijans*（Rawat Publications 2011）、*From Community to Commonality*（共著 Seijo University 2011）、『フィールドワーカーズ・ハンドブック』（編著、世界思想社 2011 年）、『社会苦に挑む南アジアの仏教——B. R. アンベードカルと佐々井秀嶺による不可触民解放闘争』（共著、関西学院大学出版会 2016 年）など。

鈴木晋介（すずき しんすけ）
茨城キリスト教大学文学部助教
1971 年生まれ。筑波大学博士課程歴史・人類学研究科単位取得退学。関西学院大学先端社会研究所専任研究員を経て、現職。博士（文学）（総合研究大学院大学文化科学研究科）。専攻は文化人類学。主要著作に『つながりのジャーティヤ——スリランカの民族とカースト』（法蔵館 2013 年）、『スリランカを知るための 58 章』（共編著、明石書店 2013 年）、『フィールドは問う——越境するアジア』（共著、関西学院大学出版会 2013 年）など。

〈執筆者紹介〉（＊は編著者、[　] は担当章、50 音順）

栗田知宏（くりた ともひろ）[第 2 章]
大阪経済法科大学アジア太平洋研究センター客員研究員
東京大学大学院人文社会系研究科博士課程単位取得退学。専攻は社会学。主な論文に「ブリティッシュ・エイジアン音楽とエイジアン・アイデンティティ——ジェイ・ショーンの音楽実践とその解釈を事例として」（『移民研究年報』第 18 号 2012 年）、「表現行為とパフォーマティヴィティ」（千田有紀編『上野千鶴子に挑む』勁草書房 2011 年）、翻訳にギャレス・マローン著『クラシック音楽のチカラ——ギャレス先生の特別授業』（青土社 2013 年）など。

＊鈴木晋介（すずき しんすけ）［序章（共著）、第6章］
編著者紹介を参照

＊関根康正（せきね やすまさ）［序章（共著）、第7章、結章］
編著者紹介を参照

鳥羽美鈴（とば みすず）［第3章］
関西学院大学社会学部准教授
博士（学術）。主要著作に『移民の社会的統合と排除——問われるフランス的平等』（共著、東京大学出版会 2009 年）、『現代フランス社会を知るための 62 章』（共著、明石書店 2010 年）、『多様性のなかのフランス語——フランコフォニーについて考える』（関西学院大学出版会 2012 年）、『21 世紀の思想的課題——転換期の価値意識』（共著、国際書院 2013 年）がある。

中川加奈子（なかがわ かなこ）［第5章］
追手門学院大学社会学部准教授
1978 年生まれ。関西学院大学先端社会研究所リサーチアシスタント、日本学術振興会特別研究員、人間文化研究機構総合人間文化研究推進センター研究員を経て、現職。博士（社会学）（関西学院大学社会学研究科）。専攻は文化人類学、ヒマラヤ地域研究。主要著作に『ネパールでカーストを生きぬく——供犠と肉売りを担う人びとの民族誌』（世界思想社 2016 年）、『フィールドは問う——越境するアジア』（共著、関西学院大学出版会 2013 年）など。

福内千絵（ふくうち ちえ）［第4章］
関西学院大学先端社会研究所専任研究員
1974 年生まれ。大阪芸術大学大学院芸術研究科博士課程修了。京都大学大学院アジア・アフリカ地域研究研究科附属現代インド研究センター研究員を経て、現職。博士（芸術文化学）。専攻は民族芸術学。主要著作に『インド ポピュラー・アートの世界——近代西欧との出会いと展開』（共編著、千里文化財団 2011 年）、「インド古典芸術概念『ラサ』から読み解くラヴィ・ヴァルマー作品」（『民族藝術』VOL.26 2010 年）、「インド人画家 C.R.R ヴァルマーの日記記録に関する研究」（『鹿島美術財団年報』28 号 2010 年）など。

若松邦弘（わかまつ くにひろ）［第1章］
東京外国語大学大学院総合国際学研究院教授
1966 年生まれ。ウォーリック大学大学院博士課程修了。PhD (Politics)。東京大学助手、東

京外国語大学助教授を経て、現職。専攻はイギリス政治、西欧政治。著作に「支持の地域的拡大と多様化——地方議会における連合王国独立党（UKIP）の伸長」（『国際関係論叢』4 巻 2 号 2015 年）、「政策の領域化と調整——都市政策システムのヨーロッパ化」（平島健司編『国境を越える政策実験・EU』東京大学出版会 2008 年）など。

叢書「排除と包摂」を超える社会理論3
〔関西学院大学先端社会研究所〕

南アジア系社会の周辺化された人々
——下からの創発的生活実践

2017年4月28日　初版第1刷発行

編著者	関根康正
	鈴木晋介
発行者	石井昭男
発行所	株式会社　明石書店

〒101-0021 東京都千代田区外神田6-9-5
電話　03 (5818) 1171
FAX　03 (5818) 1174
振替　00100-7-24505
http://www.akashi.co.jp

組　版　有限会社秋耕社
装　丁　明石書店デザイン室
印刷・製本　モリモト印刷株式会社

(定価はカバーに表示してあります)　　ISBN 978-4-7503-4510-9

JCOPY　〈(社)出版者著作権管理機構　委託出版物〉
本書の無断複写は著作権法上での例外を除き禁じられています。複写される場合は、そのつど事前に、(社)出版者著作権管理機構(電話 03-3513-6969、FAX 03-3513-6979、e-mail : info@jcopy.or.jp)の承諾を得てください。

叢書 「排除と包摂」を超える社会理論

〔関西学院大学先端社会研究所〕

本叢書は、「排除」と「包摂」の二元論的思考を超え、「排除型社会」とは異なる社会のあり方・社会理論を構想するものである。

A5判／上製

1 中国雲南省少数民族から見える多元的世界
―― 国家のはざまを生きる民

荻野昌弘、李永祥 編著　　　　　◎3800円

西欧的知の埒外にある中国雲南省の少数民族に焦点をあて、現地調査により新たな社会理論の構築を提示し、社会学のパラダイム転換をはかる。

執筆者◎村島健司／林梅／西村正男／佐藤哲彦／金明秀

2 在日コリアンの離散と生の諸相
―― 表象とアイデンティティの間隙を縫って

山泰幸 編著　　　　　　　　　　◎3800円

在日コリアン、在日済州人を中心とする移動するコリアンに焦点をあて、移動した人々のアイデンティティやみずからの文化の表象のあり方を探る。

執筆者◎金明秀／川端浩平／許南春／島村恭則／山口覚／李昌益／難波功士

3 南アジア系社会の周辺化された人々
―― 下からの創発的生活実践

関根康正、鈴木晋介 編著　　　　◎3800円

インド、ネパール、スリランカなどの南アジア社会および欧米の南アジア系移民社会を対象に、周辺化された人々の生活実践の創発力に注目する。

執筆者◎若松邦弘／栗田知宏／鳥羽美鈴／福内千絵／中川加奈子

〈価格は本体価格です〉